## ***ACCESO GRATIS*** *a la Lectura en la Nube*

Para visualizar el libro electrónico en la nube de lectura envíe junto a su nombre y apellidos una fotografía del código de barras situado en la contraportada del libro y otra del ticket de compra a la dirección:

**ebooktirant@tirant.com**

En un máximo de 72 horas laborales le enviaremos el código de acceso con sus instrucciones.

# ESTUDIOS DE DERECHO DE COMPLIANCE 2

Procedimiento de selección de originales, ver página web:
www.tirant.net/index.php/editorial/procedimiento-de-seleccion-de-originales

# ESTUDIOS DE DERECHO DE COMPLIANCE 2

**JAVIER PUYOL MONTERO**
*Doctor en derecho. Abogado*
*Magistrado excedente.*
*Consultor nacional e internacional de Compliance*

**tirant lo blanch**
Valencia, 2025

DIRECTOR DE COLECCIÓN

**Javier Puyol Montero**


EDITA: TIRANT LO BLANCH
C/ Artes Gráficas, 14 - 46010 - Valencia
TELFS.: 96/361 00 48 - 50
FAX: 96/369 41 51
Email: tlb@tirant.com
www.tirant.com
Librería virtual: www.tirant.es
DEPÓSITO LEGAL: V-3454-2025
ISBN: 979-13-7010-778-9
MAQUETA: Innovatext

Si tiene alguna queja o sugerencia, envíenos un mail a: *atencioncliente@tirant.com*. En caso de no ser atendida su sugerencia, por favor, lea en *www.tirant.net/index.php/empresa/politicas-de-empresa* nuestro procedimiento de quejas.

Responsabilidad Social Corporativa: http://www.tirant.net/Docs/RSCTirant.pdf

*A María Puyol Pérez-Cabezos*

# *Índice*

# *Introducción*

El Derecho de Compliance se ha consolidado en los últimos años como uno de los campos más dinámicos, exigentes y transformadores del sistema jurídico contemporáneo.

Lejos de ser un mero apéndice del derecho penal, del derecho administrativo o de la ética empresarial, el Compliance representa hoy una verdadera gramática de la legalidad institucional.

Es el lenguaje con el que las organizaciones expresan su compromiso con el Estado de Derecho, con la integridad, con la justicia y con la sostenibilidad.

La presente Obra nace del convencimiento de que el Compliance no puede ser comprendido desde una única perspectiva.

Exige una mirada transversal, plural, interdisciplinaria.

Requiere integrar el rigor jurídico con la sensibilidad ética; el análisis técnico con la comprensión psicológica; la estrategia empresarial con la protección de los derechos fundamentales.

Supone conjugar principios de legalidad, garantías procesales, estructuras organizacionales, tecnologías emergentes, dinámicas emocionales y narrativas de legitimidad.

Este Libro recoge treinta y un ensayos, que no solo conocen el campo del cumplimiento, sino que han reflexionado críticamente sobre sus alcances, sus desafíos, sus dilemas y sus posibilidades transformadoras.

A lo largo de estas páginas, el lector encontrará análisis rigurosos sobre los fundamentos constitucionales del Compliance, los elementos clave de los programas de cumplimiento, el tratamiento de las denuncias internas, la protección del informante, la función del canal ético, el liderazgo organizacional, la inteligencia artificial, el valor probatorio del modelo en juicio y la dimensión emocional del cumplimiento institucional.

La publicación de este volumen responde a una necesidad creciente: dotar al mundo académico, profesional y judicial de herramientas de análisis y de intervención que permitan abordar el Compliance no como una obligación externa, sino como una estrategia integral de legalidad institucional.

En momentos de alta complejidad normativa, de presión reputacional, de digitalización acelerada y de crecientes demandas sociales de transparencia, el Compliance se presenta no solo como una técnica de control, sino como una política de sentido.

Esta publicación es, en última instancia, una invitación a pensar el Derecho de Compliance como una oportunidad pedagógica, una herramienta jurídica y un compromiso institucional con los valores democráticos.

Porque como aquí se sostiene: el cumplimiento normativo no es solo un deber.

Es una forma de cuidar a las organizaciones, a sus personas y a la sociedad en su conjunto.

### a) El Compliance y el Derecho: hacia una ética institucional del poder

En el centro de la arquitectura moderna de gobernanza empresarial, el cumplimiento normativo -o Compliance- se ha instalado no solo como un instrumento de control, sino como un verdadero marco de sentido desde el cual se configuran las responsabilidades, las jerarquías, los procedimientos y los valores de las organizaciones contemporáneas.

Desde su origen como respuesta a escándalos financieros, fraudes corporativos y desajustes entre la legalidad formal y la práctica empresarial, el Compliance ha evolucionado hacia una categoría estructural del Derecho Corporativo, con profundas implicancias en el diseño organizativo, en la cultura interna, en la legitimidad externa y en la propia noción de poder institucional.

El Derecho ha seguido, a lo largo de su evolución, una lógica constante: intervenir allí donde los desequilibrios de poder se traducen en riesgos de arbitrariedad, abuso o impunidad.

Durante siglos, esa lógica se centró en limitar el poder público.

Sin embargo, el mundo contemporáneo ha visto emerger formas de poder estructural -privado, tecnológico, organizacional- cuya capacidad de incidir en la vida de las personas es tan significativa como la del Estado.

Es aquí donde el Derecho de Compliance encuentra su razón de ser.

El Compliance nace como respuesta jurídica a los riesgos que surgen de la complejidad organizativa, la globalización económica, la multiplicación normativa y la creciente demanda social de integridad institucional.

Su irrupción responde, en última instancia, a un nuevo modelo de gobernanza en el que los actores privados ya no son meros destinatarios de la ley, sino productores activos de normas internas, procedimientos y estructuras de autorregulación.

Y es en ese cruce entre Derecho, gestión, ética y cultura donde se inscribe esta Obra.

Este Libro surge desde esa comprensión ampliada del fenómeno del Compliance.

Los estudios que aquí se recogen no se limitan a describir normas o procedimientos, ni a ofrecer recetas técnicas para la gestión de riesgos.

Su propósito es más ambicioso: pensar el Derecho de Compliance como un espacio de reflexión crítica, como una forma de racionalidad preventiva, y como una herramienta jurídica capaz de promover culturas organizacionales integradas por principios, por personas y por procedimientos orientados a la integridad.

**b) El Compliance: el derecho del siglo XXI como arquitectura ética, institucional y tecnológica**

La palabra "Compliance", otrora relegada a los márgenes del derecho corporativo y a la letra menuda de los manuales internos, se ha transformado en un concepto jurídico, organizacional y cultural de primer orden.

Hoy, hablar de Compliance es hablar del modo en que las organizaciones se relacionan con el Derecho, con la sociedad y consigo mismas.

Es una intersección entre la legalidad y la ética, entre la gestión del riesgo y la legitimidad, entre el gobierno corporativo y la sostenibilidad.

Este Libro es una apuesta por comprender en profundidad esa transformación.

Los capítulos que conforman esta Obra no se limitan a describir herramientas jurídicas ni a repetir protocolos administrativos.

Tampoco reducen el cumplimiento a un conjunto de reglas externas que deben obedecerse para evitar sanciones.

Por el contrario, el objetivo de este volumen es problematizar el Compliance como disciplina jurídica con autonomía conceptual, como tecnología institucional de gobernanza y como ética de la responsabilidad estructural en tiempos de hiper regulación y escrutinio social masivo.

### c) Un nuevo paradigma jurídico: del castigo a la prevención

El Derecho de Compliance encarna un giro preventivo y anticipatorio en la teoría y la práctica jurídica.

Se trata de un Derecho que busca evitar el daño antes de que ocurra, que actúa sobre estructuras organizativas para modificar culturas internas y que se preocupa tanto por las normas como por las prácticas vividas.

Como se examina en capítulos como "La responsabilidad en el ámbito del Compliance" y "La trazabilidad del proceso de investigación", este campo incorpora no solo elementos normativos (penales, administrativos, civiles), sino también obligaciones institucionales de diligencia, monitoreo, documentación y mejora continua.

La empresa no responde únicamente por lo que hace, sino por lo que deja de prever, evitar o controlar.

Y en esa matriz de responsabilidad evolutiva, el Compliance se convierte en una garantía estructural de integridad.

### d) La realidad sistémica del Compliance: entre la ontología y la práctica

La realidad del Compliance, tal como se argumenta en "El Compliance y su propia realidad", no puede reducirse a un apéndice normativo.

Es un sistema vivo, con funciones jurídicas, estrategias organizativas, tecnologías operativas y valores institucionales.

Esta concepción se aleja de la visión formalista o decorativa del cumplimiento y lo posiciona como el núcleo operativo de la sostenibilidad corporativa.

En este marco, la gestión del riesgo reputacional -desarrollada ampliamente en "La gestión del riesgo reputacional y la imagen corporativa"- cobra un nuevo sentido.

Ya no se trata solo de evitar sanciones legales, sino de proteger un activo intangible como lo es la confianza social.

El Compliance bien entendido no es una barrera al negocio, sino una condición de posibilidad del negocio mismo en un mundo donde el capital simbólico vale tanto como el financiero.

### e) El Compliance: de la obligación legal al compromiso institucional

En los capítulos que siguen se revela, con notable claridad, que el Compliance ya no puede entenderse como un simple mandato legal impuesto desde fuera de la organización.

Por el contrario, el cumplimiento normativo requiere una internalización auténtica de valores, una institucionalización de procedimientos confiables y una cultura organizacional que traduzca esos principios en decisiones cotidianas.

Como señalan distintos aportes de esta Obra, el canal de denuncias, por ejemplo, no puede funcionar adecuadamente si se lo concibe como un buzón pasivo o un simple requisito regulatorio.

Para que sea eficaz y legítimo, debe ser una herramienta viva, institucionalmente validada, éticamente sustentada y socialmente confiable.

Esta transición del "cumplimiento impuesto" al "compromiso voluntario" constituye una de las claves de la madurez institucional.

Un sistema de Compliance no es solo un conjunto de manuales, matrices de riesgo y códigos de conducta.

Es una forma de gobierno.

Es decir, una forma de organizar el poder en condiciones de legalidad, transparencia, imparcialidad y vocación preventiva.

Desde esta perspectiva, el Derecho de Compliance no es una subrama jurídica: es una frontera expandida del Derecho que se proyecta sobre todos los espacios donde la discrecionalidad, el conflicto de intereses, la opacidad o la complejidad del entorno pueden generar comportamientos éticamente dudosos o jurídicamente reprochables.

Si bien en su formulación clásica el Compliance alude al "cumplimiento normativo", hoy el concepto ha trascendido esa dimensión para convertirse en una herramienta de orden estratégico, transversal e identitario.

Desde una visión contemporánea, el Compliance es el sistema mediante el cual una organización asegura, mediante estructuras, políticas, protocolos, recursos y cultura, que sus actividades se desarrollen conforme a las normas legales, los principios éticos y los compromisos internos voluntariamente asumidos.

Se trata de una arquitectura compleja que combina:

- Elementos jurídicos: la adecuación a normas legales, reglamentarias y contractuales.
- Elementos éticos: el respeto a valores y principios más allá de la legalidad formal.
- Elementos organizacionales: estructuras funcionales como los órganos de cumplimiento, los canales de denuncia o los mapas de riesgos.
- Elementos culturales: comportamientos, percepciones, modelos mentales y climas éticos que modelan la cotidianeidad organizativa.
- Elementos tecnológicos: uso de IA, plataformas de trazabilidad, sistemas de monitoreo automatizado, canales digitales y procesos de gestión documental.

Esta multidimensionalidad implica que el Compliance no puede limitarse al plano normativo.

Es un fenómeno jurídico, pero también sociológico, psicológico, económico, filosófico y tecnológico.

**f) La legitimidad del Compliance: derecho, ética y cultura**

Una organización no es ética porque lo proclame, sino porque actúa de manera coherente con sus valores incluso cuando nadie la observa.

Esta afirmación, que recorre transversalmente los ensayos reunidos en esta Obra, refleja que la legitimidad del Compliance no reside únicamente en su diseño formal, sino en su traducción práctica.

De nada sirve contar con códigos, políticas o protocolos si éstos no se viven como compromisos reales, asumidos e interiorizados.

En ese sentido, el Libro insiste en una tesis fundamental: el Compliance no debe entenderse como un sistema represivo, sino como una arquitectura de confianza institucional.

Una arquitectura que se edifica no sobre la sospecha, sino sobre la responsabilidad; no sobre el miedo, sino sobre la ejemplaridad; no sobre el control omnipresente, sino sobre la cultura del cuidado mutuo.

El reto del Derecho de Compliance, por tanto, es doble: por un lado, asegurar la legalidad mediante procedimientos eficaces; por otro, promover una cultura organizacional donde la ética no sea un suplemento decorativo, sino una práctica cotidiana.

### g) La persona jurídica como sujeto ético y procesal

Una contribución doctrinal esencial de esta Obra es el análisis del estatuto jurídico de la persona jurídica en el sistema de cumplimiento.

Lejos de ser una ficción legal, la empresa aparece aquí como sujeto de derechos, de deberes y de responsabilidad.

Como tal, debe gozar de garantías procesales, del derecho a la defensa, a la presunción de inocencia, y a un procedimiento equitativo en el marco de cualquier investigación derivada del Compliance.

Este enfoque tiene una doble implicancia: por un lado, humaniza la defensa corporativa, obligando a tratar a la empresa no como una entidad culpable por defecto, sino como un actor complejo, estructurado y sujeto a contextos institucionales específicos; por otro, obliga a repensar el rol del modelo de prevención como herramienta de defensa jurídica, no solo como escudo punitivo, sino como expresión de diligencia estructural y de ética operativa.

### h) El canal de denuncias como eje estructural y simbólico

Buena parte de la Obra gira en torno a una de las herramientas más sensibles y estratégicas del sistema de cumplimiento: el canal de denuncias.

Este no debe ser concebido como una mera línea de reporte, sino como un espacio institucional de escucha, justicia y aprendizaje.

Es un lugar donde se tensionan valores, miedos, estructuras de poder y culturas del silencio.

Es un espejo emocional de la organización.

Desde esta óptica, el canal de denuncias:

- Es una herramienta de detección anticipada de riesgos éticos, legales, reputacionales y operativos.
- Es un mecanismo restaurativo para reparar daños, corregir desvíos y restaurar vínculos institucionales.
- Es un espacio simbólico que comunica cuán seria es la organización en su compromiso con la integridad.
- Es un instrumento de participación democrática, que reconoce al empleado como sujeto ético capaz de intervenir en la corrección institucional.

El tratamiento de las denuncias anónimas -ampliamente abordado en este Libro- se revela como una prueba crítica de madurez ética.

Gestionar estas denuncias con seriedad, imparcialidad y respeto no es solo un acto de eficacia, sino una declaración institucional de justicia.

### i) El canal de denuncias como espejo institucional

Una parte importante del Libro está dedicada al canal de denuncias y su operativa interna.

Se analiza en detalle desde distintos ángulos: técnico (trazabilidad documental), ético (madurez organizacional), procesal (análisis de verosimilitud), estratégico (gestión de aprendizaje institucional), tecnológico (infraestructura digital y protección de anonimato), e incluso restaurativo (uso de mecanismos alternativos de resolución de conflictos o MASC).

Todos estos abordajes confluyen en una tesis común: el canal de denuncias no es solo un medio de control; es un espejo cultural.

Revela cómo una organización gestiona el disenso, cómo protege a sus miembros más vulnerables y cómo reacciona frente a lo inesperado.

Es, en definitiva, un termómetro de la salud institucional y de la seriedad del compromiso ético.

### j) La denuncia como acto ético y político

Uno de los ejes que recorre transversalmente esta Obra es la centralidad de la denuncia como puerta de entrada al sistema de integridad.

La denuncia no es un mero input informativo; es una manifestación concreta del deseo de transformar la realidad, de cuestionar lo establecido, de reparar lo dañado.

Por eso, el tratamiento de las denuncias -especialmente las anónimas- se convierte en una verdadera prueba de madurez ética para cualquier institución.

Saber escuchar sin rostro, saber investigar sin prejuicio, saber decidir sin venganzas ni cobardías: estas son cualidades que no dependen de la sofisticación tecnológica del canal, sino de la densidad moral de la organización que lo gestiona.

La evaluación preliminar de una denuncia, el llamado triaje, no es un acto meramente procedimental.

Es una decisión estratégica que define cómo y desde dónde una institución se vincula con la posibilidad del conflicto.

Esta fase -como se documenta con precisión en varios capítulos- exige la aplicación de criterios técnicos (verosimilitud, plausibilidad, relevancia, impacto, riesgos), pero también una sensibilidad institucional que permita distinguir entre la denuncia legítima y la instrumental, entre el error humano y la mala fe, entre el síntoma y la causa estructural.

De allí que se afirme que el canal de denuncias no es un fin en sí mismo, sino un medio para construir confianza, corregir desvíos, y fortalecer la arquitectura ética de la organización.

**k) La tensión entre confidencialidad y debido proceso**

Otro de los aportes teóricos más relevantes del Libro reside en el tratamiento jurídico y ético del equilibrio entre la confidencialidad del denunciante y los derechos del investigado.

En efecto, la construcción de una política de Compliance que sea robusta, legítima y respetuosa de los principios del Derecho no puede prescindir de esta tensión fundante.

La confidencialidad no debe entenderse como un velo absoluto, ni como una excepción permanente al principio de publicidad o contradicción.

Tampoco puede ser utilizada para erosionar la presunción de inocencia, ni para justificar prácticas inquisitivas bajo el disfraz de lo "preventivo".

Por ello, la Obra insiste -de modo reiterado- en la necesidad de diseñar protocolos rigurosos, basados en principios de proporcionalidad, necesidad, trazabilidad y seguridad jurídica.

La protección del denunciante no puede implicar la indefensión del investigado.

Y la defensa del investigado no puede significar la exposición pública de quien, actuando de buena fe, alerta sobre una irregularidad interna.

Esta es una de las tensiones jurídicas y éticas más complejas del Derecho de Compliance, y su adecuada gestión es determinante para que el programa no se convierta en un instrumento de persecución, de represalia o de arbitrariedad.

**l) El liderazgo, la autonomía y la cultura del cumplimiento**

Los documentos aquí analizados convergen también en un principio rector del Compliance contemporánco: el ejemplo de la alta dirección es el punto de partida, la condición de posibilidad y el mayor límite del sistema.

Sin liderazgo ético, sin coherencia institucional, sin asignación de recursos reales, y sin autonomía efectiva de los órganos de cumplimiento, cualquier programa -por más sofisticado que sea- está condenado al fracaso.

Esta afirmación es más que una conclusión técnica: es una tesis estructural del Derecho de Compliance.

La doctrina del "Tone at the Top" se expone en este Libro no como una fórmula retórica, sino como una teoría de la autoridad legítima: si el liderazgo no predica con el ejemplo, si el poder se ejerce sin integridad, si las normas se aplican con doble vara, entonces el sistema entero se desvanece en el cinismo.

Por eso, se insiste en que la autonomía del área de cumplimiento no es una prerrogativa opcional, sino una garantía institucional.

Autonomía en la estructura, en el presupuesto, en las decisiones y en la posibilidad de investigar a cualquier jerarquía sin interferencias ni represalias.

Los estudios reunidos en este Libro muestran con nitidez que el Compliance no es efectivo sin una cultura organizacional que lo sustente.

Desde la doctrina del "Tone at the Top" hasta la aplicación de la Teoría de las Ventanas Rotas al entorno empresarial, queda claro que las infracciones más graves suelen anidar en las tolerancias más pequeñas.

El mensaje es contundente: toda permisividad con conductas grises erosiona la legitimidad del sistema.

Y esa erosión, si no se controla, se convierte en normalización del incumplimiento.

La cultura de cumplimiento exige coherencia entre lo que se dice y lo que se hace, entre lo que se regula y lo que se sanciona, entre lo que se tolera y lo que se promueve.

### ll) Los grupos empresariales, las tecnologías emergentes, y la gobernanza distribuida

El Libro también aborda desafíos estructurales de gran relevancia contemporánea.

En particular, la implementación del Compliance en grupos de empresas -donde la multi-normatividad, la descentralización operativa y la coordinación internacional generan tensiones únicas- constituye un campo fértil de análisis jurídico y estratégico.

Los modelos centralizados, descentralizados e híbridos que se discuten en el texto son pruebas de una realidad compleja que exige soluciones sofisticadas y contextualizadas.

Del mismo modo, el avance de las tecnologías disruptivas ha transformado radicalmente el modo de entender y ejercer el Compliance.

En "El Chief IA Officer" se analiza la incorporación de inteligencia artificial en la toma de decisiones automatizadas, el gobierno algorítmico, los riesgos de sesgo y la transparencia tecnológica.

El CAIO se presenta como una figura clave en la nueva gobernanza digital, encargada de garantizar que la tecnología no solo sea eficiente, sino también legal, explicable y ética.

**m) La medición del cumplimiento: KPI's y el control estratégico**

El Libro no descuida los aspectos cuantitativos del Compliance.

En "Los KPI's en el ámbito del Compliance" se ofrece un detallado análisis sobre cómo medir la eficacia de los programas de cumplimiento.

Se argumenta que sin métricas no hay rendición de cuentas, y sin rendición de cuentas no hay legitimidad.

Indicadores de formación, de control interno, de incidentes, de cultura ética y de eficacia normativa son herramientas imprescindibles para vincular el Compliance con la estrategia corporativa, y para justificar inversiones en integridad como una apuesta por la rentabilidad sostenida.

**n) De la norma al comportamiento: Compliance como transformación cultural**

A lo largo de estas páginas se despliega una idea crucial: el Compliance no es únicamente un modelo jurídico o administrativo.

Es una apuesta por la transformación cultural de las organizaciones.

Se trata de crear una cultura del cumplimiento, donde las personas internalicen los valores éticos, comprendan los riesgos legales, asuman el deber de reportar irregularidades, y participen activamente en la construcción de un entorno de justicia, transparencia y respeto.

Para ello, el Libro insiste en la necesidad de la formación continua, de la comunicación clara, de la pedagogía institucional y de los mecanismos de participación real.

El Compliance no debe ser solo una preocupación de expertos o de departamentos técnicos.

Debe ser una práctica transversal, donde el rol de cada persona importa, donde los dilemas se discuten, donde la integridad se valora más allá del rédito inmediato.

La actualización del Compliance, en este contexto, no es una tarea puntual, sino un proceso permanente de aprendizaje institucional, de revisión crítica y de adaptación inteligente a las nuevas realidades normativas, tecnológicas, sociales y éticas.

### ñ) El Compliance emocional: psicología del informante, clima ético y sesgos cognitivos

Una de las grandes innovaciones del Libro radica en su exploración del Compliance desde la psicología organizacional.

La incorporación de dimensiones emocionales, sociales y cognitivas al estudio del cumplimiento permite comprender que las decisiones éticamente problemáticas no siempre responden a malicia, sino a contextos de presión, ambigüedad, obediencia o normalización del desvío.

Se analizan, por ejemplo:

- Los sesgos cognitivos que afectan la percepción del riesgo, la evaluación de la legalidad o la reacción frente a instrucciones jerárquicas.
- La psicología del denunciante, su conflicto interno, sus miedos y motivaciones para preservar el anonimato.
- El papel del liderazgo ético como generador de climas de confianza y protección.
- El rol de las emociones -culpa, miedo, indignación, lealtad- en las decisiones morales de los trabajadores.

Esta lectura humanista del Compliance permite reformularlo no como un sistema sancionador, sino como un entorno de prevención, apoyo y desarrollo ético.

### o) El Compliance digital: inteligencia artificial, automatización y ciber integridad

El Libro también aborda la dimensión tecnológica del cumplimiento, destacando cómo la inteligencia artificial, la digitalización de procesos, el

Big Data y los sistemas de ciberseguridad han transformado radicalmente el ecosistema del Compliance.

El surgimiento del Chief IA Officer como figura de gobernanza ética de la tecnología corporativa representa un paso hacia la institucionalización de una nueva función: garantizar que las decisiones automatizadas sean legales, explicables, responsables y auditables.

En paralelo, se analiza el surgimiento del CiberCompliance, entendido como la vertiente del cumplimiento dedicada a gestionar los riesgos tecnológicos, como la protección de datos, el fraude informático, las vulneraciones algorítmicas y la desinformación digital.

En este nuevo escenario, el Compliance no solo protege frente a ilícitos tradicionales, sino que opera como blindaje ético frente a las disfunciones de la cuarta revolución industrial.

**p) El Compliance como proyecto cultural: más allá del deber, hacia el sentido**

En último término, el Libro concibe el Compliance no como una carga, sino como una oportunidad de sentido.

Una oportunidad para transformar la relación entre norma y persona, entre poder y responsabilidad, entre organización y sociedad.

Cumplir no es solo obedecer: es comprometerse, entender, dialogar, decidir y cuidar.

Por ello, el cumplimiento normativo bien concebido no ahoga la creatividad, sino que la potencia; no limita la autonomía, sino que la orienta; no impide el beneficio, sino que lo hace sostenible.

Y todo ello, no desde la amenaza, sino desde el reconocimiento de que lo que da valor a una organización no es solo lo que hace, sino cómo lo hace, con qué principios, con qué procedimientos y con qué legitimidad.

**q) El Compliance como defensa jurídica: prueba de eficacia en sede judicial**

Una de las contribuciones más determinantes que ofrece esta Obra, tanto a nivel teórico como práctico, es el abordaje del Compliance como estrategia de defensa en contextos judiciales.

Tal como se expone en el capítulo dedicado a la prueba de la eficacia del modelo de cumplimiento en juicio, el programa de Compliance no solo cumple una función preventiva, ética o estructural dentro de la organización, sino que puede adquirir un rol absolutamente central en la esfera contenciosa: ser el principal instrumento de defensa de la persona jurídica ante una imputación penal, administrativa o civil.

Esta evolución del Compliance como "institución de protección ex ante" a "prueba de exoneración ex post" ha transformado las reglas del juego del proceso judicial moderno.

La mera existencia documental de un modelo ya no es suficiente: lo que se exige es la acreditación de su eficacia real, funcional y tangible.

Esto requiere que las organizaciones asuman una verdadera "cultura de la prueba", y desarrollen una praxis interna orientada a la trazabilidad, a la generación de evidencia verificable y a la preservación de registros que puedan sustentar -en sede forense- la autenticidad del cumplimiento alegado.

La empresa, en efecto, debe estar preparada para demostrar que:

- Posee un modelo de cumplimiento adecuado a sus riesgos específicos y sector de actividad.
- Ha implementado ese modelo de forma operativa, dotándolo de recursos humanos, materiales y técnicos.
- Ha capacitado a sus empleados y líderes de manera suficiente, continua y medible.
- Ha ejercido controles efectivos mediante auditorías, revisiones, sanciones internas y sistemas de monitoreo.
- Ha reaccionado de forma diligente ante incidentes, irregularidades o alertas éticas.

### r) El expediente probatorio del Compliance: una narrativa institucional de legalidad

La construcción de la prueba en un proceso de Compliance no puede ser improvisada. Debe integrarse desde el inicio como parte del modelo mismo.

Un sistema de cumplimiento que no genera evidencia rastreable y sistematizada corre el riesgo de ser jurídicamente irrelevante en juicio.

En este sentido, el Libro ofrece una visión detallada y operativa de los distintos tipos de prueba que una empresa puede (y debe) aportar ante una autoridad judicial o reguladora para acreditar la efectividad de su modelo:

- Prueba documental: que incluye el código ético, los manuales, las matrices de riesgos, los protocolos de actuación, los registros de capacitación y los procedimientos de respuesta.

- Prueba testifical: mediante la cual empleados, oficiales de cumplimiento, auditores y terceros pueden testimoniar sobre la existencia y aplicación del modelo en la práctica diaria.
- Prueba pericial: informes elaborados por expertos que evalúan la adecuación del sistema a los estándares legales, normativos e internacionales (como ISO 37301, ISO 37001 o la Directiva 2019/1937 de la UE).
- Prueba de implementación: consistente en evidencias sobre la aplicación práctica del sistema, incluyendo los reportes de incidentes, la activación de canales de denuncia, la documentación de sanciones internas y las acciones correctivas adoptadas.
- Prueba de compromiso de la alta dirección: que incluye comunicaciones internas, participación en formaciones, asignación presupuestaria y evidencias del "Tone at the Top" como condición de posibilidad del modelo.

En conjunto, estas pruebas conforman una narrativa institucional de integridad.

Una historia documentada y creíble que el tribunal puede valorar como eximente de responsabilidad, como atenuante relevante o como manifestación de una diligencia organizacional suficiente para desactivar la presunción de culpa estructural.

**s) El Compliance y litigación estratégica: entre la legitimidad preventiva y la defensa reactiva**

Este enfoque da lugar a una visión dual del Compliance: por un lado, como instrumento estructural de prevención de delitos, fraudes o infracciones; por otro, como mecanismo estratégico de defensa procesal ante litigios complejos.

Esta dualidad exige de las empresas un equilibrio entre el diseño técnico del modelo y su vocación probatoria.

En otras palabras, el modelo debe pensarse desde el primer día como un "modelo auditable", es decir, un sistema capaz de generar evidencias en tiempo real, con trazabilidad, custodia adecuada y compatibilidad con los estándares de evaluación judicial.

Este punto es clave en contextos donde se discute la responsabilidad penal de la persona jurídica.

En tales escenarios, la empresa no solo debe demostrar que ha "hecho lo correcto", sino que puede probarlo.

Y esa diferencia, muchas veces, es la que determina el destino de la organización: absolución, multa simbólica, sanción severa o incluso disolución forzosa.

La cultura de la prueba -como aquí se expone- no es una exigencia meramente procesal. Es un valor estructural del Compliance moderno.

Porque en el Derecho contemporáneo, quien no puede probar, no puede defenderse.

Y quien no puede defenderse, no puede preservar su legitimidad ni su continuidad operativa.

**t) Hacia una ecología jurídica del Compliance**

Con la incorporación de este último componente -el valor probatorio del modelo de cumplimiento- la Obra completa su mirada holística, jurídica, institucional, ética y estratégica del Derecho de Compliance.

Se ha mostrado cómo el Compliance no es un simple checklist, ni una moda pasajera, ni una obligación impuesta por los reguladores.

Es, antes bien, un ecosistema normativo que entrelaza poder, responsabilidad, cultura, tecnología, emoción y legalidad.

En definitiva, este Libro quiere ser una guía reflexiva para comprender que el Compliance no es simplemente un conjunto de reglas para evitar sanciones, sino un verdadero sistema de dignidad institucional.

Un sistema que se juzga no solo por su diseño, sino por su vivencia cotidiana, por su impacto real, por su coherencia ética, por su capacidad para cuidar, para escuchar, para prevenir y para sanar.

Y en esa vivencia -como este último capítulo enseña con claridad- la prueba lo es todo.

Porque en el mundo del Compliance, como en el Derecho, la verdad no basta: hay que poder demostrarla.

**u) El Compliance como promesa jurídica**

Este Libro es, en definitiva, una invitación a pensar el Compliance no como un fin en sí mismo, sino como una promesa del Derecho: la promesa de que es posible ordenar el poder con justicia, organizar la empresa con responsabilidad, y gobernar con integridad.

No se trata de sustituir al Estado, ni de burocratizar la ética.

Se trata de hacer del Derecho un instrumento de confianza, de mejora institucional, y de humanización de las relaciones laborales, comerciales y sociales.

A través del análisis riguroso, de la mirada crítica y de las propuestas concretas que aquí se desarrollan, esta Obra se ofrece como una contribución sustantiva al pensamiento jurídico contemporáneo.

El Derecho de Compliance, como aquí se demuestra, no es una rama menor ni un saber instrumental.

Es, quizás, una de las formas más complejas, necesarias y esperanzadoras del Derecho de nuestro tiempo.

# *Estructura de la obra*

Cada texto funciona como un marco conceptual que contextualiza el enfoque de los capítulos que componen esa sección, orientando al lector sobre su relevancia, conexión temática y aportes específicos al campo del Derecho de Compliance.

**a) Los fundamentos jurídicos y estructurales del Compliance**

El primer bloque temático de esta obra está dedicado a los fundamentos jurídicos, normativos y estructurales del Derecho de Compliance.

Aquí se presenta al Compliance no como una herramienta meramente técnica o de gestión, sino como una categoría jurídica autónoma, enraizada en los principios constitucionales y proyectada hacia los sistemas de control institucional.

Los artículos que componen esta sección abordan, entre otros, la responsabilidad penal de las personas jurídicas, la necesidad de dotar de garantías procesales a los entes colectivos, la figura del Compliance Officer como órgano estructural de supervisión, y la importancia de un liderazgo ejemplar desde la alta dirección (el llamado "Tone at the Top").

Asimismo, se analiza el valor de la autonomía funcional del área de cumplimiento y la evolución normativa que impulsa la actualización constante del modelo.

Estos textos permiten comprender que el Compliance no es un accesorio normativo, sino un elemento estructural del gobierno corporativo. Desde esta perspectiva, la organización no solo responde por sus decisiones, sino también por su arquitectura interna, por sus protocolos de vigilancia, y por la cultura institucional que proyecta hacia dentro y hacia fuera.

**b) Las denuncias internas, procesos de investigación y coherencia ética**

La segunda parte del Libro se centra en uno de los aspectos más sensibles y transformadores del sistema de cumplimiento: la gestión de las denuncias internas y el desarrollo de los procesos de investigación.

Esta sección analiza el canal de denuncias como espacio institucional, emocional y jurídico en el que se concentran expectativas de justicia, tensiones organizacionales, dilemas éticos y riesgos legales.

Los capítulos aquí reunidos abordan el tratamiento técnico del triaje o evaluación inicial de las denuncias, el análisis de verosimilitud y relevancia de los hechos, el contraste de la información disponible, y la gestión de los derechos de las personas investigadas.

También se explora el tratamiento ético de las denuncias anónimas, su integración en los modelos de gobierno corporativo (GRC) y su valor como herramienta estratégica de aprendizaje institucional y gestión del riesgo.

Esta parte demuestra que la forma en que una organización gestiona las denuncias -especialmente las anónimas- constituye una prueba inequívoca de su coherencia ética.

En estas páginas se sostiene que el canal de denuncias no es solo una vía para descubrir irregularidades, sino una oportunidad para transformar estructuras, revisar culturas y recuperar legitimidad.

**c) La psicología, la cultura y el comportamiento organizacional**

El tercer bloque introduce una dimensión que ha sido tradicionalmente subestimada en los estudios jurídicos del Compliance: la psicología organizacional, la cultura institucional y el comportamiento ético de los individuos en contextos de poder, presión o ambigüedad.

Esta sección ofrece un abordaje integrador entre el Derecho, la psicología cognitiva y la sociología institucional, para explorar cómo factores como el miedo, la percepción del riesgo, los sesgos de autoridad, el conformismo o la normalización de prácticas desviadas influyen en las decisiones de cumplimiento o incumplimiento.

Se examina también la figura del informante, sus motivaciones, sus conflictos internos, y el modo en que las organizaciones pueden generar entornos emocionales propicios para el coraje ético.

Desde esta perspectiva, se propone una noción de Compliance emocional, en la que las estructuras de vigilancia se complementan con dinámicas de contención, confianza, aprendizaje y liderazgo transformador.

Esta sección advierte que ninguna norma será eficaz si no va acompañada de una comprensión realista del modo en que las personas toman decisiones dentro de las organizaciones.

**d) Tecnología, digitalización y nuevas fronteras**

La cuarta sección del Libro se adentra en los desafíos tecnológicos que enfrenta el Compliance en el marco de la transformación digital, la expansión de la inteligencia artificial y la gestión de riesgos en entornos virtuales, automatizados y altamente interconectados.

Los artículos aquí reunidos exploran el surgimiento del CiberCompliance, la incorporación de herramientas de monitoreo inteligente, la figura del Chief IA Officer, la gobernanza de algoritmos y la necesidad de evaluar, auditar y explicar decisiones automatizadas que pueden tener impacto jurídico o ético.

También se discute el rol de las plataformas de denuncia digital, la trazabilidad de procesos y los desafíos de ciberseguridad aplicados al modelo de cumplimiento.

Esta parte nos recuerda que los sistemas de Compliance deben adaptarse a un nuevo entorno: uno en el que las decisiones se procesan a velocidades algorítmicas, los datos se almacenan en la nube, y la huella digital puede ser más relevante que la física.

El cumplimiento, en este escenario, no es solo normativo, sino también tecnológico, y su gobernanza debe garantizar legalidad, responsabilidad y justicia, incluso cuando las decisiones ya no son tomadas por personas.

**e) La gestión de riesgos, control y eficacia probatoria**

La quinta y última sección del Libro se centra en la dimensión evaluativa, estratégica y procesal del Compliance.

Aquí se desarrollan herramientas y criterios para medir la eficacia del modelo, integrar los indicadores clave de desempeño (KPI), gestionar el riesgo reputacional, y estructurar una defensa jurídica sólida en caso de procesos contenciosos.

Los textos ofrecen una visión clara de cómo las auditorías, las sanciones internas, la trazabilidad documental y los reportes del canal ético constituyen no solo instrumentos de gestión, sino también evidencias probatorias.

La sección culmina con un profundo análisis sobre la prueba de eficacia del modelo de cumplimiento en sede judicial, resaltando cómo una organización puede acreditar, ante jueces o reguladores, que su sistema no es un artificio formal, sino una estructura real de control, prevención y mejora continua.

Esta parte del Libro demuestra que el valor del Compliance no solo reside en su diseño, sino en su impacto tangible. Y que ese impacto -para ser jurídicamente eficaz- debe ser demostrable, documentado y auditable. En un mundo donde la rendición de cuentas es clave, el modelo de cumplimiento se convierte en una narrativa institucional de legalidad: una historia que debe ser escrita no solo con políticas, sino también con evidencias.

# ESTUDIOS

# I. Fundamentos jurídicos y estructurales del Compliance

*Capítulo 1*

# *La responsabilidad en el ámbito del Compliance*

El Compliance es un sistema de control interno que tiene como objetivo asegurar que una organización cumpla con las leyes, regulaciones y normas internas para prevenir riesgos legales y reputacionales.

Sin embargo, en el ámbito del Compliance surge un debate fundamental: ¿Quién es responsable de un incumplimiento normativo? ¿Cómo se determina la culpabilidad?

La responsabilidad en el ámbito del Compliance no es solo un resultado posible de la inobservancia de normas legales o internas, sino que es el punto de llegada de un complejo sistema de prevención, gestión del riesgo, y control ético-legal, que atraviesa toda la estructura organizacional.

En otras palabras, hablar de responsabilidad en el Compliance implica hablar de la esencia misma del cumplimiento normativo: prevenir hechos ilícitos, reducir riesgos, y actuar conforme a la legalidad y la integridad.

Esta responsabilidad tiene un carácter dinámico y evolutivo, pues se adapta a los cambios regulatorios, sociales y empresariales.

El concepto de responsabilidad en Compliance se puede entender en al menos tres niveles: jurídico (penal, administrativo, civil), organizativo (deberes de diligencia, supervisión y control), y ético-social (legitimidad, reputación y sostenibilidad).

A nivel jurídico, se refiere a las consecuencias que derivan para las personas físicas o jurídicas por la comisión de una infracción de la ley.

Tradicionalmente, en el derecho penal clásico, la responsabilidad recaía exclusivamente sobre personas físicas, quienes podían ser imputadas si actuaban con dolo o culpa.

Sin embargo, el derecho penal económico y empresarial ha evolucionado significativamente para responder a la complejidad de las organizaciones actuales, donde muchas decisiones no son tomadas por una sola persona, sino en entornos colectivos, estructurados jerárquicamente, y con múltiples niveles de delegación.

Este cambio de paradigma ha llevado a que muchos ordenamientos jurídicos introduzcan la responsabilidad penal de las personas jurídicas, entendida como la posibilidad de que una empresa sea sancionada penalmente -multas, suspensión de actividades, disolución, entre otras- cuando no ha cumplido con sus deberes de prevención.

Aquí, es donde el Compliance cobra protagonismo como elemento diferenciador entre una organización diligente y una negligente.

La existencia de un programa de Compliance sólido, eficaz, y adecuadamente implementado puede actuar como una causa de exención o atenuación de la responsabilidad penal.

En el plano administrativo, muchas normativas sectoriales -como las relativas a la protección de datos personales, prevención de lavado de activos, competencia, medioambiente, salud pública, entre otras- establecen regímenes de responsabilidad específicos para las empresas, que incumplen obligaciones regulatorias.

En estos contextos, el Compliance se convierte en un deber operativo, y su ausencia o deficiencia puede derivar en sanciones administrativas, multas, revocaciones de licencias, o inhabilitaciones.

El derecho civil y mercantil también reconoce formas de responsabilidad por incumplimientos, que afectan a terceros.

Por ejemplo, si una empresa no actúa con la diligencia debida para evitar prácticas corruptas en su cadena de suministro, y un proveedor incurre en actos ilegales, que le perjudican a un cliente final, podría enfrentarse a una acción por daños y perjuicios.

En este sentido, el Compliance no solo sirve como escudo ante las autoridades regulatorias o judiciales, sino como elemento de defensa ante posibles reclamaciones de partes privadas.

El segundo nivel de responsabilidad, el organizativo, se relaciona con los deberes funcionales, que asumen determinados sujetos dentro de la empresa.

La dirección y administración de una entidad tienen un deber reforzado de vigilancia, control, y establecimiento de medidas de prevención frente a los riesgos legales y éticos.

El incumplimiento de estos deberes puede traducirse en responsabilidad personal -incluso penal o civil-, si se demuestra, que existió omisión, negligencia, o desinterés ante señales de alerta.

Este principio se encuentra estrechamente vinculado a la llamada "culpa in vigilando" o "culpa in eligendo", es decir, la responsabilidad, que recae sobre quien no ha controlado debidamente a sus subordinados, o ha delegado funciones sin garantizar, que quien las recibe es competente y éticamente adecuado.

El Compliance, en este marco, es tanto una herramienta como una exigencia.

Aquellos, que ostentan funciones de gestión no solo deben asegurarse de que exista un programa de cumplimiento, sino también de que se mantenga vivo, actualizado, y operativo.

No menos importante es el papel del Compliance Officer, figura encargada de velar por la implementación, y el monitoreo del sistema de cumplimiento.

Aunque su función es eminentemente técnica y asesora, los tribunales y organismos reguladores han empezado a exigir niveles crecientes de diligencia en el ejercicio de sus funciones.

Si bien el Oficial de Cumplimiento no puede responder por todos los fallos de la organización, sí puede ser considerado responsable, si incumple sus deberes básicos, como puede ser: investigar denuncias internas, asesorar a la dirección sobre riesgos emergentes, o alertar sobre desviaciones significativas.

En cuanto al tercer nivel de responsabilidad -el ético y social-, se refiere a la obligación, que tienen las empresas de actuar no solo conforme a la ley, sino también de acuerdo con los principios y los valores de la sociedad en la que operan.

La evolución del concepto de "Compliance" ha llevado a que ya no se asocie únicamente con el cumplimiento de leyes, sino también con el respeto de estándares éticos, principios de buen gobierno corporativo, derechos humanos, diversidad e inclusión, sostenibilidad ambiental, y el llamado "compromiso social".

En este sentido, la responsabilidad ética en el Compliance va más allá del temor a la sanción legal, ya que responde a una visión estratégica de largo plazo.

Las empresas que adoptan un enfoque integral del Compliance como parte de su cultura organizativa tienden a generar mayor confianza en sus clientes, inversores, empleados y la sociedad en general.

Por el contrario, aquellas que incumplen o simulan cumplir corren un riesgo reputacional difícil de revertir, con impacto directo en su valor de marca, acceso a financiamiento, fidelidad del consumidor, y legitimidad social.

Asimismo, la autorregulación es otra dimensión relevante de la responsabilidad en el Compliance.

Las organizaciones no solo deben cumplir con normas impuestas por el Estado, sino también con normas voluntarias que ellas mismas han adoptado, entre las que cabe citar: a los códigos de conducta, a los principios éticos, a las políticas anticorrupción, y a los compromisos de sostenibilidad.

El incumplimiento de estos estándares puede desencadenar, no solo consecuencias legales o reputacionales, sino también conflictos internos, el deterioro del clima laboral, y la pérdida de credibilidad ante los stakeholders.

En la práctica, esto implica que el sistema de Compliance debe estar sostenido sobre tres pilares esenciales:

a) La prevención, que consiste en la identificación, y la evaluación de riesgos legales, el diseño de políticas y controles, la formación continua, y la promoción de la cultura de cumplimiento.

b) La detección, basada en la implementación de canales de denuncia, las auditorías internas, los sistemas de alerta temprana, y los procedimientos de monitoreo constante.

c) La reacción, que consiste en la capacidad de actuar con diligencia ante incidentes, realizar investigaciones internas, sancionar comportamientos contrarios a la normativa, y remediar las deficiencias del sistema.

Debe considerarse, que la responsabilidad en el Compliance es también colectiva, en este caso, no se trata de un problema exclusivo de los abogados, o del departamento legal, sino de un compromiso organizacional.

Cada empleado, directivo o socio de negocio tiene una parte de responsabilidad en asegurar, que la conducta de la empresa esté alineada con las normas y los valores que la rigen.

En este sentido, el Compliance debe estar integrado en la estrategia corporativa, en la estructura de gobernanza, y en los procesos operativos de la entidad.

La responsabilidad en el ámbito del Compliance se configura como un entramado multidimensional, que abarca desde la responsabilidad penal de una persona jurídica, hasta la responsabilidad individual de un trabajador por no reportar una irregularidad.

Supone un cambio de mentalidad, ya que no basta con cumplir formalmente con la ley, sino que es necesario demostrar de manera activa que la organización ha adoptado una postura responsable, transparente, y ética frente a sus obligaciones.

Así, el Compliance deja de ser un lujo o una formalidad, para convertirse en una exigencia fundamental del buen gobierno corporativo, y de la supervivencia empresarial en un entorno cada vez más exigente, regulado, y vigilado.

En este contexto, debe tenerse presente que el Compliance se aplica en distintos ámbitos empresariales y regulatorios, y la forma en que se asigna la responsabilidad varía según el sector, y la naturaleza de la infracción, y con ello es procedente analizar la naturaleza, y las características de la responsabilidad objetiva y/o subjetiva que debe ser aplicada en cada momento derivada de cualquier hecho vinculado al ámbito del Compliance.

La responsabilidad objetiva y subjetiva son conceptos esenciales para definir cómo y cuándo una empresa, sus directivos, y empleados pueden ser considerados responsables ante una infracción legal, ética, o regulatoria.

La responsabilidad objetiva implica que una empresa o individuo puede ser considerado responsable, sin necesidad de probar la existencia de dolo, de culpa, o de intención.

La responsabilidad subjetiva requiere demostrar, que existió voluntad, conocimiento o negligencia en la comisión del acto ilícito.

Ambos conceptos son clave en la determinación de sanciones y medidas de prevención dentro del Compliance, y su correcta aplicación influye directamente en la efectividad de los sistemas de gestión de riesgos.

La distinción entre responsabilidad objetiva y subjetiva en el contexto del Compliance corporativo constituye uno de los ejes centrales para entender cómo opera la imputación de hechos ilícitos en el seno de las organizaciones.

Esta distinción no solo tiene implicaciones teóricas en el plano del derecho penal, administrativo y civil, sino que también afecta directamente a la forma en que las empresas estructuran sus programas de cumplimiento normativo, gestionan sus riesgos, y responden ante investigaciones internas o procesos judiciales.

Tradicionalmente, la responsabilidad en materia penal ha sido concebida sobre la base de la responsabilidad subjetiva, esto es, aquella que exige para su configuración la existencia de dolo (voluntad consciente de realizar una conducta prohibida) o culpa (conducta negligente o imprudente).

Este modelo se centra en la conducta individual y en la valoración de la intención del autor del acto ilícito.

La premisa esencial es, que no puede haber pena sin culpa, recogida en el principio "nullum crimen sine culpa".

Bajo esta lógica, para que una persona -física o jurídica- sea considerada penalmente responsable, debe acreditarse que actuó con conocimiento del deber incumplido, o con una actitud negligente respecto de sus deberes legales o éticos.

No obstante, la creciente complejidad de las estructuras empresariales, la globalización de los mercados, y el aumento de los delitos económicos cometidos desde el seno de las organizaciones han exigido una evolución de este enfoque.

En este nuevo entorno, el derecho penal y administrativo ha comenzado a incorporar con mayor frecuencia la noción de responsabilidad objetiva. o cuasi objetiva, especialmente en relación con las personas jurídicas.

Esta modalidad de responsabilidad, se caracteriza por la prescindencia del análisis de la culpabilidad del sujeto, fundándose en la sola producción del hecho dañoso o ilícito, y la existencia de una conexión con la organización.

En otros términos, se puede afirmar, que se traslada el centro de gravedad desde la conducta individual, al diseño institucional y organizativo de la empresa.

El punto de inflexión en esta evolución normativa se observa en las leyes, que establecen un sistema de imputación empresarial basado en el deber de vigilancia y control.

Aquí, la responsabilidad objetiva aparece como una presunción iuris tantum, que admite prueba en contrario, en virtud de la cual la empresa será considerada responsable, salvo que logre acreditar que tenía implementado un programa de Compliance eficaz, idóneo, y debidamente adaptado a sus riesgos específicos.

Este enfoque ha sido adoptado en distintos ordenamientos jurídicos, como el español tras la reforma del Código Penal de 2010 y su posterior modificación en 2015, el modelo anglosajón de los "due diligence programs" y, con matices, en regulaciones latinoamericanas como la Ley 30424 en Perú o la Ley 27.401 en Argentina.

El fundamento jurídico de esta responsabilidad se encuentra en la idea de autorresponsabilidad organizacional.

Es decir, las empresas, como entes autónomos con capacidad de decisión, deben responder por la eficacia o ineficacia de sus mecanismos de control interno.

No se trata tanto de castigar a la organización por el hecho delictivo de un empleado en particular, sino de evaluar si la cultura corporativa, los procesos de supervisión y los controles internos fueron insuficientes o defectuosos, facilitando así la comisión del ilícito.

Esta concepción responde a un modelo de imputación estructural o funcional, que pone el foco en las fallas sistémicas, y no necesariamente en el dolo individual.

Este tipo de responsabilidad presenta ventajas claras desde el punto de vista preventivo.

Al colocar sobre la empresa la carga de adoptar medidas efectivas de prevención y control, se promueve una cultura de cumplimiento proactiva.

Además, incentiva la implementación de programas de integridad y mecanismos de control interno eficaces, incluyendo canales de denuncia, auditorías internas, códigos éticos y formación continua en materia de cumplimiento.

El objetivo no es solo evitar sanciones, sino también reducir el riesgo reputacional, fortalecer la transparencia, y poder así mejorar la confianza de los stakeholders.

Sin embargo, este modelo también ha suscitado críticas y desafíos prácticos.

Uno de los principales cuestionamientos es que puede derivar en una forma de responsabilidad sin culpa, incompatible con principios fundamentales del derecho penal, especialmente cuando no se otorga a la empresa la oportunidad efectiva de demostrar su diligencia.

Asimismo, se plantea la dificultad de establecer estándares objetivos y universales sobre qué constituye un "programa de Compliance eficaz", dado que esto puede variar según el tamaño de la empresa, el sector de actividad, el país y los riesgos específicos asociados.

Desde la perspectiva de la responsabilidad subjetiva, también se han desarrollado teorías, que permiten compatibilizar la imputación a personas jurídicas con los principios tradicionales del derecho penal.

Un ejemplo de ello es la teoría del "defecto de organización" o "culpa organizacional", que entiende que la responsabilidad penal de la persona jurídica surge cuando la empresa ha incumplido su deber de controlar, y de prevenir riesgos mediante una adecuada estructura organizativa.

En este modelo, la falta de implementación, o el funcionamiento defectuoso de un programa de Compliance es considerado una forma de culpa in vigilando, lo cual, sí implica una forma de responsabilidad subjetiva atribuible a la empresa.

En términos prácticos, esta distinción entre responsabilidad objetiva y subjetiva cobra especial relevancia, cuando se producen investigaciones internas por posibles infracciones normativas.

En estos casos, las empresas deben demostrar, no solo que colaboran activamente con las autoridades, sino que han adoptado previamente mecanismos adecuados para prevenir los hechos investigados.

En efecto, la carga probatoria puede trasladarse a la organización, que deberá evidenciar que su conducta no fue negligente ni omisiva, sino que desplegó una diligencia debida conforme a los estándares exigibles.

Como es conocido, la existencia de un programa de Compliance, aunque no garantiza la impunidad, sí puede operar como causa de exclusión o atenuación de la responsabilidad.

La tensión entre responsabilidad objetiva y subjetiva en el ámbito del Compliance refleja un cambio profundo en la forma en que se conciben las obligaciones corporativas, frente al ordenamiento jurídico.

Este cambio supone una evolución desde un modelo puramente reactivo, y centrado en la culpabilidad individual hacia otro más estructural, preventivo, y orientado a la cultura organizacional.

Las empresas, ya no solo deben abstenerse de delinquir, sino que tienen el deber activo de prevenir, detectar, y reaccionar frente a posibles infracciones.

Un programa de Compliance efectivo, por tanto, debe incorporar medidas, que minimicen los supuestos en que pueda incurrirse en responsabilidad, asegurando el cumplimiento normativo, protegiendo la reputación, y la sostenibilidad de la empresa.

De este modo, el Compliance se convierte no solo en una herramienta de gestión del riesgo legal, sino también en una condición esencial para la sostenibilidad ética, reputacional, y jurídica de las organizaciones en el siglo XXI.

*Capítulo 2*

# *La aplicación de los derechos fundamentales a las personas jurídicas en los procesos de Compliance*

En el ámbito del derecho constitucional y administrativo, tradicionalmente los derechos fundamentales han sido concebidos para la protección de las personas físicas, dado que buscan garantizar la dignidad, la libertad, la igualdad y la seguridad jurídica de los individuos.

Sin embargo, con el desarrollo del derecho corporativo y el régimen de responsabilidad de las personas jurídicas, se ha reconocido que ciertos derechos fundamentales también son aplicables a las empresas y otras entidades, especialmente cuando estas se ven involucradas en procesos judiciales o administrativos derivados del Compliance.

Así, debe partirse del hecho de que las personas jurídicas, como sujetos de derecho, pueden ser objeto de procedimientos sancionadores, de responsabilidades penales, de medidas administrativas, y, de restricciones normativas, que pueden afectar a su actividad, a su patrimonio, y, también a su reputación.

Dado que estos procedimientos pueden imponer consecuencias graves a las empresas, es esencial que las mismas gocen de las garantías propias de los derechos fundamentales, asegurando que cualquier sanción o resolución en su contra se adopte respetando los principios de legalidad, justicia y debido proceso.

De este modo, en este análisis debe partirse del reconocimiento constitucional e internacional de los Derechos Fundamentales de las Personas Jurídicas.

La aplicabilidad de los derechos fundamentales a las personas jurídicas ha sido reconocida en diversas normas, y, decisiones de naturaleza jurisprudencial, tanto a nivel nacional como internacional, entre las cuales destacan:

a)El artículo 24 de la Constitución Española, el cual garantiza el derecho a la tutela judicial efectiva y a un proceso justo, sin que pueda producirse indefensión.

Dicho precepto no distingue entre personas físicas y jurídicas, por lo que es plenamente aplicable a las empresas y demás personas jurídicas.

b) El artículo 25 de la Constitución Española, el cual establece el principio de legalidad en materia sancionadora, lo que implica que ninguna empresa puede ser sancionada si no existe una normativa previa que regule el supuesto sancionador.

c) El artículo 47 de la Carta de Derechos Fundamentales de la Unión Europea, el cual reconoce el derecho a la tutela judicial efectiva y a un juez imparcial para toda persona, incluidas las personas jurídicas.

d) El artículo 6 del Convenio Europeo de Derechos Humanos (CEDH), a través del cual se garantiza el derecho a un juicio justo, lo que incluye a las empresas y demás personas jurídicas, cuando se enfrentan sanciones o restricciones impuestas por el Estado.

Consecuentemente con ello, el derecho de las personas jurídicas a gozar de los derechos fundamentales en los procesos judiciales o administrativos derivados del Compliance, representa un principio esencial del Estado de derecho, que garantiza que las empresas, al igual que las personas físicas, sean tratadas con equidad, y, que cuenten con todas las garantías procesales en cualquier procedimiento sancionador.

El reconocimiento de los derechos fundamentales de las personas jurídicas en los procesos judiciales o administrativos derivados del Compliance, es esencial para garantizar la seguridad jurídica, la equidad, y, la protección de las empresas frente a posibles abusos regulatorios.

Aunque las empresas no gozan de ciertos derechos fundamentales reservados exclusivamente a las personas físicas, como el derecho a la vida o a la integridad personal, sí deben beneficiarse de derechos relacionados con el debido proceso, la defensa jurídica, la presunción de inocencia, el acceso a la justicia, y, la proporcionalidad de las sanciones.

En un entorno normativo cada vez más exigente, donde las empresas enfrentan un mayor control por parte de las autoridades reguladoras y de la sociedad en general, es fundamental que los procedimientos sancionadores respeten plenamente estos derechos, y, que las empresas puedan ejercer su defensa con todas las garantías procesales.

Ante esta situación, el hecho de contar con un programa de Compliance eficaz y bien documentado, no solo ayuda a prevenir infracciones, sino que también constituye una herramienta clave de defensa que puede ser utilizada para demostrar la diligencia de la empresa, y, evitar, así, la producción de sanciones que puedan ser consideradas como injustificadas.

Por todo ello, cabe considerar, que le hecho de garantizar el respeto a los derechos fundamentales de las personas jurídicas en los procesos de Compliance, no solo es una cuestión de legalidad, sino también implica un pilar fundamental del Estado de derecho y de la justicia corporativa.

En esta exposición, es preciso, en primer término, analizar la importancia y la trascendencia que tiene la aplicación del derecho a la presunción de inocencia a las personas jurídicas, especialmente, dentro de las consideración de los procesos judiciales, y administrativos a las que las mismas pueden verse sometidas, como consecuencia de la comisión de infracciones penales, y administrativas que puedan ser consecuencia del desarrollo de su actividad.

El derecho a la presunción de inocencia de una persona jurídica en el ámbito de un proceso de Compliance es un principio fundamental, que garantiza, que una empresa no puede ser considerada culpable hasta que se demuestre su responsabilidad, mediante la práctica y/o la aportación de pruebas que puedan ser consideradas como concluyentes.

Este derecho, derivado del artículo 24 de la Constitución Española, el artículo 6 del Convenio Europeo de Derechos Humanos (CEDH) y el artículo 14 del Pacto Internacional de Derechos Civiles y Políticos, establece que ninguna sanción puede imponerse sin una base probatoria suficiente y que cualquier duda debe resolverse a favor de la entidad investigada, aplicando el principio "in dubio pro reo".

En lo que se refiere al derecho a la presunción de inocencia y su aplicación a la persona jurídica en el ámbito del Compliance, debe indicarse que desde una perspectiva histórica, en este caso aplicada a las personas físicas, se ha extendido a las personas jurídicas en el ámbito del derecho penal y administrativo sancionador, especialmente tras la incorporación de la responsabilidad penal de las empresas en muchos ordenamientos jurídicos, como el español con la reforma del Código Penal operada en el año 2010 inicialmente, y ello sin perjuicio de las sucesivas reformas que le han sucedido en el tiempo.

Bajo este marco, una empresa puede ser penalmente responsable por delitos cometidos en su beneficio o interés por sus empleados, directivos o representantes si no ha implementado medidas adecuadas para prevenir, precisamente, la producción de tales ilícitos.

En un proceso de Compliance, donde se evalúa si la empresa ha cumplido con sus obligaciones normativas, y ha aplicado correctamente sus controles internos, la presunción de inocencia se traduce en la obligación de los organismos reguladores, o, de las autoridades judiciales de presentar pruebas claras y contundentes, antes de imponer cualquier sanción.

No basta, consecuentemente con ello, con la existencia de meras sospechas o presunciones de incumplimiento; es necesario demostrar de manera fehaciente, que la empresa no ha actuado con la diligencia debida, y, que su omisión o acción ha permitido la comisión del ilícito penal objeto de dicha investigación.

Esto implica, que la empresa no tiene la carga de probar su inocencia, sino que corresponde a la autoridad sancionadora demostrar su culpabilidad.

Sin embargo, en la práctica, la empresa debe disponer de mecanismos para acreditar, que ha cumplido de manera efectiva con sus obligaciones legales y éticas.

Es aquí, donde los modelos de Compliance juegan un papel esencial, ya que pueden servir como elemento de prueba o acreditación relativa a que la empresa ha adoptado las medidas de prevención y de control adecuadas, con la finalidad de evitar la comisión de delitos, o, la producción de infracciones normativas.

En lo atinente a los componentes básicos que conforman el derecho a la presunción de inocencia en materia de Compliance con relación a una persona jurídica en un proceso de esta naturaleza, deben señalarse varios elementos fundamentales, que se indican seguidamente:

a) La necesidad de la existencia de pruebas concluyentes para sancionar a la empresa.

Para que una empresa sea considerada responsable de un incumplimiento normativo, deben existir pruebas de cargo, que sean objetivas, claras, y, concluyentes, que acrediten su participación, o, su falta de diligencia en la prevención de la conducta ilícita.

En el ámbito del Compliance, esto significa, que los informes de auditoría, los registros de control, y, las demás evidencias documentales deben demostrar, que la empresa incumplió sus deberes de supervisión y prevención.

b) La prohibición de sanciones basadas en la existencia de meras sospechas o indicios.

En este sentido, debe tenerse presente, que no se pueden aplicar sanciones a una empresa basándose en meras sospechas, indicios débiles, o, interpretaciones ambiguas.

Si no hay pruebas suficientes para determinar su culpabilidad, la empresa debe ser considerada inocente, y, en consecuencia, absuelta de cualquier clase de responsabilidad.

c) La aplicación del principio "in dubio pro reo"

En el caso de que, tras la evaluación de las pruebas, persista una duda razonable sobre la culpabilidad de la empresa, el tribunal o la autoridad sancionadora debe fallar a su favor.

Este principio es muy importante para evitar sanciones arbitrarias, y, al mismo tiempo, garantizar de manera adecuada, que la empresa solo sea castigada, si se demuestra de manera irrefutable, su implicación en la infracción.

d) La existencia de una garantía de una defensa justa y efectiva.

La empresa debe tener derecho a una defensa adecuada, lo que incluye acceso a un procedimiento justo, el derecho a ser informada de los cargos en su contra, la posibilidad de presentar pruebas y alegaciones, y, finalmente, la oportunidad de impugnar cualquier sanción impuesta de manera indebida.

En el marco de Compliance, esto significa que los órganos de control interno deben garantizar los procesos de revisión imparciales, y, que, de manera simultánea, se respeten los derechos de la empresa investigada.

Ello lleva a considerar la importancia que tiene en el modelo de Compliance la aplicación del principio de la presunción de inocencia para una persona jurídica, y, la protección y las garantías, que ello lleva consigo.

Así, debe considerarse, que el modelo de Compliance constituye una herramienta fundamental para garantizar de manera real y eficiente la presunción de inocencia de una persona jurídica.

Un programa de Compliance bien estructurado permite a la empresa demostrar, que ha tomado todas las medidas razonables para prevenir infracciones normativas, lo que puede ser determinante en un proceso sancionador.

Los principales elementos que refuerzan, este caso, la defensa de la empresa son:

a) La existencia de un código de conducta y/o de ética empresarial.

La existencia de normativas internas claras y accesibles a todos los empleados demuestra, que la empresa ha establecido directrices de comportamiento alineadas con el cumplimiento normativo.

b) La adopción de sistemas de control y prevención de riesgos.

La implementación de auditorías internas, de controles financieros, de medidas de prevención de blanqueo de capitales, y, de mecanismos de reporte de irregularidades, ya que todo ello, ayuda de manera poderosa a demostrar que la empresa ha actuado con diligencia.

c) La realización de actividades dirigidas a la formación, y, a la sensibilización de las personas vinculadas con un modelo de cumplimiento normativo.

La capacitación periódica de empleados y directivos en materia de cumplimiento normativo constituye un instrumento útil y eficaz, que acredita, que la empresa ha hecho esfuerzos activos para prevenir la comisión de todo tipo de infracciones.

d) La existencia de canales de denuncia, y, de sistemas de respuesta ante irregularidades.

La existencia de mecanismos de denuncia internos, y, de protocolos de actuación ante posibles incumplimientos, refuerza de manera eficaz la idea de que la empresa ha creado un entorno de cumplimiento efectivo.

e) La realización de auditorías y de revisiones periódicas.

La documentación de auditorías regulares, y, de evaluaciones de riesgos permite demostrar, que la empresa supervisa activamente su nivel de cumplimiento, y al mismo tiempo, toma medidas correctivas cuando ello es necesario.

Estos elementos, en el supuesto de que se encuentren debidamente implementados y documentados, pueden servir como prueba exculpatoria de la persona jurídica en un procedimiento sancionador.

Si la empresa puede acreditar, que ha cumplido con sus obligaciones de prevención, será más difícil que se le atribuya responsabilidad por la infracción cometida, cuando la misma ha sido llevada a cabo por medio de alguno de sus empleados o directivos.

Al hilo de todo ello, nos podemos encontrar con el supuesto de que se haya vulnerado la presunción de inocencia en Compliance con relación a una persona jurídica, y es necesario, en tal caso, de analizar las consecuencias que la producción de esta situación conlleva.

Si una empresa es sancionada sin pruebas concluyentes, o, sobre la base de interpretaciones arbitrarias, se vulnera su derecho a la presunción de inocencia.

Esto puede generar graves consecuencias, tales como:

a) La imposición de sanciones económicas desproporcionadas que pueden afectar la viabilidad financiera de la empresa.

b) La pérdida de la reputación, y, de la confianza de los inversores, de los clientes, y, de los socios comerciales, lo que puede traducirse a la postre, en la pérdida de importantes oportunidades de negocio.

c) La afectación y vulneración de los derechos de los empleados y directivos, quienes pueden verse involucrados en procedimientos sancionadores sin una justificación, que sea adecuada.

d) La existencia de precedentes que, por sus características, pueden peligrosos en el ámbito regulador, ya que pueden traer consigo y generar un clima de inseguridad jurídica, y, afectar a la competitividad empresarial.

Para evitar estos riesgos, es esencial, que los procesos de Compliance respeten el derecho a la presunción de inocencia, y, que las empresas cuenten con mecanismos eficaces de defensa, y, de acreditación de su cumplimiento normativo.

El derecho a la presunción de inocencia de la persona jurídica en un proceso de Compliance constituye, en definitiva, una garantía fundamental que protege a las empresas de sanciones injustas o arbitrarias.

Su aplicación implica, tal como se ha indicado anteriormente, y aquí se reitera, que ninguna empresa puede ser considerada culpable sin pruebas concluyentes y que cualquier duda razonable debe resolverse a su favor.

Y consecuentemente con ello, cabe afirmar, que un modelo de Compliance sólido y bien documentado, es clave para demostrar que la empresa ha actuado con diligencia en la prevención de infracciones, y, por tanto, para fortalecer su defensa ante cualquier investigación o sanción.

La correcta aplicación de este principio no solo garantiza la seguridad jurídica de las empresas, sino que también contribuye a un entorno regulador más justo y equilibrado.

*Capítulo 3*

# La defensa jurídico-procesal de la persona jurídica en el ámbito del Compliance

La defensa jurídico-procesal de la persona jurídica en el ámbito del Compliance en España es un elemento clave en el marco legal actual, especialmente desde la introducción de la responsabilidad penal de las personas jurídicas en el artículo 31 bis del Código Penal, que establece la responsabilidad penal de las personas jurídicas, y las condiciones para exonerarse o atenuar dicha responsabilidad.

Este marco legal tiene como objetivo garantizar, que las empresas implementen medidas eficaces de prevención de delitos, y, asuman un papel activo en el cumplimiento de las normas legales y éticas.

Para abordar este tema de manera más completa, es necesario detallar las causas de la responsabilidad penal, las características del modelo de defensa, los requisitos para una exoneración efectiva, y las consecuencias de una defensa jurídico-procesal deficiente o adecuada.

Este marco establece que las empresas pueden ser consideradas penalmente responsables por los delitos cometidos en su nombre o beneficio por sus representantes legales, administradores o empleados, siempre que no hayan implementado medidas de supervisión, y control efectivas para prevenir dichos actos.

En este contexto, la defensa jurídico-procesal se fundamenta en la capacidad de la empresa para demostrar que ha adoptado y ejecutado diligentemente un modelo de prevención del delito eficaz, y, adaptado a su realidad operativa y normativa.

La esencia de esta defensa radica en la implementación de un modelo de organización y gestión, que permita a la persona jurídica prevenir y detectar posibles conductas delictivas en su seno.

Dicho modelo no puede limitarse a ser un documento formal o un protocolo teórico, sino que debe reflejar un compromiso activo y continuo por parte de la empresa en el cumplimiento normativo, y la promoción de una cultura ética.

Este modelo debe incluir una serie de medidas concretas, como la identificación de actividades en las que puedan cometerse delitos, el establecimiento de protocolos claros para la toma de decisiones y la ejecución de controles internos que permitan prevenir y gestionar riesgos.

Además, la empresa debe contar con un órgano de supervisión que actúe de manera independiente y eficaz, supervisando el cumplimiento del modelo de prevención y reportando sus hallazgos y recomendaciones a la alta dirección.

En lo que atañe a las causas de la responsabilidad penal de la persona jurídica debe indicarse, que la responsabilidad penal de la persona jurídica se deriva de los delitos cometidos en su nombre o por su cuenta, ya sea por sus representantes legales, administradores de hecho o de derecho, o por personas bajo su autoridad, que hayan actuado incumpliendo sus deberes de supervisión, vigilancia y control. Estas causas pueden dividirse en:

a) Una acción directa por parte de administradores o representantes.

Ello se produce cuando el delito es cometido por representantes legales o personas que ostentan el poder de decisión dentro de la empresa.

b) Una acción indirecta por falta de supervisión.

Esta acción es típica cuando el delito es cometido por empleados o terceros bajo la supervisión de los órganos de dirección, y, esta comisión resulta de la ausencia de controles efectivos o de incumplimientos en los deberes de vigilancia.

Como características del modelo de defensa jurídico-procesal de una persona jurídica en el ámbito del Compliance, debe tener presente que dicha defensa de la persona jurídica en este ámbito de actuación tiene un enfoque integral, basado en varios principios y estrategias:

a) El primero de ellos, hace referencia a la exoneración o atenuación de la responsabilidad penal.

En este sentido, la persona jurídica puede quedar exenta de responsabilidad si demuestra que, antes de la comisión del delito, había implementado un modelo de prevención del delito eficaz, adecuado y adaptado a su estructura y riesgos.

Por el contrario, si el modelo no se implementó completamente o se adoptó de forma insuficiente, esto puede servir para atenuar la pena, aunque no para eximir completamente.

b) La segunda característica que considerar es la que hace referencia a la llamada "diligencia debida".

En tal caso, la empresa debe probar que ha actuado con diligencia razonable en la supervisión, vigilancia y control de sus empleados, lo que incluye medidas de tipo preventivos, mecanismos de detección, y, la capacidad de respuesta ante la producción de cualquier clase de irregularidades.

c) También debe hacerse mención a la "responsabilidad diferenciada".

Esta hace referencia a la distinción entre las actuaciones de las personas físicas y los sistemas de control de la persona jurídica.

La defensa debe demostrar, que el acto ilícito no responde a una cultura organizacional permisiva, ni a una negligencia generalizada.

d) Otro elemento característico que considerar es el que hace referencia al rol que desempeña el Compliance Officer.

Así, el órgano de supervisión debe ser principalmente autónomo, con capacidad de adoptar aquellas decisiones, que entren en el marco de sus competencias, y al mismo tiempo, contar con los recursos necesarios para cumplir sus funciones.

Este aspecto debe considerarse de un alto valor estratégico para demostrar la eficacia del modelo preventivo adoptado en cada caso, por cada organización.

En cuanto a los requisitos para que se produzca una exoneración efectiva de la persona jurídica con relación a las responsabilidades que se hayan podido generar en este ámbito de actuación, debe señalarse, que el artículo 31 bis del Código Penal establece una serie de requisitos que la persona jurídica debe cumplir para quedar exonerada de responsabilidad penal:

a) El primero de ellos, debe vincularse con la implementación previa, y, el desarrollo de un modelo de prevención.

De este modo, debe existir un modelo de organización y gestión eficaz que identifique las actividades en cuyo ámbito se pueden cometer delitos.

b) Ello debe ir acompañado del establecimiento de medidas específicas, ya que el modelo debe incluir procedimientos para prevenir delitos, mecanismos para denunciar irregularidades, y, medidas disciplinarias para sancionar incumplimientos.

c) La organización debe contar con un órgano de supervisión que sea autónomo en cuanto a la capacidad de adoptar decisiones en el ejercicio de sus competencias.

Para ello, la empresa debe contar con un órgano autónomo responsable de vigilar el funcionamiento y cumplimiento del modelo.

En este sentido, es preciso distinguir entre las características de independencia y de autonomía que debe poseer este órgano en el sistema de Compliance de una Entidad.

La independencia hace referencia a la capacidad de adoptar decisiones en el ámbito del Compliance, pero también a la ausencia de reportar o de rendir cuentas con relación a dichas decisiones adoptadas.

La autonomía, por el contrario, se refiere a la posibilidad de seguir adoptando dichas decisiones, pero las mismas están sometidas al control efectivo del órgano societario o de la organización del que dependa el Compliance Officer, o, el órgano de cumplimiento normativo establecido al efecto.

d) Otro elemento característico que considerar es el que hace referencia a la revisión periódica del modelo.

Como consecuencia de ello, el modelo de prevención debe actualizarse periódicamente para adaptarse a los cambios normativos, y, a las circunstancias de la empresa.

e) Del mismo modo, es necesario la acreditación o prueba de que el delito se cometió eludiendo los controles establecidos por la empresa, de acuerdo con el sistema de cumplimiento normativo instaurado por la misma.

Consecuentemente con ello, es necesario que la organización o la empresa demuestren de manera efectiva, que, a pesar de contar con un modelo eficaz, el delito fue cometido debido a una actuación fraudulenta individual que escapó al control razonable.

f) Asimismo, hay que considerar la importancia, que en un modelo de cumplimiento normativo tiene la colaboración con las autoridades judiciales o administrativas.

Así, debe considerarse como un elemento imprescindible la cooperación activa de la empresa con las autoridades judiciales para esclarecer los hechos, y, aportar toda la documentación requerida.

Todo ello representa, en definitiva, la existencia de una defensa jurídico-procesal, que puede ser considerada como eficiente y ajustada en cada momento a las exigencias jurídicas, o, por el contrario, como deficiente e inadecuada, generando o no exonerando o mitigando la responsabilidad en que haya podido incurrir una persona jurídica.

Por tanto, puede afirmarse, que la calidad de la defensa jurídico-procesal de la organización tiene un impacto directo en las sanciones, y en las consecuencias reputacionales, que de ello se deriven para una persona jurídica concreta y determinada.

Como consecuencias directas de una defensa jurídica que pueda ser considerada como deficiente, pueden señarle, entre otras, las que se indican seguidamente:

a) La producción de sanciones de naturaleza penal, que habitualmente se concreta en la existencia de multas significativas, que pueden poner en peligro la viabilidad financiera de la empresa; en la clausura temporal o definitiva de la empresa o de sus instalaciones; en la prohibición de realizar actividades en determinados sectores; o, incluso en la intervención judicial de la misma.

b) En la existencia de daños de carácter reputacional, en los que la imagen pública de la empresa puede quedar gravemente afectada o deteriorada, reduciendo la confianza de los clientes, de los socios, o, de los inversores con relación a la misma.

c) En la pérdida de oportunidades comerciales significativas.

Ello habitualmente conlleva la imposibilidad de participar en concursos públicos, o, de acceder a determinadas licitaciones, tanto de carácter público como privadas, que puede limitar las perspectivas de crecimiento y desarrollo de la empresa en todos sus ámbitos y manifestaciones.

d) La disolución de la empresa.

e) La suspensión de sus actividades y la clausura de locales.

f) La inhabilitación para recibir subvenciones públicas o participar en contratos con la administración, e incluso, la intervención judicial de la organización.

Más allá de estas consecuencias legales, una condena penal puede tener un impacto devastador en la reputación de la empresa, minando la confianza de los clientes, socios comerciales, inversores, y, otras partes interesadas.

La percepción pública de que una empresa no actúa conforme a las leyes y principios éticos puede resultar en consecuencias negativas de tipo económico a largo plazo, y, en la pérdida de oportunidades comerciales.

A contrario sensu, también deben ser abordadas las consecuencias de una defensa adecuada llevada a cabo por la persona jurídica, entre las que se encuentran las circunstancias que se citan a continuación:

a) La exoneración de la responsabilidad penal de la persona jurídica.

Consecuentemente con ello, y para que una empresa pueda quedar exenta de responsabilidad penal, el artículo 31 bis del Código Penal establece que debe cumplir con ciertos requisitos.

Entre ellos, destaca la implementación de un modelo de prevención antes de la comisión del delito, la existencia de un órgano de supervisión independiente que controle la aplicación del modelo, la actualización periódica de este para adaptarlo a cambios normativos o a nuevas circunstancias de la empresa, y la capacidad de demostrar que el delito fue cometido eludiendo fraudulentamente los controles existentes.

Si estos requisitos no se cumplen en su totalidad, la empresa podría no eximirse completamente de responsabilidad, pero podría beneficiarse de una atenuación de las sanciones si se puede probar que ha adoptado medidas relevantes, aunque estas no hayan sido totalmente efectivas.

Ello se produce, si se demuestra de manera efectiva, la eficacia del modelo de Compliance existente en la organización, lo que puede llevar consigo que la citada empresa o la organización pueda quedar exenta de cualquier clase de responsabilidad penal, que se le haya achacado al efecto.

b) La atenuación de las sanciones a imponer.

Esta situación es característica de aquellos casos donde no se logra una exoneración completa de responsabilidad penal, pero ello no constituye óbice alguno para que la existencia de una defensa sólida pueda reducir de manera significativa las sanciones, que se puedan imponer a la persona jurídica.

c) El fortalecimiento de la reputación de la organización.

El hecho constatable de colaborar activamente con las autoridades, y demostrar con ello, un compromiso sólido con la prevención del delito puede mejorar la percepción pública de la empresa, y, con ello, posibilitar un aumento de la confianza de los stakeholders que forman parte integrante de la misma.

d) La consolidación de la cultura de cumplimiento corporativa.

Una defensa de la persona jurídica bien estructurada refuerza el compromiso interno con los valores éticos y el cumplimiento normativo, lo que puede traducirse en beneficios a largo plazo.

Uno de los pilares de esta defensa es la capacidad de la empresa para presentar evidencias tangibles de que el modelo de Compliance no solo existe, sino que es efectivo y adecuado a la situación y las necesidades concretas de la persona jurídica.

Ello incluye y lleva consigo aspectos tan importantes como pueden ser: (i) la documentación de los controles implementados; (ii) los procedimientos seguidos para identificar riesgos; (iii) los registros de las actividades formativas realizadas para sensibilizar a los empleados sobre sus obligaciones legales y éticas; y, (iv) las auditorías internas o externas realizadas para evaluar la eficacia del sistema.

En el ámbito procesal, estas evidencias representan y constituyen elementos determinantes para demostrar, que la empresa ha actuado con diligencia debida, y, que ha hecho todo lo posible a su alcance para prevenir la comisión de hechos delictivos dentro de su ámbito de actuación.

La ausencia o insuficiencia de estas pruebas o evidencias puede ser interpretada como una falta de compromiso por parte de la empresa, lo que aumentaría significativamente su responsabilidad penal.

La defensa jurídico-procesal también debe enfocarse en la delimitación de la responsabilidad entre la persona jurídica, y las personas físicas que forman parte de ella.

Para ello, es esencial demostrar que, aunque un delito haya sido cometido en el ámbito de la organización, este no fue el resultado de una cultura permisiva, o, de una negligencia en los controles internos, sino de una acción aislada, que escapó a los mecanismos razonables de prevención.

Este argumento puede ser reforzado por el hecho de que la empresa o la organización colabore activamente con las autoridades judiciales durante el proceso, facilitando aquella información que sea relevante en cada momento, aportando las pruebas documentales necesarias, y finalmente, participando en las investigaciones de manera transparente.

Puede, por todo ello afirmarse, que una defensa jurídico-procesal adecuada no solo puede eximir a la empresa de responsabilidad penal, sino que también puede fortalecer su posición frente a las partes interesadas.

La implementación y mantenimiento de un modelo de Compliance efectivo envía un mensaje claro de que la empresa está comprometida con la ética, la transparencia y la legalidad.

Este compromiso puede traducirse en una ventaja competitiva, mejorando la percepción de la empresa en el mercado, y, fortaleciendo con ello su capacidad para atraer y retener clientes, empleados, y socios comerciales.

Además, una estrategia de defensa bien estructurada puede ayudar a la empresa a minimizar el impacto de un procedimiento judicial, permitiéndole centrarse en su recuperación, y en la mejora de sus procesos internos.

La defensa jurídico-procesal de la persona jurídica en el ámbito del Compliance en España requiere un enfoque integral, que combine la implementación de un modelo de prevención del delito efectivo con la capacidad de demostrar su eficacia en un contexto procesal.

Esto implica no solo cumplir con los requisitos legales establecidos, sino también adoptar un compromiso real con la ética, y, con la transparencia en todas las actividades de la empresa.

Una defensa bien estructurada no solo protege a la organización frente a sanciones legales, sino que también refuerza su reputación y sostenibilidad a largo plazo, consolidando su posición en el mercado, y, garantizando su viabilidad operativa en un entorno empresarial cada vez más exigente y regulado.

Esto implica cumplir con los requisitos del artículo 31 bis del Código Penal y adoptar medidas proactivas para prevenir y detectar posibles infracciones.

Las empresas que cuentan con un programa de Compliance bien diseñado, no solo reducen su exposición a sanciones legales, sino que también refuerzan su reputación, y, consolidan una cultura ética y responsable, aspectos clave para su sostenibilidad y éxito en el entorno empresarial.

Una defensa deficiente, tal como se ha indicado, por el contrario, puede resultar en sanciones severas, y, en un daño irreparable a la reputación corporativa.

Por tanto, invertir en un modelo robusto de Compliance y en una estrategia jurídico-procesal adecuada es esencial para minimizar riesgos y garantizar la viabilidad de la empresa y cada día ello tiene una mayor importancia y trascendencia.

*Capítulo 4*

# *La independencia y la autonomía de los órganos de Compliance*

El Compliance o cumplimiento normativo es una disciplina esencial en la gobernanza corporativa moderna.

Su objetivo principal es garantizar que una organización cumpla con las normativas legales, los códigos de conducta internos y los principios éticos aplicables a su sector.

En un contexto global caracterizado por la complejidad regulatoria, el escrutinio social, la presión reputacional y la intensificación de los riesgos ético-legales, el papel de los órganos de cumplimiento normativo o Compliance ha adquirido una relevancia crítica en las organizaciones públicas y privadas.

La función de cumplimiento ya no se reduce al control pasivo de normativas ni al cumplimiento formalista de las leyes, sino que actúa como eje vertebral de la gobernanza corporativa, la gestión de riesgos, la transparencia y la integridad institucional.

En este marco, la independencia y autonomía del órgano de cumplimiento son elementos esenciales no solo para garantizar su legitimidad, sino para asegurar su capacidad de acción, su eficacia preventiva y su credibilidad ante autoridades regulatorias, empleados, clientes, socios comerciales e inversores.

Hablar de independencia y autonomía en Compliance es hablar de poder real, funcional y estructural dentro de una organización.

Si el órgano de cumplimiento carece de estos atributos, sus decisiones pueden ser ignoradas, sus investigaciones desvirtuadas, su autoridad socavada y, lo que es más grave, su papel reducido a una fachada destinada únicamente a simular una preocupación por la legalidad.

Por el contrario, un órgano de cumplimiento que goza de libertad operativa, independencia estructural, reconocimiento institucional y recursos suficientes es un verdadero pilar del control interno, de la integridad organizacional y del compromiso empresarial con la ética y el cumplimiento.

Sin embargo, para que un modelo de Compliance sea efectivo, sus órganos de supervisión deben operar con independencia y autonomía, asegurando su capacidad de acción sin interferencias internas o externas.

Como premisa inicial es importante proceder a la definición de los conceptos de "independencia", y de "autonomía" en el ámbito del Compliance

La "independencia", hace referencia a la capacidad del órgano de Compliance para operar sin presiones externas ni conflictos de interés.

Esto implica que no puede estar subordinado a directivos o departamentos que puedan influenciar sus decisiones.

Mientras que la "autonomía" representa la facultad del Compliance para tomar decisiones y ejecutar acciones sin necesidad de aprobación externa o restricciones impuestas por otras áreas de la organización.

Sin independencia y autonomía, el Compliance se convierte en una figura meramente decorativa, incapaz de prevenir riesgos legales, éticos y financieros de manera eficaz.

Por ello, es fundamental dotar a los órganos de Compliance de los recursos, autoridad y estructura organizativa necesaria para operar de manera real, efectiva y eficiente.

En este marco, la independencia y autonomía del órgano de cumplimiento son elementos esenciales no solo para garantizar su legitimidad, sino para asegurar su capacidad de acción, su eficacia preventiva y su credibilidad ante autoridades regulatorias, empleados, clientes, socios comerciales e inversores.

Esta afirmación se sustenta en la convicción de que ningún sistema de cumplimiento puede ser verdaderamente eficaz si el órgano responsable de diseñarlo, implementarlo y supervisarlo carece de las condiciones mínimas para actuar con objetividad, profesionalismo, y sin injerencias internas.

En primer lugar, la legitimidad del órgano de cumplimiento -entendida como la percepción de que su existencia y sus funciones responden a una necesidad genuina de control ético-legal- se construye sobre la base de su independencia real.

Si los trabajadores y demás partes interesadas perciben que el órgano de cumplimiento es un mero apéndice de la alta dirección, subordinado funcionalmente a las áreas de negocio que debe supervisar, o si se percibe que sus decisiones pueden ser fácilmente desestimadas por motivos políticos o comerciales, su credibilidad se verá erosionada.

La legitimidad requiere que el órgano de cumplimiento tenga no solo un lugar visible dentro del organigrama, sino también voz, voto y autoridad para intervenir en los procesos críticos de toma de decisiones.

Este principio se traduce operativamente en la necesidad de que el órgano de cumplimiento cuente con una ubicación jerárquica estratégica, generalmente a través de una línea de reporte directa al consejo de administración o al comité de auditoría.

Esta línea de reporte evita interferencias de los ejecutivos operativos y garantiza que las preocupaciones éticas y legales sean tratadas con la seriedad que merecen en los más altos niveles de decisión.

Además, otorga al Compliance Officer una plataforma institucional desde la cual elevar advertencias, recomendar medidas correctivas o incluso detener acciones que representen un riesgo grave, sin temor a represalias o desautorizaciones.

En segundo lugar, la capacidad de acción del órgano de cumplimiento se encuentra directamente vinculada a su independencia.

La función de cumplimiento no se limita a emitir recomendaciones o a distribuir manuales éticos, ya que su rol implica detectar riesgos, investigar irregularidades, supervisar comportamientos, auditar procesos, evaluar controles internos y gestionar canales de denuncia.

Todas estas funciones requieren una libertad operativa sustantiva consistente en la posibilidad de actuar sin depender de la autorización previa de otras áreas, sin estar sujeto a restricciones presupuestarias impuestas arbitrariamente, y sin necesidad de consultar decisiones con aquellas mismas unidades cuyos actos deben ser fiscalizados.

La capacidad de acción también se expresa en la posibilidad de conducir investigaciones internas con garantías de imparcialidad y confidencialidad.

En muchas organizaciones, la falta de independencia funcional impide que el órgano de cumplimiento pueda investigar de forma eficaz a directivos de alto nivel, lo cual representa una grave limitación.

La posibilidad de actuar frente a cualquier individuo, sin importar su rango, es una condición esencial para la eficacia del Compliance, y una señal de compromiso institucional con la ética.

En tercer lugar, la eficacia preventiva del órgano de cumplimiento depende de su autonomía en la identificación, evaluación y mitigación de riesgos.

Un sistema preventivo no se limita a reaccionar ante hechos consumados, sino que anticipa escenarios de incumplimiento, diseña políticas que minimicen riesgos, promueve una cultura ética y forma a los empleados en los valores corporativos.

Este trabajo requiere un margen de autonomía considerable, tanto en la priorización de áreas críticas como en la ejecución de actividades formativas, comunicacionales y de control.

Un órgano que carece de autonomía, que debe consultar cada paso con departamentos operativos o que no tiene poder para modificar procedimientos internos, no podrá prevenir adecuadamente los riesgos legales y éticos.

La prevención requiere libertad para actuar, conocimiento del negocio, recursos suficientes y una voz respetada dentro de la organización.

Solo así puede diseñar controles eficaces, impulsar mecanismos de alerta temprana y fomentar una cultura de cumplimiento transversal.

Por otro lado, la credibilidad externa del órgano de cumplimiento es un factor clave en la relación con las autoridades regulatorias, los auditores externos, los inversores, los socios comerciales y el público en general.

Las autoridades judiciales y administrativas, por ejemplo, consideran la existencia de un programa de cumplimiento eficaz como un atenuante o incluso eximente de responsabilidad penal en ciertas jurisdicciones.

Pero esa eficacia debe demostrarse con hechos: políticas escritas, evaluaciones de riesgos, registros de formación, resultados de auditorías, protocolos de respuesta y -de manera fundamental- la independencia del órgano encargado.

Cuando una empresa se enfrenta a una investigación por corrupción, fraude o lavado de activos, la primera pregunta que hacen las autoridades no es si tenía un código de ética, sino, si el órgano de cumplimiento tenía poder para actuar, acceso a la información, libertad para investigar y respaldo de la alta dirección.

En otras palabras, si tenía independencia real. Sin ella, cualquier programa de cumplimiento se convierte en una mera formalidad, incapaz de proteger a la empresa ante el escrutinio legal o reputacional.

En el plano interno, la credibilidad del órgano de cumplimiento ante los empleados es también fundamental para fomentar una cultura de integridad.

Si los trabajadores perciben que el Compliance es independiente, que protege la confidencialidad de las denuncias, que actúa con justicia y que no se deja influir por intereses políticos o personales, será más probable que utilicen los canales de denuncia, que consulten dudas éticas o que reporten incidentes.

En cambio, si ven al órgano de cumplimiento como un actor sin poder, o como una figura decorativa, difícilmente colaborarán, y el sistema perderá su eficacia práctica.

Lo mismo ocurre con los socios comerciales, clientes y proveedores, quienes cada vez más valoran la existencia de sistemas de Compliance como indicadores de calidad y seguridad jurídica.

Una empresa con un órgano de cumplimiento fuerte, visible y autónomo genera mayor confianza, reduce riesgos en las transacciones y se vuelve más atractiva para formar alianzas estratégicas o participar en licitaciones públicas y privadas.

En el mundo financiero, los inversores institucionales -especialmente aquellos vinculados a fondos sostenibles (ESG), banca ética o inversión responsable- examinan con atención la solidez de los sistemas de cumplimiento.

La autonomía del órgano de cumplimiento es un indicador clave de gobernanza corporativa, porque demuestra que la empresa se toma en serio el cumplimiento normativo y que ha implementado mecanismos de autorregulación efectivos.

Consecuentemente con ello, puede afirmarse, que la independencia y autonomía del órgano de cumplimiento son condiciones que se proyectan en múltiples dimensiones: (i) fortalecen la legitimidad institucional; (II) garantizan una respuesta efectiva frente al riesgo; (iii) permiten una verdadera prevención; (iv) generan confianza interna; (v) aseguran transparencia externa; y , (v) protegen a la organización frente a sanciones, escándalos, y daños reputacionales.

Lejos de ser atributos meramente formales, son factores estructurales y estratégicos que determinan el éxito del sistema de cumplimiento en su conjunto.

No basta con declarar su existencia: deben ser garantizados con decisiones concretas, respaldados por el órgano de gobierno, protegidos ante injerencias indebidas y reforzados con recursos suficientes y autoridad institucional.

Solo así el órgano de cumplimiento puede convertirse en una pieza central de la arquitectura ética y legal de la organización.

La independencia y la autonomía del órgano de cumplimiento tienen su origen en principios generales del derecho administrativo y del derecho penal, pero se han desarrollado de forma específica en el campo del gobierno corporativo y la gestión del riesgo penal empresarial.

Desde la perspectiva normativa, tanto las directrices de la OCDE, como los estándares del Departamento de Justicia de los Estados Unidos (DOJ) y los lineamientos del Consejo de Europa reconocen que la independencia del Compliance Officer es una condición para evaluar la efectividad de un programa de cumplimiento.

La ISO 37301, que establece los requisitos para un sistema de gestión de Compliance, subraya que la función de cumplimiento debe estar libre de conflictos de interés y contar con suficiente autoridad, independencia organizacional y acceso directo a los niveles de gobierno corporativo más altos.

Por su parte, la ISO 37001 sobre sistemas de gestión antisoborno establece que el Compliance Officer debe tener un rol de supervisión imparcial e independiente, incluso frente a la alta dirección, en lo relativo a riesgos de corrupción.

Desde el punto de vista penal, varios países (España, Italia, Chile, Argentina, Perú, Colombia, Francia, entre otros) han legislado que las personas jurídicas pueden ser penalmente responsables por delitos cometidos en su beneficio si no han implementado un modelo adecuado de prevención.

En estos casos, la existencia de un programa de cumplimiento con un órgano independiente se convierte no solo en un instrumento de gestión ética, sino también en una herramienta de exención o atenuación de responsabilidad penal, caracterizándose por reunir una serie de condicionamientos necesarios e imprescindible para el ejercicio de su función, que son los que se citan seguidamente:

a) La independencia jerárquica

El órgano de cumplimiento debe contar con una posición institucional elevada, desligada de aquellas áreas operativas que pueden estar sujetas a los riesgos que deben ser gestionados.

La independencia jerárquica se concreta, principalmente, en el hecho de que el Compliance Officer no debe depender funcional ni orgánicamente de áreas como Finanzas, Recursos Humanos, Operaciones o Asuntos Legales, ya que podrían existir intereses cruzados.

El órgano de cumplimiento debe reportar directa y regularmente al órgano de gobierno (Consejo de Administración) y no a la alta dirección ejecutiva.

Además, su presencia en comités estratégicos, juntas directivas, y reuniones clave de planificación organizacional debe estar garantizada para influir directamente en las decisiones que puedan implicar riesgos de cumplimiento.

El acceso directo al máximo nivel decisorio no solo fortalece su autoridad, sino que también permite alinear el Compliance con los objetivos globales de la empresa.

b) Autonomía funcional

La autonomía funcional del órgano de cumplimiento implica que puede diseñar, implementar, monitorear y actualizar las políticas de cumplimiento sin necesidad de aprobación previa por parte de áreas operativas.

Esto incluye la facultad para desarrollar mapas de riesgo, dirigir auditorías internas, implementar programas de formación, revisar transacciones sensibles, activar protocolos de investigación y emitir informes con recomendaciones vinculantes o de alto valor consultivo.

Asimismo, debe tener la capacidad de adoptar medidas urgentes cuando detecta una amenaza inminente de incumplimiento, como paralizar un pago sospechoso, suspender la ejecución de un contrato o iniciar una revisión de antecedentes de un proveedor crítico.

La autonomía funcional, por tanto, implica capacidad de acción y reacción efectiva frente al riesgo.

c) La independencia económica y la dotación de recursos

La autonomía también se manifiesta en la independencia presupuestaria. Un órgano de cumplimiento que carece de recursos financieros no puede cumplir con sus funciones.

Los fondos deben ser suficientes para contratar personal, capacitar a los empleados, mantener canales de denuncia, adquirir tecnología de análisis de datos, pagar auditorías externas, cubrir gastos legales y, eventualmente, contratar asesoramiento externo para investigaciones internas.

Un Compliance Officer sin personal o con un equipo reducido, sin presupuesto para realizar viajes de supervisión a otras filiales, sin herramientas para procesar denuncias o sin independencia para contratar consultores, es un funcionario simbólico.

Las empresas deben dimensionar los recursos del órgano en función del tamaño, complejidad y perfil de riesgo de la organización.

d) El acceso a la información

El acceso libre e inmediato a información crítica es un pilar de la independencia real.

El órgano de cumplimiento debe poder consultar documentación contable, registros de operaciones, actas de directorio, contratos, correos corporativos, procesos disciplinarios, declaraciones de conflicto de interés, políticas internas y cualquier otro dato relevante para cumplir sus funciones.

Esta capacidad debe estar respaldada por políticas institucionales y, de ser necesario, por instrumentos jurídicos que impidan que se niegue, retrase u oculte información.

e) La protección institucional y garantía frente a represalias

Los miembros del órgano de cumplimiento deben estar protegidos contra despidos, sanciones o presiones como resultado de su actividad profesional.

Esto incluye inmunidad frente a remoción sin causa, procedimientos disciplinarios arbitrarios o degradación profesional.

Los procesos de remoción del Compliance Officer deben ser regulados formalmente, sometidos a revisión por parte del consejo de administración y acompañados por una evaluación de desempeño objetiva.

De igual forma, los trabajadores que colaboren con el órgano de cumplimiento -denunciantes o testigos- deben contar con garantías de confidencialidad, anonimato (si así lo desean) y protección contra represalias.

El miedo a sufrir consecuencias personales por colaborar con el Compliance es uno de los principales factores que limitan la eficacia del sistema.

Con relación a los elementos prácticos para un funcionamiento efectivo y eficiente, debe tenerse presente, que un órgano independiente y autónomo debe ser también operativo y estratégico.

La independencia no basta por sí misma, sino que debe traducirse en resultados tangibles.

Entre los elementos clave para garantizar su efectividad están los que se citan a continuación: (i). La existencia de un plan anual de cumplimiento alineado con el plan estratégico corporativo; (ii) el hecho de contar con indicadores de desempeño (KPI's) que permitan evaluar su impacto; (iii) la realización de informes con carácter periódico al consejo de administración; (iv) la posibilidad de contar con una coordinación fluida con auditoría interna, gestión de riesgos y legal; (v) La puesta en marcha de protocolos claros para investigaciones internas; (vi) la participación en la aprobación de socios comerciales, licitaciones, y proyectos de alto riesgo; y, por último, (vii) la evaluación y actualización periódica y continua de todos los aspectos y elementos contenidos en el mapa de riesgos y en el código ético.

Muchas organizaciones, especialmente en contextos de culturas jerárquicas, baja transparencia o informalidad institucional, se enfrentan con desafíos significativos, al implementar órganos de cumplimiento independientes.

Algunos de los más comunes son, entre otros (i) la confusión de roles entre el Compliance y el departamento legal; (ii) la injerencia de la alta dirección en decisiones del órgano de cumplimiento; (iii) la falta de presupuesto y de formación especializada; (iv) la subestimación del riesgo reputacional o legal; y, (v) la cultura organizacional adversa al reporte de irregularidades.

Superar estos desafíos requiere una estrategia integral, basada de manera primordial en la sensibilización de la alta dirección, en la capacitación transversal, en el reforzamiento institucional del rol del Compliance, y, también en la generación de una cultura ética basada en el liderazgo con el ejemplo.

La independencia y autonomía del órgano de cumplimiento normativo son las condiciones esenciales para garantizar que este pueda cumplir con su propósito, que no es otro que el hecho de proteger a la organización de riesgos legales, de sanciones, de escándalos éticos, y de daños reputacionales.

Esta independencia debe ser garantizada no solo formalmente, sino de manera efectiva, con respaldo institucional, acceso a recursos, libertad operativa y protección frente a injerencias indebidas.

Un sistema de Compliance sin un órgano realmente independiente es un edificio sin cimientos: puede parecer robusto, pero se derrumba al primer embate.

La independencia del órgano de cumplimiento no solo beneficia a la organización al reducir riesgos y fortalecer su legitimidad ante terceros, sino que también representa una garantía para la sociedad de que las entidades -públicas o privadas- actúan con transparencia, integridad y respeto por el marco legal.

Apostar por un Compliance autónomo y bien dotado es, en definitiva, apostar por una forma de hacer negocios responsable, sostenible y moderna.

Solo así se construyen organizaciones éticas, resilientes y preparadas para los desafíos de la actividad vinculado con la actividad desarrolladas por las empresas en el día a día.

*Capítulo 5*

# *La doctrina del "Tone of the Top"*

La doctrina del "Tone at the Top" se ha establecido como un principio fundamental del Compliance y del liderazgo corporativo.

La doctrina del "Tone at the Top" es un principio fundamental en el Compliance y la gobernanza corporativa, que establece que la alta dirección y los líderes empresariales deben promover y demostrar con acciones concretas el compromiso con la ética, la transparencia y el cumplimiento normativo dentro de la organización.

Esta doctrina se fundamenta en la premisa de que el liderazgo influye directamente en la cultura organizacional y en el comportamiento de los empleados.

Cuando los líderes de una empresa actúan de manera ética y promueven el cumplimiento normativo, los valores de integridad y transparencia se extienden a todos los niveles de la organización.

En cambio, si la alta dirección muestra desinterés por el cumplimiento, se crea un ambiente de permisividad que favorece el fraude, la corrupción y otras conductas ilícitas.

La doctrina "Tone at the Top" en relación con el Compliance se refiere a la actitud, compromiso y ejemplo que establecen los líderes de una organización en cuanto a la cultura de cumplimiento, ética y buen gobierno corporativo.

Se basa en la premisa de que la dirección y los altos ejecutivos tienen un papel fundamental en la creación de un ambiente en el que el cumplimiento normativo sea una prioridad.

Cuando los líderes de una empresa demuestran un compromiso sólido con las normas y valores éticos, esto influye en todos los niveles de la organización y fortalece la efectividad del programa de Compliance.

Las principales cualidades y características que definen la doctrina *Tone at the Top* en relación con el Compliance incluyen:

a) La existencia de un compromiso visible y ejemplar.

Los líderes deben actuar como modelos a seguir, cumpliendo de manera estricta las normativas y políticas internas.

Su comportamiento debe reflejar los valores que desean inculcar en la empresa, ya que los empleados tienden a replicar las conductas que observan en sus superiores.

b) La existencia de una integridad y de ética empresarial.

El *Tone at the Top* implica que los directivos prioricen la ética y la transparencia en la toma de decisiones.

No se trata solo de cumplir con las regulaciones, sino de fomentar un entorno donde la integridad sea un pilar fundamental de la cultura corporativa.

c) La existencia de una comunicación clara y consistente.

Para ello es esencial que los líderes comuniquen de manera efectiva la importancia del Compliance y la ética dentro de la organización.

Esto incluye transmitir mensajes constantes sobre la necesidad de cumplir con las regulaciones y establecer expectativas claras sobre las consecuencias del incumplimiento.

d) La asignación de recursos adecuados.

El compromiso con el Compliance se refleja en la inversión en programas, formación y herramientas que permitan su correcta implementación.

Si la alta dirección no proporciona recursos suficientes para el cumplimiento normativo, el mensaje que se envía a la organización es que no es una prioridad real.

e) La existencia de una responsabilidad, y, de sanciones ante cualquier clase de incumplimientos.

La dirección debe asegurarse de que existan consecuencias reales para quienes violan las normativas.

No puede haber tolerancia con las infracciones, y la aplicación de sanciones debe ser justa e imparcial, sin importar el rango o posición del infractor dentro de la empresa.

f) El fomento de una cultura de cumplimiento:

El *Tone at the Top* no solo busca evitar sanciones legales, sino que también promueve una cultura donde el cumplimiento normativo es parte integral de la operación diaria.

Esto se traduce en la creación de canales de denuncia confiables, la formación continua de los empleados y la adopción de políticas de puertas abiertas para reportar inquietudes éticas.

g) La participación activa en el programa de Compliance.

Los altos directivos deben estar involucrados en la definición, supervisión y mejora del programa de Compliance.

No basta con delegar estas funciones en un departamento específico; la dirección debe liderar y respaldar activamente la implementación de las políticas de cumplimiento.

h) La existencia de transparencia, y, de una auténtica rendición de cuentas.

La alta dirección debe estar dispuesta a rendir cuentas sobre sus decisiones y acciones.

Esto implica la publicación de informes de cumplimiento, auditorías internas y externas, así como la divulgación de los esfuerzos realizados para mantener la conformidad con las normativas.

La importancia del *Tone at the Top* en un modelo de Compliance radica en que establece la base para una cultura organizativa comprometida con la legalidad y la ética.

Si los líderes no muestran un compromiso genuino con el cumplimiento, es probable que los empleados tampoco lo hagan, lo que aumenta el riesgo de incumplimientos, sanciones regulatorias y daño reputacional.

En entornos empresariales donde la dirección promueve activamente una cultura de cumplimiento, es más probable que los empleados se sientan motivados a adherirse a las políticas y procedimientos establecidos, reduciendo la incidencia de conductas fraudulentas o antiéticas.

Además, este enfoque mejora la imagen corporativa y fortalece la confianza de inversores, clientes y reguladores, posicionando a la empresa como una entidad responsable y confiable dentro del mercado.

Consecuentemente con ello, puede afirmarse, que en el mundo empresarial, la doctrina del "Tone at the Top" (Tono desde la Cúpula) es un pilar esencial en el Compliance y la gobernanza corporativa.

Este principio establece que la alta dirección y los líderes empresariales deben ser los principales promotores de una cultura de cumplimiento normativo, ética y transparencia en sus organizaciones.

El "Tone at the Top" significa que el comportamiento, las decisiones y la comunicación de los líderes de una empresa determinan cómo el resto de la organización percibe y aplica las normativas, la ética y los valores corporativos.

Si la alta dirección predica con el ejemplo y refuerza la importancia del cumplimiento, es más probable que los empleados internalicen y respeten las normas de la empresa.

Sin embargo, si los líderes ignoran o relativizan el cumplimiento, puede generarse una cultura organizacional permisiva, que puede derivar en fraude, corrupción, conflictos de interés o incumplimientos regulatorios.

En lo que se refiere al impacto del "Tone at the Top" en el Compliance y en el liderazgo empresarial, un liderazgo fuerte, comprometido y ético es clave para que el Compliance sea efectivo.

Los beneficios de aplicar correctamente esta doctrina incluyen:

a) La construcción de una cultura organizacional basada en la ética y la integridad.

b) La reducción de riesgos legales, financieros y reputacionales.

c) La mayor confianza de clientes, inversores, reguladores y empleados.

d) El mejor desempeño organizacional y competitividad en el mercado.

e) La prevención de fraudes, corrupción y malas prácticas.

f) El cumplimiento con normativas internacionales y estándares de gobierno corporativo.

Esta doctrina se encuentra respaldada por diversas normas internacionales de Compliance, entre ellas:

- Ley Sarbanes-Oxley (SOX) (EE.UU.), que exige la responsabilidad de los altos directivos en la gestión financiera y el control interno.
- El Foreign Corrupt Practices Act (FCPA) (EE.UU.), que sanciona la corrupción corporativa y responsabiliza a la alta dirección por la falta de controles efectivos.
- La ISO 37301:2021, que como norma internacional de sistemas de gestión de Compliance, enfatiza el liderazgo en la promoción de la cultura de cumplimiento.

- Los principios de la OCDE sobre Buen Gobierno Corporativo, los cuales plantean la necesidad de que los altos ejecutivos fomenten una gestión empresarial transparente y ética.

En lo que atañe a la relación entre el "Tone at the Top" y el liderazgo empresarial, debe indicarse que la efectividad del "Tone at the Top" depende directamente del tipo de liderazgo ejercido por la alta dirección.

Un liderazgo que refuerce la ética, la responsabilidad y la integridad fortalece el cumplimiento normativo, mientras que un liderazgo negligente o permisivo puede llevar a la normalización de malas prácticas.

En este sentido, la figura del liderazgo se configura como elemento clave en la cultura de Compliance.

El liderazgo influye de manera decisiva en la forma en que los empleados perciben y adoptan las normas de Compliance dentro de la organización.

Los valores que transmiten los líderes marcan el estándar de lo que es aceptable o no dentro de la empresa.

En lo que se refiere a los tipos de Liderazgo y su impacto en el "Tone at the Top", debe tenerse presente, que los distintos estilos de liderazgo pueden reforzar o debilitar la aplicación del Tone at the Top dentro del Compliance.

Así, cabe destacar las siguientes modalidades de liderazgo:

a) El liderazgo ético

Este tipo de liderazgo se centra en la integridad, la equidad y la responsabilidad, asegurando que todas las decisiones empresariales sean tomadas desde una perspectiva ética.

Este tipo de liderazgo genera un impacto positivo en el Compliance, ya que el mismo propicia la existencia de confianza y credibilidad, tanto dentro, como fuera de la empresa.

También ha de valorarse que el mismo promueve el compromiso de los empleados con las normas y valores corporativos.

Del mismo modo, reduce la probabilidad de fraudes o prácticas corruptas.

b) El llamado "liderazgo transformacional".

Este tipo de liderazgo se enfoca en inspirar y motivar a los empleados, impulsando una visión compartida y el cambio positivo dentro de la organización.

El mismo conlleva un impacto positivo en el Compliance, ya que crea una cultura organizacional flexible y adaptable a cambios normativos.

Asimismo, el mismo fomenta la creatividad en la gestión de riesgos y el cumplimiento, y posee como característica el hacer, que los empleados se sientan parte de un propósito ético mayor.

c) El liderazgo permisivo o laxo.

El mismo se encuentra caracterizado por la falta de supervisión, control y compromiso con la ética corporativa.

El mismo produce un impacto negativo en el Compliance, consistente en la normalización de malas prácticas.

Este tipo de liderazgo lleva consigo un incremento del riesgo de corrupción y fraude, así como una pérdida de la credibilidad y de las sanciones legales.

El Tone at the Top se sustenta en una combinación de principios de gobernanza corporativa, liderazgo empresarial, ética organizacional y gestión del riesgo.

Su marco teórico se basa en las siguientes disciplinas:

a) La existencia de un liderazgo ético y Compliance.

La doctrina del "Tone at the Top" parte del concepto de liderazgo ético, el cual sostiene que los líderes empresariales deben ser modelos de conducta para sus empleados y stakeholders.

En lo referente a los principios del liderazgo ético en Compliance, deben señalarse los siguientes:

- La transparencia en la toma de decisiones y en la comunicación corporativa.
- La necesidad de dar cumplimiento a las políticas de Cumplimiento Normativo.
- El rechazo absoluto de la corrupción, fraude o abuso de poder.
- El compromiso con la supervisión de prácticas éticas en toda la organización.

b) La existencia de una cultura organizacional y el "Efecto Cascada"

El Tone at the Top afecta directamente a la cultura organizacional de una empresa.

Los valores que promueve la alta dirección determinan el clima laboral y la actitud de los empleados hacia el cumplimiento normativo.

Debe destacarse la existencia de un efecto cascada del "Tone at the Top", ya que la existencia de una alta dirección comprometida, genera una cultura ética y de cumplimiento.

c) La relación con la responsabilidad penal de las empresas.

La doctrina del Tone at the Top está estrechamente relacionada con la responsabilidad penal de las personas jurídicas.

En muchos países, si la alta dirección no implementa medidas efectivas para prevenir delitos, la empresa puede ser considerada responsable.

En lo que atañe a las estrategias para una implementación efectiva del "Tone at the Top".

Para que la doctrina del "Tone at the Top" tenga un impacto real en una empresa, la alta dirección debe adoptar estrategias concretas que fomenten el Compliance y la ética corporativa.

Entre ellas, cabe destacar las siguientes:

a) El desarrollo y la implementación de un código de ética.

Las estrategias a seguir en la implementación de esta estrategia esta acciones destacan, entre otras:

- La creación de un código de ética claro y accesible.
- La firma obligatoria por parte de todos los empleados y directivos.
- La revisión periódica para ajustarlo a nuevas normativas.

b) La creación de un canal de denuncias.

Como beneficios más significativos de esta estrategia lleva consigo: (i) la identificación temprana de irregularidades; (ii) la protección de denunciantes contra represalias; y, (iii) el fortalecimiento de la cultura de transparencia.

c) La aplicación de sanciones sin importar el nivel jerárquico.

Como aspecto fundamental de esta estrategia, se debe considerar el hecho de establecer sanciones claras y proporcionales para incumplimientos, así como asegurar, que los altos directivos también sean responsables.

Del mismo modo, cuando las gerencias y los mandos medios se encuentran en esta dirección alineados, refuerzan las políticas de Compliance.

Y asimismo, cuando los empleados se encuentran debidamente concienciados, habitualmente siguen el ejemplo de la Alta dirección, y son tendentes a adoptar buenas prácticas.

La doctrina del "Tone at the Top" es un pilar esencial del Compliance, directamente relacionado con el liderazgo empresarial.

Sin un liderazgo comprometido con la ética y el cumplimiento normativo, cualquier programa de Compliance está destinado al fracaso.

En este sentido, los líderes deben predicar con el ejemplo y demostrar con acciones su compromiso con el cumplimiento.

El liderazgo ético y transformacional favorecen la implementación efectiva del "Tone at the Top".

Una cultura corporativa fuerte en Compliance comienza en la alta dirección y se extiende a toda la empresa.

Hoy en día, el "Tone at the Top" es un factor determinante para la efectividad del Compliance y la ética corporativa.

Sin un liderazgo comprometido, cualquier programa de cumplimiento carecerá de credibilidad y efectividad.

Consiguientemente con ello, los líderes deben ser modelos de conducta ética para la organización.

La transparencia y la integridad deben ser principios inquebrantables, y el Compliance empieza en la cúpula directiva y debe permear toda la empresa.

*Capítulo 6*

# *La encrucijada del Compliance*

La encrucijada del Compliance representa un momento decisivo en la gestión empresarial moderna, donde las organizaciones se enfrentan al desafío de equilibrar la creciente presión normativa, las expectativas éticas y sociales, la sostenibilidad financiera, y la necesidad de innovación en un entorno altamente dinámico y globalizado.

Este desafío va mucho más allá de la simple obligación de cumplir con la normativa vigente; exige que las empresas adopten un enfoque estratégico e integral que incorpore la ética empresarial, la transparencia y la responsabilidad social como pilares fundamentales de su modelo de negocio.

Esta encrucijada exige, que las empresas reconsideren su cultura organizacional, sus estructuras de gobierno corporativo, y sus modelos de gestión de riesgos, reconociendo, que el cumplimiento normativo (Compliance) no es un mero requisito legal, sino un factor clave para la sostenibilidad, y la competitividad a largo plazo.

La encrucijada del *Compliance* representa un momento decisivo en la gestión empresarial moderna, donde las organizaciones se enfrentan a la necesidad de equilibrar múltiples factores estratégicos y operativos en un entorno cada vez más dinámico, complejo y globalizado.

El *Compliance*, en este contexto, deja de ser un mero requisito legal para convertirse en un factor determinante en la sostenibilidad, la reputación, y la competitividad a largo plazo.

En primer lugar, es esencial comprender, que el crecimiento constante de la presión normativa ha generado un entorno en el que las empresas deben lidiar con una maraña de leyes, regulaciones, y estándares internacionales, que abarcan aspectos financieros, medioambientales, sociales y éticos.

Las legislaciones sobre protección de datos, las normativas contra el blanqueo de capitales, y las directrices sobre sostenibilidad empresarial, son solo algunos ejemplos de las múltiples exigencias legales que las organizaciones deben considerar en sus operaciones diarias.

Esta complejidad normativa obliga a las empresas a implementar sistemas de *Compliance* sólidos y dinámicos, capaces de adaptarse rápidamente a los cambios regulatorios, y de anticiparse a posibles riesgos legales o reputacionales.

Sin embargo, la encrucijada del *Compliance* no se limita al cumplimiento estricto de la ley.

Las organizaciones se ven cada vez más presionadas por las expectativas éticas y sociales de sus grupos de interés, incluidos clientes, inversores, empleados, autoridades regulatorias, y la sociedad en general.

En la era de la transparencia y la información instantánea, cualquier conducta empresarial que se perciba como poco ética, o contraria a los valores sociales, puede generar daños irreparables a la reputación corporativa.

Los consumidores, por ejemplo, exigen que las empresas actúen de manera responsable en temas como pueden ser: la sostenibilidad medioambiental, la igualdad de género, los derechos laborales, y la lucha contra la corrupción.

Asimismo, los inversores, especialmente aquellos interesados en criterios ESG (*Environmental, Social, and Governance*), priorizan a aquellas organizaciones, que demuestren un compromiso real con la sostenibilidad y la ética empresarial.

En este contexto, el *Compliance* se convierte en una herramienta estratégica, que trasciende su función tradicional de control y vigilancia, para convertirse en un motor de cambio, y de mejora continua dentro de las organizaciones.

Ya no basta con evitar sanciones o cumplir mínimamente con las normativas aplicables; las empresas deben incorporar principios éticos y sociales en sus procesos de toma de decisiones y en su cultura organizacional.

Esto implica repensar las estructuras de gobierno corporativo, para garantizar que la ética y la transparencia estén presentes en todos los niveles de la organización.

Los consejos de administración, los comités de auditoría, y los oficiales de cumplimiento deben desempeñar un papel activo en la definición de políticas, que promuevan la integridad y la rendición de cuentas, asegurando que estas políticas se implementen de forma y manera efectiva dentro y fuera de cualquier organización.

El análisis y la gestión de riesgos adquieren aquí un papel fundamental.

En un entorno globalizado e interconectado, los riesgos legales, los financieros, los operativos, y los reputacionales se multiplican, y se vuelven más difíciles de controlar.

Las organizaciones deben adoptar modelos de gestión de riesgos integrales, que les permitan identificar, evaluar y mitigar potenciales amenazas a su cumplimiento normativo, y a su integridad corporativa.

Esto incluye desde la gestión de riesgos financieros y fiscales, hasta el control de riesgos relacionados con la ciberseguridad, el fraude interno, la corrupción, o la vulneración de derechos laborales.

La anticipación de estos riesgos y la capacidad para implementar medidas preventivas eficaces, constituyen medidas esenciales para garantizar la sostenibilidad empresarial en el largo plazo.

Uno de los aspectos más determinantes hace referencia a la necesidad de encontrar un equilibrio entre la sostenibilidad financiera, y la innovación.

Las organizaciones deben ser capaces de cumplir con las crecientes exigencias normativas y sociales, sin comprometer con ello, su rentabilidad, ni su capacidad para innovar, y para crecer en un entorno competitivo.

Este equilibrio requiere una gestión eficiente de los recursos, y, el aprovechamiento de las herramientas tecnológicas, que faciliten el monitoreo, la auditoría, y la gestión de riesgos.

Las nuevas tecnologías, como la inteligencia artificial, la analítica de datos y los sistemas automatizados de control, entre otros, ofrecen oportunidades valiosas para optimizar los procesos de *Compliance*, mejorar la detección temprana de posibles incumplimientos, y, poder reducir así, los costos asociados a la gestión normativa.

En este punto, es importante destacar, que el *Compliance* también puede actuar como un factor diferenciador en términos de reputación, y de posicionamiento en el mercado.

Las organizaciones, que demuestran un fuerte compromiso con la ética empresarial, la sostenibilidad, y la transparencia son percibidas como más confiables y atractivas por parte de consumidores e inversores.

Esto no solo mejora su imagen corporativa, sino que también abre nuevas oportunidades de negocio, y facilita el acceso a fuentes de financiación más favorables, especialmente, en un contexto en el que los criterios ESG cobran cada vez mayor relevancia en las decisiones de inversión.

Por otro lado, la encrucijada del *Compliance* también plantea desafíos significativos en términos de cultura organizacional.

Las empresas deben trabajar activamente para crear una cultura de cumplimiento, en la que todos los empleados comprendan la importancia de actuar con integridad, y respetar las normativas internas y externas.

Esto implica invertir en formación continua, en sensibilización, y en comunicación efectiva, asegurando con ello, que los valores éticos y las políticas de *Compliance* sean entendidos, y adoptados por todos los niveles jerárquicos.

La participación activa de los líderes empresariales en la promoción de estos valores, representa un factor muy importante en aras de poder consolidar una cultura organizacional sólida y coherente.

En última instancia, el *Compliance* debe ser visto como una oportunidad estratégica, más que como una carga administrativa.

Las organizaciones que adoptan un enfoque proactivo y estratégico del *Compliance* están mejor preparadas para poder afrontar los retos del entorno actual, y para construir modelos de negocio sostenibles, éticos, y resilientes.

Al integrar la ética, la transparencia, y la responsabilidad social en su estrategia empresarial, las empresas no solo minimizan los riesgos, sino que también fortalecen su capacidad de generar valor a largo plazo para todos sus grupos de interés.

La encrucijada del *Compliance* exige que las empresas adopten una visión integral y estratégica del cumplimiento normativo, entendiendo que la sostenibilidad, la ética y la innovación son factores interdependientes y esenciales para la competitividad a largo plazo.

Las organizaciones que logren gestionar eficazmente estos desafíos, sin lugar a duda, estarán mejor posicionadas para prosperar en un entorno globalizado y dinámico, mientras que aquellas, que ignoren la importancia del *Compliance,* corren el riesgo de tener que soportar con una mayor probabilidad sanciones legales, la pérdida de la reputación, y la disminución de su capacidad competitiva.

El *Compliance,* deja así de ser un simple requisito legal, para convertirse en un motor de sostenibilidad y crecimiento empresarial.

En este orden de cosas, se hace preciso analizar la evolución del concepto de Compliance, desde la legalidad hasta la integridad corporativa

Tradicionalmente, el Compliance se ha entendido como un mecanismo destinado a garantizar el cumplimiento de las leyes y regulaciones vigentes, limitándose a la implementación de políticas y procedimientos que aseguraran la conformidad normativa y minimizaran los riesgos legales.

Sin embargo, la evolución del entorno empresarial y las crecientes demandas sociales han ampliado significativamente el alcance del Compliance, transformándolo en un elemento central de la estrategia empresarial.

Hoy en día, el Compliance abarca aspectos como la ética corporativa, la sostenibilidad ambiental, la equidad social, la gobernanza transparente y la protección de los derechos humanos.

Este cambio responde a la creciente presión de los inversores, consumidores, empleados y otros grupos de interés, que exigen a las empresas un comportamiento responsable y coherente con valores éticos y sostenibles.

Las organizaciones ya no son evaluadas únicamente por sus resultados financieros, sino también por su impacto social y ambiental, lo que ha dado lugar al concepto de Compliance ético o Compliance basado en valores.

En este contexto, la encrucijada del Compliance obliga a las empresas a redefinir sus políticas y prácticas, adoptando un enfoque más amplio y proactivo, que integre la legalidad con la ética y la responsabilidad social.

La simple adhesión a las normativas ya no es suficiente; las organizaciones deben demostrar un compromiso real con la integridad y la sostenibilidad.

Para abordar eficazmente la encrucijada del Compliance, las organizaciones deben fortalecer varios pilares estratégicos, que les permitan gestionar los riesgos normativos, éticos, y reputacionales de manera integral.

En este sentido, debe considerarse al gobierno corporativo como la base sobre la cual se construye un sistema de Compliance sólido.

Las empresas deben establecer estructuras de gobierno claras y transparentes, que garanticen la rendición de cuentas, la toma de decisiones responsables, y, la supervisión adecuada de las políticas de cumplimiento.

La creación de comités de ética y cumplimiento, la designación de un Chief Compliance Officer (CCO) con autonomía, y, con la autoridad suficiente, y, la inclusión de expertos en gobernanza y en ética en los consejos de administración hacen referencia a prácticas cada vez más esenciales para fortalecer la gobernanza corporativa.

Sin embargo, más allá de las estructuras formales, es fundamental fomentar una cultura de cumplimiento en todos los niveles de la organización.

La cultura empresarial debe estar alineada con los valores éticos y de responsabilidad social, promoviendo comportamientos íntegros y transparentes.

La formación continua de los empleados, la comunicación interna efectiva, y la existencia de canales seguros para la denuncia de irregularidades constituyen elementos esenciales para consolidar esta cultura.

Uno de los principales desafíos en la encrucijada del Compliance, es la gestión eficaz de los riesgos legales, los financieros, los reputacionales y operativos.

Las empresas deben adoptar un enfoque basado en el análisis, y, la mitigación de riesgos, identificando las áreas más vulnerables, y, desarrollando de manera adicional estrategias específicas para cada una de ellas.

En este planteamiento, la prevención de delitos corporativos ocupa un lugar central en este contexto.

La responsabilidad penal de las personas jurídicas en muchos sistemas legales obliga a las empresas a implementar medidas efectivas para prevenir la comisión de delitos dentro de su estructura organizativa.

Entre los delitos más comunes se encuentran la corrupción, el fraude financiero, el blanqueo de capitales, los delitos medioambientales, y, las prácticas de competencia desleal.

Los programas de prevención deben incluir políticas claras, códigos de conducta, auditorías internas, controles financieros, y, sistemas de monitoreo, que permitan detectar y corregir irregularidades antes de que generen consecuencias legales o reputacionales graves.

La adopción de herramientas tecnológicas, como sistemas de análisis de datos (Big Data), inteligencia artificial y software de gestión de riesgos (GRC), facilita la identificación temprana de patrones irregulares, y, mejora de manera sustancial la capacidad de respuesta ante posibles incidentes.

Complementariamente a ello, debe tenerse presente la creciente demanda de transparencia por parte de los stakeholders, ha convertido la rendición de cuentas en un elemento esencial del Compliance moderno.

Las empresas deben ser capaces de demostrar que sus decisiones y operaciones se alinean con principios éticos, legales y sostenibles.

La elaboración de informes de sostenibilidad, la adopción de estándares internacionales como los Objetivos de Desarrollo Sostenible (ODS), o, las directrices del Global Reporting Initiative (GRI), y, la integración de indicadores ESG (Environmental, Social and Governance) en la gestión empresarial son prácticas cada vez más comunes, que refuerzan la transparencia, y, mejoran la reputación corporativa.

Además, el Compliance social se ha consolidado como un aspecto clave, especialmente en sectores como la moda, la alimentación o la tecnología, donde los consumidores exigen transparencia sobre las condiciones laborales, el respeto a los derechos humanos, y, el impacto medioambiental en las cadenas de suministro.

Las auditorías sociales, las certificaciones éticas, y, las políticas de compras responsables son herramientas utilizadas para garantizar, que las prácticas empresariales cumplen con los estándares internacionales.

La complejidad del entorno empresarial y normativo actual genera adicionalmente dilemas estratégicos, que las organizaciones deben resolver para gestionar eficazmente sus programas de Compliance

Entre otros, cabe señalar los siguientes:

a) El cumplimiento vs. la innovación

Uno de los mayores desafíos es encontrar el equilibrio entre el cumplimiento normativo y la necesidad de innovar.

Las regulaciones estrictas pueden limitar la capacidad de las empresas para experimentar con nuevos modelos de negocio o tecnologías disruptivas.

Sin embargo, la innovación también puede convertirse en una herramienta para fortalecer el Compliance, mediante el uso de tecnologías como la inteligencia artificial, o el blockchain, para mejorar la trazabilidad, la seguridad de los datos, y la eficiencia operativa.

b) La ética vs. la rentabilidad

Las organizaciones a menudo enfrentan la disyuntiva entre actuar éticamente, o, maximizar los beneficios económicos.

En algunos casos, el cumplimiento de normativas medioambientales o laborales puede implicar costes adicionales, que afectan la rentabilidad a corto plazo.

Sin embargo, las empresas, que priorizan la ética y la sostenibilidad tienden a obtener beneficios a largo plazo, al consolidar su reputación, al atraer inversores responsables, y, al fidelizar a los consumidores.

c) La localización vs. la globalización normativa

Las empresas que operan en mercados internacionales deben gestionar la complejidad de cumplir con normativas locales, nacionales e internacionales, que pueden ser contradictorias, o, variar significativamente entre regiones.

La creación de marcos de cumplimiento flexibles y adaptables, así como la colaboración con asesores legales especializados en las diferentes jurisdicciones, constituye un aspecto esencial para evitar conflictos normativos y sanciones.

El panorama del Compliance sigue evolucionando, y las organizaciones deben estar atentas a nuevas tendencias y desafíos, que podrían redefinir sus estrategias de cumplimiento en el futuro, y a título de ejemplo, cabe citar entre otras las siguientes:

a) La regulación sobre inteligencia artificial y los datos.

Con la creciente adopción de la IA y la recolección masiva de datos, los reguladores están desarrollando nuevas normativas para garantizar la ética, y, la transparencia en el uso de estas tecnologías.

En este sentido, cabe indicar que el Reglamento sobre la Inteligencia Artificial (RIA) de la UE es un claro ejemplo de estas nuevas exigencias.

b) La sostenibilidad y el cambio climático.

Las empresas están cada vez más obligadas a reportar su huella ambiental, y, a implementar estrategias para mitigar el impacto del cambio climático.

En tal caso, las normativas como pueden ser la Directiva sobre Reporte de Sostenibilidad Corporativa (CSRD) en la Unión Europea imponen nuevos estándares de transparencia medioambiental.

c) La diversidad e inclusión.

Las políticas de diversidad, equidad e inclusión (DEI) se han convertido en un aspecto clave del Compliance social.

Las empresas deben implementar prácticas inclusivas, y, de manera simultánea, combatir cualquier forma de discriminación en sus procesos internos.

d) La ciberseguridad y la protección de datos.

La creciente amenaza de los ciberataques, y, la importancia de proteger la privacidad de los datos personales, mantienen a la ciberseguridad como uno de los principales focos del Compliance.

Las normativas de protección de datos, como el RGPD, siguen evolucionando para adaptarse a los nuevos desafíos tecnológicos.

La encrucijada del Compliance no es simplemente un obstáculo que las empresas deben superar, sino una oportunidad para transformar la gestión organizacional hacia modelos más éticos, sostenibles, y, también resilientes.

Las organizaciones que logren integrar el cumplimiento normativo en su estrategia corporativa, adoptando una visión holística, que abarque la legalidad, la ética, la sostenibilidad y la transparencia, estarán mejor posicionadas para afrontar los desafíos futuros y consolidar su ventaja competitiva.

El Compliance debe dejar de ser visto como un mero coste, o, una obligación legal, para convertirse en un elemento diferenciador, que refuerce la reputación empresarial, atraiga inversiones responsables, y, fortalezca las relaciones con los distintos grupos de interés.

En última instancia, las empresas, que entiendan la encrucijada del Compliance como una oportunidad estratégica, estarán mejor preparadas para liderar un entorno empresarial cada vez más exigente y mucho más complejo.

*Capítulo 7*

# *La actualización del Compliance: significado, componentes e importancia en el entorno empresarial*

La actualización del Compliance es un proceso continuo y estratégico dentro de cualquier organización que busca garantizar que su programa de cumplimiento normativo se mantenga alineado con los cambios regulatorios, las mejores prácticas del sector y las nuevas amenazas emergentes.

Dado que el entorno normativo es dinámico y las regulaciones pueden cambiar constantemente en función de factores económicos, políticos, tecnológicos y sociales, es imprescindible que las empresas cuenten con un modelo de actualización del Compliance que les permita mantenerse en conformidad con la ley y operar bajo principios de ética, transparencia y responsabilidad.

En este sentido, la actualización del Compliance se convierte en un mecanismo de defensa proactivo para garantizar que la empresa continúe operando en cumplimiento con la legislación aplicable y los estándares internacionales.

Además de ser un requisito normativo, esta actualización es una herramienta estratégica que fortalece la competitividad, la reputación y la sostenibilidad del negocio, permitiendo a la organización anticiparse a cambios regulatorios en lugar de reaccionar tardíamente ante ellos, y genera confianza entre clientes, inversores, reguladores y otras partes interesadas.

Para comprender mejor la necesidad de actualización constante del Compliance, es importante reconocer que los marcos regulatorios han ido evolucionando a lo largo del tiempo en respuesta a escándalos financieros, crisis económicas, delitos corporativos y avances tecnológicos.

Desde la promulgación de leyes como la Ley Sarbanes-Oxley de 2002 en Estados Unidos, tras los escándalos de Enron y WorldCom, hasta normativas más recientes como el Reglamento General de Protección de Datos (GDPR) en la Unión Europea, la historia muestra que los gobiernos y organismos reguladores tienden a reforzar las normativas tras la aparición de fraudes o malas prácticas empresariales.

A medida que las regulaciones se vuelven más estrictas y detalladas, las empresas deben revisar continuamente sus sistemas de Compliance para evitar sanciones económicas, demandas judiciales o pérdida de confianza por parte de sus stakeholders, y de los mercados, tal como se ha hecho referencia anteriormente.

Además, la actualización constante del Compliance ayuda a la organización a prevenir riesgos de fraude, corrupción, lavado de dinero, violaciones de datos personales y otras amenazas que podrían comprometer su estabilidad y sostenibilidad a largo plazo.

las normativas en materia de sostenibilidad y medio ambiente han cambiado significativamente en los últimos años, con regulaciones como la Taxonomía Verde de la UE, que exige a las empresas demostrar que sus actividades cumplen con criterios ambientales específicos para ser consideradas sostenibles.

La actualización del Compliance también puede ser considerado como un proceso esencial dentro de cualquier organización, ya que permite mantener vigente y eficiente el programa de cumplimiento normativo en un entorno legal, económico y social en constante cambio.

Este proceso no está compuesto por un evento único, sino una actividad continua que garantiza que la empresa cumpla con las normativas vigentes y las mejores prácticas del sector, además de protegerla frente a riesgos legales, financieros y reputacionales.

La creciente complejidad regulatoria y el aumento de las expectativas de los inversores, clientes, empleados y organismos reguladores hacen que la actualización del Compliance no solo sea una necesidad legal, sino también una ventaja competitiva que fortalece la credibilidad y sostenibilidad del negocio.

Un elemento central en la actualización del Compliance es el monitoreo continuo del entorno regulatorio, que permite identificar cambios en las leyes, regulaciones y estándares aplicables.

Para ello, las empresas deben contar con mecanismos que les permitan estar al tanto de las modificaciones normativas tanto a nivel nacional como internacional.

Este seguimiento puede realizarse a través de suscripciones a boletines oficiales de los organismos reguladores, el análisis de informes legales, la consulta con asesores especializados en cumplimiento y la participación en foros de Compliance y gobernanza corporativa.

La anticipación a estos cambios normativos permite a la organización ajustar sus políticas internas y minimizar el riesgo de incumplimientos que puedan derivar en sanciones o pérdidas económicas.

Además, el monitoreo no debe limitarse a cambios en la legislación formal, sino que también debe abarcar tendencias en la interpretación de las normativas por parte de los reguladores y los tribunales, así como el impacto de nuevas tecnologías y modelos de negocio en la gestión del cumplimiento.

La actualización del Compliance también implica una revisión periódica de las políticas, procedimientos y controles internos de la empresa para asegurar que continúan siendo efectivos y alineados con las normativas vigentes.

Este proceso requiere evaluar el código de ética, los protocolos de actuación ante riesgos específicos, los manuales de prevención de delitos financieros y las políticas de protección de datos, competencia desleal y relaciones laborales, entre otros.

Es fundamental que estas actualizaciones no se queden en la documentación, sino que se traduzcan en cambios operativos y en la cultura corporativa, garantizando que los empleados comprendan y adopten las nuevas normativas en su día a día.

En muchas ocasiones, la falta de cumplimiento no se debe a la ausencia de políticas, sino a la falta de conocimiento o aplicación efectiva de las mismas dentro de la empresa.

Por ello, no basta con redactar estos documentos; deben revisarse de manera constante para adaptarse a los cambios en el contexto normativo y organizativo.

Y en este orden de cosas, es fundamental que cualquier modificación en las políticas de Compliance sea debidamente comunicada a todos los niveles de la organización, asegurando que los empleados, directivos y socios comerciales comprendan sus responsabilidades y actúen en consecuencia.

La falta de actualización y difusión de estos documentos puede generar incumplimientos involuntarios, poniendo en riesgo la integridad y estabilidad de la empresa.

Otro aspecto clave en la actualización del Compliance es la formación y capacitación continua del personal, ya que el conocimiento sobre normativas y buenas prácticas es esencial para su aplicación efectiva.

Y para ello, debe tenerse presente que no es suficiente con proporcionar una inducción inicial sobre Compliance; es necesario desarrollar programas de formación periódicos que permitan a los empleados estar al día con los cambios normativos y comprender su impacto en el trabajo diario.

Así, no basta con comunicar las nuevas normativas o procedimientos mediante correos electrónicos o manuales internos; es necesario implementar programas de formación interactivos que permitan a los empleados comprender cómo se aplican estas regulaciones en la práctica.

La capacitación puede incluir seminarios presenciales, plataformas de e-learning, simulaciones de casos reales y ejercicios de resolución de dilemas éticos.

También es importante que la formación se personalice según los distintos roles dentro de la empresa, ya que las áreas de contabilidad, ventas, compras, recursos humanos y TI tienen diferentes responsabilidades en materia de cumplimiento.

Las capacitaciones pueden realizarse a través de talleres, cursos en línea, simulaciones de casos prácticos y pruebas de conocimiento que evalúen la comprensión de los principios de Compliance.

Estas sesiones no solo deben dirigirse a los empleados operativos, sino también a los altos directivos, quienes tienen una responsabilidad clave en la promoción de una cultura de cumplimiento dentro de la organización.

La formación constante permite reducir riesgos de incumplimiento, mejorar la toma de decisiones éticas y fortalecer la confianza en la empresa tanto a nivel interno como externo.

La realización de auditorías y evaluaciones periódicas es otro componente esencial en la actualización del Compliance, ya que permite identificar posibles fallos o áreas de mejora en el sistema de cumplimiento antes de que se conviertan en problemas graves.

Estas auditorías pueden ser internas, realizadas por el departamento de Compliance o un equipo de control interno, o externas, llevadas a cabo por consultoras especializadas o entidades certificadoras.

En ambas modalidades, el objetivo es revisar la efectividad de las políticas y controles implementados, detectar vulnerabilidades y establecer planes de acción correctivos.

Además de las auditorías tradicionales, algunas empresas están adoptando pruebas de estrés y simulaciones de incidentes de Compliance, con el fin de evaluar su capacidad de respuesta ante situaciones de crisis o infracciones normativas.

La evaluación constante del Compliance no solo ayuda a prevenir sanciones y daños reputacionales, sino que también permite mejorar la eficiencia operativa y la gestión de riesgos.

También pueden implementarse mecanismos de auditoría continua, en los que se utilizan herramientas de análisis de datos y machine learning para detectar irregularidades en tiempo real.

Este enfoque es especialmente útil en la prevención del fraude corporativo y en la detección de transacciones financieras sospechosas, donde el uso de tecnologías avanzadas permite a las empresas anticiparse a riesgos antes de que estos se materialicen en un incumplimiento normativo.

Este uso de tecnología representa un factor clave en la actualización del Compliance, ya que facilita la automatización de procesos, el análisis de grandes volúmenes de datos y la detección temprana de riesgos.

Las herramientas digitales como software de gestión de cumplimiento, plataformas de monitoreo de transacciones financieras, inteligencia artificial para la detección de fraudes y blockchain para garantizar la trazabilidad de las operaciones, están revolucionando la manera en que las empresas gestionan el cumplimiento normativo.

La digitalización permite una supervisión en tiempo real de las actividades de la empresa, lo que reduce la probabilidad de errores humanos y mejora la capacidad de respuesta ante posibles incumplimientos.

De manera complementaria a ello, la implementación de soluciones tecnológicas para el Compliance facilita la recopilación y almacenamiento de evidencias documentales que pueden ser utilizadas en auditorías o investigaciones regulatorias, asegurando que la empresa pueda demostrar de manera objetiva su compromiso con el cumplimiento.

La actualización del Compliance también debe considerar la gestión de riesgos emergentes, ya que el entorno empresarial está en constante evolución y surgen nuevas amenazas que pueden impactar el cumplimiento normativo.

Entre los riesgos más relevantes en la actualidad se encuentran la ciberseguridad y la protección de datos personales, el uso de criptomonedas y activos digitales, la regulación ambiental y de sostenibilidad, y los cambios en las normativas laborales y de teletrabajo.

Las empresas deben evaluar continuamente cómo estos riesgos pueden afectar sus operaciones y adaptar su programa de Compliance para mitigarlos de manera efectiva.

La falta de preparación ante estos desafíos puede generar consecuencias significativas, desde sanciones regulatorias hasta pérdida de confianza por parte de los clientes y socios comerciales.

Un aspecto fundamental en la actualización del Compliance es la promoción de una cultura de cumplimiento dentro de la organización.

No basta con actualizar normas y procedimientos; es necesario que la empresa fomente una mentalidad de integridad y ética entre sus empleados y directivos.

Esto se logra a través del liderazgo de la alta dirección, la implementación de incentivos para el cumplimiento de las normativas, la habilitación de canales de denuncia seguros y confidenciales, y la adopción de un enfoque de tolerancia cero ante la corrupción y las prácticas fraudulentas.

Cuando el cumplimiento normativo es percibido como una prioridad en la empresa, los empleados tienden a adherirse de manera más natural a las políticas y procedimientos establecidos, reduciendo el riesgo de infracciones y fortaleciendo la reputación corporativa.

Más allá de los aspectos normativos, la actualización del Compliance debe fomentar una cultura organizativa basada en la ética y la responsabilidad corporativa.

La alta dirección tiene un rol clave en este aspecto, ya que el compromiso de los líderes empresariales con el cumplimiento normativo influye directamente en el comportamiento de los empleados y en la percepción de la empresa por parte del público.

La implementación de canales de denuncia efectivos, la promoción de incentivos para el cumplimiento y la aplicación de sanciones internas en caso de incumplimientos refuerzan la idea de que el Compliance no es solo una obligación legal, sino un valor esencial dentro de la organización

La importancia de la actualización del Compliance radica en que permite a las empresas adaptarse a un entorno regulatorio en constante cambio, minimizar riesgos legales y financieros, mejorar la eficiencia operativa y fortalecer la confianza de los stakeholders.

Un programa de Compliance desactualizado puede exponer a la organización a sanciones severas, pérdida de oportunidades de negocio y daños irreparables a su imagen corporativa.

En cambio, una gestión proactiva del Compliance posiciona a la empresa como un actor responsable y confiable en el mercado, lo que puede traducirse en una ventaja competitiva significativa.

Además, en un contexto en el que los consumidores, inversores y reguladores exigen cada vez más transparencia y responsabilidad, la actualización del Compliance se convierte en una herramienta clave para garantizar la sostenibilidad del negocio a largo plazo.

Implementar una estrategia efectiva de actualización del Compliance no solo protege a la empresa de sanciones y riesgos reputacionales, sino que también la prepara para enfrentar los desafíos del futuro con solidez y confianza.

La actualización del Compliance es un proceso continuo y multidimensional que abarca el monitoreo normativo, la revisión de políticas internas, la formación del personal, las auditorías, la adopción de tecnología, la gestión de riesgos emergentes y la promoción de una cultura de cumplimiento.

En un entorno empresarial cada vez más regulado y sujeto a escrutinio público, mantenerse al día con las normativas y estándares de Compliance no solo protege a las empresas de sanciones y riesgos reputacionales, sino que también fortalece su competitividad y credibilidad a largo plazo.

Implementar una estrategia efectiva de actualización del Compliance permite a las organizaciones adaptarse a los cambios normativos de manera ágil, minimizar riesgos y operar con transparencia, ética y responsabilidad

*Capítulo 8*

# *El Compliance y su propia realidad: un sistema normativo, institucional y cultural*

La evolución del Compliance no es un fenómeno aislado ni uniforme, sino el resultado de múltiples factores convergentes: transformaciones económicas globales, reformas legales, exigencias sociales, avances tecnológicos y nuevos paradigmas de gobernanza empresarial. En el contexto actual, el Compliance ya no puede limitarse a un conjunto de reglas que deben observarse, sino que constituye una arquitectura dinámica que impregna la toma de decisiones estratégicas, la conducta organizacional y la relación de la empresa con sus múltiples grupos de interés.

Históricamente, el cumplimiento normativo emergió como una respuesta a crisis de legitimidad institucional. La gran depresión de 1929 y las sucesivas quiebras bancarias llevaron a una primera ola de regulación en los mercados financieros.

Sin embargo, fue con la aparición de los grandes conglomerados internacionales y los escándalos corporativos de la segunda mitad del siglo XX cuando se hizo evidente la necesidad de sistemas de control interno más robustos.

A partir de los años 70, con la FCPA (Foreign Corrupt Practices Act), el Compliance comenzó a desligarse de un simple cumplimiento administrativo para convertirse en un mecanismo integral de supervisión del comportamiento corporativo.

Este proceso se aceleró con la globalización económica.

Las empresas comenzaron a operar en múltiples jurisdicciones, con marcos normativos distintos, culturas corporativas diversas y exigencias regulatorias fragmentadas.

Esta expansión geográfica y operativa exigió el desarrollo de modelos de Compliance más sofisticados y adaptativos.

Ya no era suficiente cumplir con las normas del país de origen; las compañías debían comprender e implementar estándares regulatorios en cada territorio donde mantenían operaciones, lo que implicó la internacionalización de la función de cumplimiento.

En las últimas décadas, asistimos a un punto de inflexión en la evolución del Compliance: su transición desde una función defensiva y reactiva hacia una función estratégica, preventiva y transformadora.

Esta nueva concepción reconoce que los riesgos no surgen únicamente de actos ilegales, sino también de omisiones, inacciones, opacidad, y culturas corporativas permisivas o negligentes.

El cumplimiento se convierte entonces en un sistema de protección organizacional que, además de evitar sanciones, anticipa conflictos, reduce asimetrías de información y mejora la capacidad de resiliencia de la empresa.

En el marco específico de las operaciones de M&A, esta evolución ha sido particularmente intensa.

Las operaciones de fusión y adquisición son, por naturaleza, escenarios de alto riesgo, no sólo financiero, sino también legal, reputacional, laboral, ambiental y ético.

Las empresas involucradas enfrentan no sólo la integración de estructuras, activos y personal, sino también la armonización de culturas organizacionales, normativas internas, sistemas tecnológicos y políticas de cumplimiento.

Por ello, el Compliance ha adquirido un rol central, como se describe en el documento base: debe acompañar todas las fases de la transacción -desde el análisis preliminar, la due diligence, la negociación contractual, la aprobación regulatoria, hasta la integración post-adquisición.

En este contexto, la evolución del Compliance también ha ido de la mano con un fortalecimiento metodológico.

Ya no se limita a la verificación de listas de cumplimiento ("checklists"), sino que implica un enfoque holístico basado en matrices de riesgo, mapas de vulnerabilidad, escenarios de contingencia, análisis forense, protocolos de conducta, controles cruzados y monitoreo permanente.

Estas herramientas permiten no sólo conocer el estado actual de cumplimiento de una empresa objetivo, sino también proyectar los riesgos futuros y establecer mecanismos de mitigación y remediación.

Desde el punto de vista tecnológico, el Compliance ha avanzado hacia una era digital.

Las empresas han incorporado plataformas de GRC (Governance, Risk and Compliance), inteligencia artificial aplicada al análisis documental, algoritmos para detección de irregularidades, automatización de controles financieros, auditoría en tiempo real y seguimiento transaccional basado en blockchain.

Estas herramientas permiten gestionar un volumen de información mucho mayor con mayor precisión y velocidad, lo que es fundamental en las etapas de evaluación y cierre de una operación de M&A, donde los plazos son exigentes y los márgenes de error mínimos.

Un aspecto clave de esta evolución ha sido el fortalecimiento de la cultura de Compliance.

Las empresas han comprendido que no basta con crear departamentos o sistemas de cumplimiento si estos no están respaldados por un compromiso real desde la alta dirección.

Esto ha generado un cambio en el gobierno corporativo: el Compliance Officer adquiere visibilidad y autonomía, los comités de auditoría integran funciones específicas de cumplimiento, y la rendición de cuentas se convierte en una práctica transversal.

El cumplimiento deja de ser una carga externa y se convierte en parte del ADN corporativo.

Asimismo, en el ámbito internacional, los reguladores han adoptado un enfoque más activo y colaborativo.

Ya no se limitan a imponer sanciones; promueven estándares, guías y marcos de actuación.

Ejemplos como las guías de la OCDE para empresas multinacionales, los Principios Rectores de Naciones Unidas sobre Empresas y Derechos Humanos, o los lineamientos de transparencia financiera de Basilea, muestran que existe una tendencia hacia la convergencia global de las buenas prácticas en cumplimiento.

Las empresas, en consecuencia, deben estar preparadas para un entorno de fiscalización transnacional, donde los riesgos regulatorios trascienden fronteras.

Esto implica que el Compliance debe ser capaz de actuar en múltiples niveles: normativo (conocimiento del marco legal aplicable), estratégico (alineamiento con los objetivos del negocio), operativo (implementación efectiva de controles), tecnológico (uso de herramientas digitales) y cultural (promoción de una ética corporativa).

La evolución del Compliance ha consistido precisamente en lograr esta capacidad de integración, para actuar no como un obstáculo burocrático, sino como un facilitador del negocio que asegura la legitimidad y sostenibilidad de las operaciones.

En este orden de cosas, hoy en día no se puede obviar el papel de la presión social y mediática en la evolución del Compliance.

Escándalos como los Panama Papers, Cambridge Analytica, Lava Jato o Wirecard han demostrado que los riesgos reputacionales pueden tener un impacto devastador, incluso superior al de las sanciones legales.

En este nuevo escenario, el Compliance se convierte en un instrumento para preservar la confianza del mercado, de los inversores, de los consumidores y de la sociedad. Su evolución se manifiesta entonces también en su capacidad para dialogar con estos actores, garantizar transparencia, informar con claridad y responder con agilidad frente a crisis reputacionales.

El Compliance ha recorrido un largo camino desde sus orígenes como función meramente legalista. Hoy es una disciplina compleja, estratégica, multidimensional y esencial para la gestión de empresas responsables.

Su papel en las operaciones de fusión y adquisición es especialmente crítico, pues no sólo permite detectar y evitar riesgos regulatorios, sino también contribuir a que la integración entre compañías se produzca en un marco de legalidad, confianza y valor compartido.

La evolución del Compliance no sólo es el reflejo de cambios normativos y tecnológicos, sino también la expresión de un nuevo contrato social entre las empresas y su entorno, donde el cumplimiento normativo se convierte en la base de la legitimidad y la sostenibilidad empresarial.

Por ello, hablar de la "realidad del Compliance" implica ir más allá de su definición funcional o jurídica.

Implica reconocer que el Compliance se ha constituido en una manifestación estructural del modo en que las empresas modernas se insertan en el tejido normativo y social.

Ya no se trata de un apéndice o instrumento externo, sino de una realidad autónoma, con su propio lenguaje, sus propios actores, sus propios procedimientos y, sobre todo, su propia lógica.

El Compliance es, en su núcleo, un sistema. Y como todo sistema, posee reglas, procesos, finalidades, puntos de entrada y salida, flujos de información y mecanismos de retroalimentación.

Desde esta perspectiva, la "realidad del Compliance" no puede ser reducida a una lista de políticas o a un departamento dentro de la organización.

El Compliance es una forma de gobierno empresarial. Es un modo de organizar el poder, distribuir responsabilidades, controlar la conducta, modelar las decisiones y legitimar la operación de la empresa.

a) La realidad ontológica del Compliance, y donde cabe preguntarse ¿qué es realmente el Compliance?

La ontología del Compliance parte de una premisa esencial: en el entorno económico global actual, regido por la hiper regulación, la reputación, la complejidad jurídica y la inmediatez informativa, la empresa no puede actuar sin una estructura interna que le permita ordenar su relación con el derecho.

En este sentido, el Compliance no es una herramienta, sino una forma de ser.

Este "modo de ser" se expresa en diferentes niveles:

1. En una dimensión normativa, donde el Compliance actúa como traductor de las exigencias jurídicas externas al lenguaje interno de la organización.

   Pero no es un mero transmisor: interpreta, prioriza, adapta y estructura el cumplimiento conforme a la realidad específica de la empresa.

2. En un plano organizacional, en el que el Compliance crea su propio espacio institucional dentro de la empresa.

   Tiene autoridades específicas (Compliance Officer, comité de cumplimiento), canales de comunicación (líneas éticas, informes internos), procedimientos (due diligence, investigaciones internas, controles cruzados), y produce conocimiento (matrices de riesgo, reportes regulatorios, recomendaciones al consejo de administración).

3. En una perspectiva cultural, gracias a la cual el Compliance moldea el comportamiento colectivo e individual. Introduce categorías como ética, integridad, transparencia, rendición de cuentas, prevención, responsabilidad proactiva.

Es decir, no sólo regula la conducta, sino que construye significados.

b) La realidad epistemológica: el Compliance como campo de conocimiento autónomo.

Durante años, el Compliance fue considerado un subproducto del derecho penal, mercantil o administrativo.

Sin embargo, con el desarrollo de prácticas institucionales, literatura especializada, modelos de gestión, normativas sectoriales, formación profesional y teorías propias, el Compliance ha desarrollado una epistemología autónoma.

Hoy podemos afirmar que el Compliance es un campo interdisciplinario, con raíces en el derecho, la administración, la psicología organizacional, la teoría de sistemas, la ética aplicada y las ciencias de la información.

En su versión más avanzada, el Compliance articula conceptos de gobernanza, gestión de riesgos, cultura corporativa, liderazgo ético, teoría de la organización, sociología del poder y dinámica normativa.

La realidad del Compliance como saber implica, entonces, una metodología específica: identificación de riesgos, análisis normativo, evaluación de impacto, diseño de controles, implementación de políticas, monitoreo de resultados y respuesta ante incidentes.

No se trata solo de cumplir, sino de gestionar el cumplimiento como una función integrada al negocio y al sistema de relaciones de la empresa.

c) El Compliance en la actualidad constituye una realidad política consistente en el poder de controlar la legalidad interna.

Una de las dimensiones más complejas -y menos abordadas- del Compliance es su dimensión política.

El Compliance implica una redistribución del poder dentro de la empresa. Por un lado, limita la discrecionalidad de los directivos, al someter sus decisiones a criterios normativos.

Por otro, empodera a actores internos como el Compliance Officer, los comités de auditoría o los denunciantes, que pueden intervenir en la toma de decisiones, suspender procesos o activar investigaciones.

Esto genera tensiones. El Compliance debe navegar entre la lealtad jerárquica a la dirección de la empresa y la fidelidad normativa al sistema jurídico.

El Compliance es, en este sentido, un actor bisagra: no representa intereses particulares, sino la institucionalización del deber de cumplir.

Además, en contextos donde existe corrupción estructural, informalidad institucional o captura regulatoria, el Compliance adquiere un carácter cuasi-contramayoritario: es un mecanismo para asegurar que la empresa respete el derecho, incluso cuando las condiciones del entorno desincentivan hacerlo. Su realidad política, por tanto, es profundamente ética: preservar el Estado de Derecho desde el interior de las organizaciones.

d) El Compliance representa una realidad simbólica, materializada en lo que se conoce como la esencial de la descripción de una organización o empresa.

El Compliance no solo organiza el comportamiento, sino también en una representación fiel sobre lo que la empresa es y hace. En un entorno donde los consumidores, inversores, empleados y reguladores exigen integridad, el Compliance actúa como emisor de señales simbólicas.

Estas señales son múltiples: un código de ética, una política anticorrupción, un canal de denuncias, una memoria de sostenibilidad, una certificación ISO, una acción correctiva frente a un incidente.

Todas ellas comunican una promesa: "Somos una organización que se compromete a actuar conforme al derecho y a los valores éticos".

Por ello, el Compliance también construye legitimidad narrativa. No solo evita sanciones, sino que contribuye a la reputación, la confianza y el valor intangible de la empresa.

Esta dimensión simbólica es esencial en operaciones como las fusiones y adquisiciones, donde el capital reputacional puede ser tan determinante como el financiero.

e) El Compliance también constituye una realidad transnacional, ya que el mismo supone la existencia de un sistema globalizado.

El Compliance ya no responde únicamente a normativas locales.

Su realidad es transnacional. Las grandes corporaciones deben cumplir simultáneamente con el FCPA (EE.UU.), el UK Bribery Act, el GDPR (Europa), la ISO 37301, los Principios Rectores de la ONU, las directrices de la OCDE, entre otras normas y estándares internacionales.

Esto ha generado un derecho del Compliance global, de facto, cuya fuente es múltiple: tratados, leyes extranjeras, soft law, buenas prácticas, regulaciones sectoriales, jurisprudencia, lineamientos de agencias, recomendaciones privadas.

En este contexto, el Compliance actúa como un mecanismo de adaptación institucional que permite a las empresas operar en un entorno jurídico fragmentado pero interdependiente.

La realidad del Compliance, en este sentido, es también una forma de diplomacia regulatoria: una empresa multinacional que despliega su programa de cumplimiento está diciendo a los reguladores del mundo "somos una organización confiable".

f) La realidad reflexiva del Compliance, como expresión de sistema autoevaluativo

El Compliance es un sistema autorreferente.

Su propia realidad se construye a partir de procesos de autoevaluación: auditorías internas, análisis de brechas, incidentes reportados, retroalimentación de empleados, revisión de matrices de riesgo.

Esta capacidad reflexiva lo convierte en un sistema dinámico, que aprende de sus errores, se ajusta a los cambios normativos, reconfigura sus políticas y mejora su desempeño.

Esta lógica cíclica (diagnóstico-prevención-detección-reacción-mejora continua) es lo que le da sustentabilidad al Compliance como sistema institucional.

Una empresa que no revisa su sistema de cumplimiento está condenada a repetir sus fallos. La realidad del Compliance, por tanto, es inseparable de su capacidad de evolucionar.

Todo este conjunto de reflexiones lleva consigo a afirmar que la realidad del Compliance se materializa en la constitución vertebración de las empresa sobre la base de una arquitectura ética, y de una normativa propia de la empresa.

La "realidad del Compliance" no puede entenderse simplemente como un fenómeno jurídico ni como una herramienta técnica.

Es, más bien, una arquitectura ética y normativa que define el modo en que las empresas modernas se legitiman, se autorregulan, y se relacionan con su entorno.

En aquellas operaciones empresariales donde se encuentran presentes riesgos legales, financieros, culturales y reputacionales esta realidad adquiere una máxima relevancia.

Integrar el Compliance desde el diseño en el desarrollo cotidiano de la actividad no es una opción, sino una necesidad. Pero para hacerlo bien, es necesario comprender su realidad completa: su racionalidad, su complejidad, sus dimensiones interconectadas.

Ello lleva a considerar que el Compliance no es solo una función dentro de la empresa.

Es una forma de pensar, organizar y actuar que transforma la empresa desde dentro y la conecta, de manera legítima, con el mundo que la rodea.

*Capítulo 9*

# *La implementación del Compliance en un grupo de empresas*

El Compliance en un grupo de empresas consiste en el diseño e implementación de un sistema de cumplimiento normativo que abarque todas las entidades del grupo, asegurando que cada una de ellas cumpla con las regulaciones aplicables y que exista un marco de control interno sólido para mitigar riesgos.

Este modelo es muy importante para grupos empresariales que operan en múltiples jurisdicciones, en sectores regulados, o con relaciones comerciales complejas, ya que permite alinear las estrategias de cumplimiento con los objetivos corporativos generales.

El objetivo del Compliance en un grupo empresarial es garantizar la transparencia, la legalidad de las operaciones, y, la integridad corporativa en todas las entidades que forman parte del grupo.

Además, el Compliance se ha convertido en un pilar fundamental del buen gobierno corporativo, especialmente en entornos empresariales donde los reguladores exigen altos estándares de control y de supervisión para evitar sanciones, fraudes y escándalos que puedan afectar a la reputación del grupo.

La gestión del Compliance en un grupo empresarial presenta características únicas, que lo diferencian del Compliance en empresas individuales.

Estas incluyen:

a) La multi normatividad

Un grupo empresarial puede operar en diferentes países, cada uno con sus propias regulaciones en materia de anticorrupción, competencia, protección de datos, gobernanza y fiscalidad.

Esto obliga a que el Compliance tenga que adaptar sus estrategias a múltiples marcos regulatorios sin perder coherencia a nivel corporativo.

b) La coordinación entre subsidiarias y filiales

El Compliance debe garantizar, que todas las empresas del grupo trabajen bajo un modelo alineado, pero, que a la vez permita cierta flexibilidad operativa, y de adaptación a contextos locales.

c) La supervisión de operaciones transfronterizas

Muchas transacciones en un grupo de empresas son transfronterizas, lo que implica y lleva consigo, el cumplimiento de normativas internacionales de comercio, de tributación, y de Compliance financiero.

d) La integración con la estrategia corporativa

El modelo de Compliance debe estar alineado con la estrategia general del grupo empresarial, asegurando con ello, que la gestión del riesgo normativo forme parte de la toma de decisiones de la alta dirección.

e) La relación con las partes interesadas (Stakeholders)

Los grupos empresariales tienen múltiples stakeholders, incluyendo accionistas, clientes, empleados, reguladores y comunidades, por lo que el Compliance debe considerar todas sus expectativas y preocupaciones.

El Compliance en un grupo de empresas se diferencia del cumplimiento normativo en una empresa individual básicamente, por la complejidad de su estructura, la multiplicidad de regulaciones aplicables, y, la necesidad de armonizar políticas de cumplimiento entre varias entidades con autonomía relativa.

Su correcto diseño e implementación son elementos esenciales para garantizar, que el grupo opere dentro del marco normativo vigente, y, minimice riesgos legales, los financieros y los de carácter reputacional.

Seguidamente se hace necesario detallar las principales características del Compliance en un grupo de empresas, abarcando sus dimensiones organizativas, sus normativas, sus reglas operativas, y también, las de naturaleza tecnológica.

Entre otras, cabe señalar las siguientes:

a) Su enfoque multinivel y multi jurisdiccional.

El cumplimiento normativo en un grupo de empresas debe abordar la coexistencia de regulaciones locales e internacionales.

Cada filial o subsidiaria opera bajo marcos legales distintos según su país de origen, pero debe alinearse con las políticas corporativas definidas por la empresa matriz.

Este enfoque multinivel implica:

- La adaptación a las regulaciones locales, tales como normativas fiscales, laborales, ambientales, y, de carácter sectorial, que pueden variar según el país.
- El cumplimiento de estándares globales, consistente en la aplicación de normativas internacionales como pueden ser entre otras: el RGPD (Reglamento General de Protección de Datos), la UK Bribery Act.
- La supervisión centralizada y descentralizada, donde la empresa matriz debe establecer directrices generales, mientras que cada filial adapta su cumplimiento a las necesidades regulatorias locales.

En lo que se refiere a la estructura de gobierno corporativo, la misma se ha de fundamentar en roles específicos, que se han de encontrar correctamente definidos

El Compliance en un grupo de empresas requiere una estructura organizativa clara, con responsabilidades concretas y determinadas, y todo ello, con la finalidad de poder garantizar adecuadamente su funcionamiento efectivo.

Entre estos roles básicos y fundamentales se encuentran los siguientes:

a) El Chief Compliance Officer (CCO), o responsable del diseño e implementación del programa de cumplimiento a nivel del grupo.

b) El Comité de Compliance Corporativo, que es el encargado de establecer políticas globales y supervisar su ejecución.

c) Los responsables de Compliance en las empresas filiales del Grupo, donde cada empresa puede contar con oficiales de cumplimiento, que aseguren la adaptación a regulaciones locales.

d) El Consejo de Administración y la Alta Dirección del Grupo, que deben promover la cultura de cumplimiento, y, además, supervisar su aplicación.

En este sentido, se debe tener en consideración, que un sistema de gobierno estructurado permite una comunicación eficiente entre la empresa matriz y sus filiales, asegurando con ello, la alineación en unos mismos objetivos y estrategias de Compliance.

Dependiendo de la organización del grupo empresarial, el Compliance puede adoptar diferentes modelos organizativos, entre los que cabe citar los que se indican seguidamente:

a) El modelo centralizado.

El mismo se caracteriza, por el hecho de que la empresa matriz establece las políticas y los procedimientos de Compliance para todas las filiales.

Al mismo tiempo, se implementan estándares homogéneos en todas las entidades del grupo, y al mismo tiempo, las competencias en materia de supervisión, y de la auditoría, que son responsabilidad de la empresa matriz.

Como ventajas o beneficios derivados de la adopción de este modelo, se suele hacer referencia, a la mayor coherencia en la aplicación de normativas, y, que simultáneamente, el mismo facilita la gestión del riesgo reputacional a nivel global.

En cambio, como inconvenientes más definidos se suelen indicar, que el mismo puede generar conflictos o controversias con regulaciones locales, o, que incluso, posee menos flexibilidad para adaptarse a necesidades específicas de cada filial.

b) El modelo descentralizado

Se caracteriza porque cada filial gestiona su propio programa de Compliance, adaptado a la normativa local.

Además, existe una cierta autonomía operativa dentro de las estructuras generales del grupo.

En este caso, la empresa matriz ejerce un rol supervisor sin intervenir directamente.

Como principales ventajas en la implementación de este modo operativo, se suele señalar, que el mismo facilita la adaptación a marcos normativos locales.

Y también proporciona flexibilidad para responder a necesidades específicas.

Por el contrario, como desventajas se arguye, que el mismo puede generar inconsistencias entre las filiales, o la existencia de una cierta dificultad para supervisar el cumplimiento de manera uniforme.

c) En tercer lugar, nos encontramos con un modelo de carácter híbrido.

A través del este modelo, se establecen directrices comunes a nivel corporativo, con adaptación local en cada filial.

Del mismo modo, la matriz supervisa el cumplimiento, pero permite cierto grado de autonomía en cada entidad.

Y por último, debe tenerse presente que en este modelo, se emplean auditorías y reportes periódicos, con la finalidad de poder evaluar de manera adecuada la implementación del Compliance.

Como principales ventajas se suele afirmar, que el mismo posee un evidente equilibrio entre el control ejercicio desde la central, y, al mismo tiempo la necesaria adaptación a las características locales.

Asimismo, debe indicarse, que el mismo facilita abiertamente la armonización del Compliance en todo el grupo.

Como principales inconvenientes en la adopción de este modelo, se suele indicar que el mismo requiere una coordinación eficiente, y, ello unido a la existencia de una tecnología que sea adecuada para una supervisión efectiva.

Teniendo siempre presente que el mismo puede generar cargas administrativas adicionales.

En todo caso, y para asegurar la coherencia en la aplicación del Compliance en todo el grupo, se tienen que establecer políticas comunes con las correspondientes adaptaciones de tipo local.

En este sentido, y entre ellas, destacan a título de ejemplo, las que se citan a continuación:

a) Un código de ética y de conducta, que como es bien sabido, el mismo constituye un marco de principios y valores, que rigen el comportamiento de empleados y directivos.

b) La correspondiente normativa anticorrupción y antisoborno, en la aplicación de regulaciones como la UK Bribery Act o la Ley Sapin II.

c) La política de gestión de riesgos, que conlleva la identificación y la mitigación de los riesgos legales, los financieros, y, los de tipo operativo.

d) La gestión de relaciones con terceros, es decir, la due diligence sobre los clientes, los proveedores, y, los socios estratégicos.

e) Un canal de comunicaciones y/o de denuncias, y, la pertinente protección del denunciante, lo que supone la implementación de mecanismos de reporte confidenciales.

Estas políticas deben ser revisadas periódicamente y comunicadas a todas las entidades del grupo.

En lo que se refiere a la implementación de sistemas de control y de auditoría, el Compliance en un grupo empresarial requiere necesariamente de la existencia de mecanismos de supervisión para garantizar su efectividad.

Entre los sistemas de control destacan:

a) Las auditorías internas y externas, orientadas a la evaluación periódica del cumplimiento en cada filial.

b) El monitoreo continuo de transacciones, que lleva consigo la prevención de los delitos financieros, como pueden ser el delito de blanqueo de capitales, y, el del fraude.

c) Las evaluaciones del riesgo, vinculadas en este caso al análisis de las vulnerabilidades, y, los controles de mitigación.

d) El uso de tecnología en el ámbito del Compliance, lo que representa la implementación del correspondiente software para gestión documental, el seguimiento de normativas, y, la automatización de reportes, existiendo cada día más múltiples opciones que se van implementando en muy diversas funciones dentro de este ámbito de actuación.

Las auditorías y controles permiten detectar preventivamente fallos en el cumplimiento, y, con ello, aplicar medidas correctivas a tiempo.

Igualmente, debe preverse la importancia, que dentro del Compliance correspondiente a un grupo de empresas, tiene la formación y la sensibilización de los empleados y los directivos en materia de cumplimiento normativo, y asunción de los valores éticos existentes en la organización.

Consecuentemente con ello, puede afirmarse, que el éxito de un programa de Compliance en un grupo de empresas, depende de la capacitación constante de empleados y directivos.

En este orden de cosas, entre las iniciativas más señaladas a estos efectos, cabe incluir las capacitaciones periódicas sobre normativas aplicables, los talleres de concienciación en ética corporativa, y en prevención de riesgos, las simulaciones, y, la realización de casos prácticos reales de cumplimiento, o, las evaluaciones de conocimiento y certificaciones internas.

En todo caso, la formación debe ser adaptada a la realidad de cada filial, garantizando, en todo caso, su alineación con los estándares globales del grupo.

Así, el Compliance en un grupo empresarial requiere mecanismos de reporte claros para demostrar el cumplimiento, que se lleva a cabo de las normativas, y la importancia que la estructura proporciona al Compliance.

Algunos de estos elementos clave son:

a) Los informes de cumplimiento dirigidos a la alta dirección y al consejo de administración.

b) La publicación de reportes de sostenibilidad y gobierno corporativo.

c) La comunicación proactiva con reguladores y autoridades competentes.

Así, estos reportes de Compliance permiten a las empresas demostrar su compromiso con la legalidad y la ética.

En lo que se refiere a la adaptación a las nuevas normativas y evolución del Compliance, debe indicarse, que el entorno regulatorio en el que se mueve el Compliance es por propia definición de carácter dinámico, por lo que el Compliance en un grupo empresarial siempre debe ser flexible, y, con ello, capaz de evolucionar con los cambios normativos.

Esto en la práctica supone la posibilidad de llevar a cabo el monitoreo constante de las nuevas regulaciones en los países donde opera el grupo, y la actualización periódica de aquellas políticas, y procedimientos de carácter interno.

En paralelo debe tenerse presente la necesidad de proceder a la implementación de tecnologías avanzadas, cuya finalidad primordial es la detección de riesgos emergentes, o incluso, la colaboración que debe llevarse a cabo con expertos, y, con aquellos asesores legales internacionales para garantizar, precisamente, el cumplimiento normativo global.

Por ello, se puede afirmar, que un programa de Compliance adaptativo permite a las empresas anticiparse a los cambios regulatorios y minimizar riesgos.

Consiguientemente con ello, y con relación a la implementación de un Compliance en un grupo de empresas se puede indicar, que él mismo representa un proceso integral, que abarca desde la definición de estructuras organizativas, hasta la implementación de controles y auditorías.

Su correcta gestión permite armonizar el cumplimiento normativo entre todas las entidades del grupo, minimizar los riesgos financieros, y legales, y, como consecuencia de todo ello, fortalecer la confianza de los inversionistas, de los clientes, y, también de los reguladores.

Un modelo eficiente de Compliance debe equilibrar la existencia de un control centralizado, con una cierta flexibilidad local, promoviendo con ello, la formación continua de empleados y directivos, y con ello, posibilitar la incorporación de tecnología avanzada para la supervisión, y la detección de riesgos.

En un mundo empresarial cada vez más regulado, un programa de Compliance sólido no solo protege a la empresa, sino que también garantiza su desarrollo, su sostenibilidad, el cumplimiento de la ética y la legalidad, y como fruto de todo ello, su éxito a largo plazo.

# II. Denuncias internas

*Capítulo 10*

# *El triaje o la evaluación inicial de una denuncia en Compliance*

Es evidente, que una denuncia a través del correspondiente canal en el ámbito del Compliance puede llegar a través de diferentes vías: formularios digitales, correos electrónicos específicos, líneas telefónicas confidenciales, o entrevistas personales, según lo establecido en el sistema de whistleblowing de la organización.

Independientemente del medio utilizado, es esencial: garantizar la confidencialidad desde el primer momento, proteger los datos personales implicados, y generar un número de referencia o código, que permita su seguimiento interno.

En el caso de denuncias anónimas, se debe disponer de una plataforma que permita mantener el canal abierto para eventuales aclaraciones o aportaciones de información adicional.

El primer paso operativo consiste en confirmar que la denuncia contiene los elementos mínimos para su valoración.

Esto incluye: la descripción de hechos concretos, la identificación del área o personas involucradas (aunque sea de forma indirecta), una cronología aproximada de los hechos en los que se funda la misma, y, si es posible, documentos o indicios de respaldo.

En esta etapa no se evalúa aún la veracidad de lo alegado, sino la suficiencia del relato para permitir una revisión sustantiva.

Una vez verificada, la denuncia debe ser clasificada conforme a su naturaleza ética, legal, contractual, laboral, ambiental, de acoso, fraude financiero, conflicto de interés, entre otras categorías.

Esta clasificación permitirá, no solo canalizar la denuncia al equipo más competente, sino también alimentar las estadísticas del programa de Compliance, y gracias a ello, detectar las áreas de riesgo más recurrentes.

El equipo encargado de Compliance debe realizar en este punto, una evaluación sustantiva de la denuncia para determinar, si existen indicios razonables, que justifiquen su tramitación formal.

Esta etapa, que se vincula estrechamente con el concepto de triaje, considera elementos como la plausibilidad del relato, la existencia de evidencias iniciales, la coherencia de la denuncia, y la posible afectación de normas internas o externas.

En los casos en que la denuncia se considere infundada, maliciosa o carente de contenido verificable, se podrá proceder al archivo de la misma, dejando constancia documentada de los fundamentos en que se sustenta dicha decisión.

Al hilo de todo ello, debe tenerse presente, que en el universo del cumplimiento normativo, la evaluación preliminar -o triaje- constituye la primera línea de defensa frente a riesgos legales, éticos y reputacionales derivados de comportamientos indebidos, o de situaciones de conflicto reportadas a través del canal de denuncias.

La evaluación de una denuncia en el canal de denuncias constituye, hoy por hoy, una de las fases más delicadas y fundamentales del sistema de cumplimiento normativo (Compliance).

De este modo, la evaluación de una denuncia no debe considerarse un mero trámite administrativo, sino una manifestación del compromiso institucional de la persona jurídica con la legalidad, con la ética, y con la transparencia, y, es una oportunidad muy importante para reafirmar los valores que sustentan el cumplimiento normativo en cualquier organización comprometida con la responsabilidad, la ética y la mejora continua.

Una evaluación rigurosa, que sea además respetuosa con los derechos de todas las partes, y, que se encuentre orientada a la resolución efectiva de los conflictos, constituye, en sí misma, un pilar fundamental del sistema de cumplimiento.

Además, una buena gestión de esta fase refuerza la legitimidad del canal de denuncias, promueve la cultura de integridad interna, y fortalece la confianza de los stakeholders en la organización.

Este proceso, que se inicia una vez recibida una comunicación por el canal habilitado para ello, debe realizarse con la máxima diligencia, confidencialidad, imparcialidad y trazabilidad.

Su propósito tiene que ser de manera necesaria analizar el contenido de la denuncia, determinar su admisibilidad, definir su gravedad y establecer cuál será la respuesta institucional más adecuada: ya sea la apertura de una investigación interna, la activación de medidas preventivas, la remisión a otro departamento (por ejemplo, Recursos Humanos o Dirección Jurídica), la derivación a mecanismos alternativos de solución de conflictos (MASC) o, en su caso, el archivo razonado del expediente

La palabra "triaje" se encuentra inspirada en el término médico, que designa la priorización de pacientes según la gravedad de su estado, el triaje en Compliance busca valorar, de forma ágil y meticulosa si una denuncia amerita su admisión, su desestimación o su tratamiento mediante vías alternativas, como los Mecanismos Alternativos de Solución de Conflictos (MASC), o la gestión informal por parte de áreas como Recursos Humanos.

Se trata de un análisis inicial, que permite clasificar, valorar y priorizar las denuncias recibidas, con el fin de determinar la respuesta más adecuada y proporcional a cada situación.

Esta etapa no solo optimiza la eficiencia del sistema de cumplimiento normativo, sino que también protege los derechos de todas las partes implicadas, y contribuye de manera activa a preservar la integridad del proceso.

Uno de los primeros aspectos fundamentales en este proceso, es la necesidad de contar con una matriz de riesgos, y con criterios objetivos para realizar la evaluación.

Cuando una denuncia es presentada a través del canal establecido -ya sea por empleados, proveedores, colaboradores o terceros-, la organización no debe precipitarse a iniciar una investigación completa sin antes realizar un filtro inicial.

El triaje actúa como una herramienta de contención y organización, cuyo objetivo es distinguir entre diferentes tipos de denuncias: aquellas que son manifiestamente infundadas o maliciosas, aquellas que contienen información relevante pero incompleta, y aquellas, que presentan indicios suficientes para justificar una investigación interna formal o, en su caso, el uso de mecanismos alternativos de solución de conflictos (MASC).

La evaluación preliminar se basa, generalmente, en varios criterios: la verosimilitud del relato, la gravedad de los hechos denunciados, el riesgo que representa para la organización, la posible afectación a derechos fundamentales, la urgencia de adoptar medidas cautelares, y la existencia de evidencia documental, o testifical inicial.

Esta valoración debe hacerse con una absoluta confidencialidad y con la necesaria diligencia.

A menudo la misma se lleva a cabo por parte de una unidad especializada como puede ser: la Oficina de Cumplimiento o el Comité de Ética, o, incluso, por un equipo ad hoc cuando la estructura así lo permite.

Uno de los principales beneficios del triaje es su capacidad para priorizar los casos de mayor impacto o riesgo, asegurando con ello una intervención rápida y eficaz.

Por ejemplo, si se denuncia un posible caso de acoso sexual o corrupción, el equipo de Compliance debe activar de inmediato el protocolo de investigación correspondiente, que puede incluir: la preservación de pruebas, la protección del denunciante y medidas preventivas para evitar represalias.

En cambio, si se trata de un conflicto entre compañeros sin indicios de ilegalidad o de vulneración ética, el caso puede derivarse hacia instancias alternativas, como son: la mediación, o la intervención del área de Recursos Humanos.

Asimismo, el triaje permite identificar patrones o recurrencias en el sistema, como múltiples denuncias sobre una misma unidad, supervisor o tipo de conducta, lo que podría revelar riesgos estructurales más amplios, o fallos en la cultura de cumplimiento.

Esta capacidad de detección temprana no solo mejora la calidad de las investigaciones, que sí se llevan a cabo, sino que también refuerza el carácter preventivo del programa de Compliance.

No obstante, el triaje debe realizarse bajo estrictos estándares de respeto procesal.

En este proceso, tal como se viene indicando, la independencia e integridad del equipo evaluador son condiciones esenciales.

Idealmente, quienes participan en la evaluación de denuncias, deben haber recibido formación específica en materia de Compliance, de derechos humanos, de ética organizacional, y también de gestión de riesgos.

Asimismo, debe existir un protocolo de actuación frente a posibles conflictos de interés: por ejemplo, si la denuncia involucra al responsable de Compliance o a miembros del comité de ética, se debe activar un mecanismo alterno -como la intervención de un tercero independiente o de una firma externa especializada-, que garantice la imparcialidad de la evaluación.

La imparcialidad de quienes lo ejecutan es fundamental, al igual que su capacitación en el ámbito de la ética corporativa, de la legislación aplicable, de las técnicas de evaluación de riesgos, y de las habilidades de comunicación.

Una evaluación preliminar deficiente -ya sea por falta de objetividad, premura o sesgo- puede conducir a errores graves, que van desde la desestimación de denuncias legítimas, hasta la apertura de investigaciones innecesarias, que desgastan a las personas y a la propia organización.

Esta matriz suele integrar diversas variables, como puede ser: la naturaleza del hecho denunciado (ético, legal, laboral, organizacional), el perfil del denunciado (empleado, directivo, proveedor, cliente), la existencia o no de pruebas iniciales (documentos, correos, testigos), la posible vulneración de derechos fundamentales (por ejemplo, en casos de acoso, discriminación o represalias), y la gravedad potencial del impacto (económico, reputacional, jurídico o moral).

Del mismo modo, esta evaluación permitirá priorizar los recursos, definir si es necesario adoptar medidas cautelares inmediatas (como la separación temporal del denunciado o la protección del denunciante) y establecer el tipo de investigación a desarrollar (interna, externa, limitada o profunda).

Este enfoque metodológico permite homogeneizar los criterios de valoración, y evita, que la evaluación dependa exclusivamente de juicios subjetivos.

El procedimiento de triaje debe contar con garantías esenciales, entre ellas, a parte de las ya citadas confidencialidad e imparcialidad de los evaluadores a las que está sujeta su realización, debe tenerse presente y hacerse alusión a la necesaria protección de los datos personales involucrados, y el respeto riguroso al derecho a la presunción de inocencia a las que están sujetas las personas denunciadas en dicho proceso.

Este equilibrio entre eficiencia y garantías, es especialmente importante cuando la denuncia implica a personal de alta dirección, miembros del comité de ética, o incluso, a responsables de cumplimiento.

En tales casos, puede ser necesario recurrir a un evaluador externo independiente, con la finalidad de asegurar la neutralidad de la valoración, y evitar que se produzcan conflictos de interés.

En términos operativos, el triaje también debe considerar la clasificación de las denuncias en función de su urgencia.

Algunas denuncias requieren una acción inmediata por el riesgo que suponen para la organización o para las personas, como podría ser la existencia de una conducta violenta, la presencia de amenazas, el desvío de fondos, o la manipulación de documentos sensibles.

En función del análisis anterior, el equipo de Compliance definirá cuál será la vía de tratamiento más adecuada en cada caso.

Las posibilidades incluyen múltiples posibilidades, entre las que se encuentran las siguientes: la apertura de una investigación formal, el tratamiento mediante un mecanismo alternativo (por ejemplo, mediación), la derivación a una unidad especializada (jurídica, auditoría, recursos humanos), o el cierre del expediente.

Cualquiera que sea la decisión, deberá quedar debidamente documentada y justificada, tanto para fines de trazabilidad como para permitir una eventual revisión o auditoría futura.

Otras, sin embargo, pueden admitirse, pero programarse con menor prioridad especialmente, si el riesgo es menor, o, si el asunto ha sido resuelto previamente por otras vías internas.

Esta priorización permite a los equipos de cumplimiento utilizar sus recursos de manera eficiente, y responder con agilidad a los casos más críticos, lo que constituye un aspecto, que es no menor cuando se trata del tratamiento de las denuncias que sean anónimas, las cuales suelen presentar dificultades adicionales para el triaje, debido a la posible falta de información verificable.

No obstante, muchas organizaciones optan por no desestimarlas automáticamente, sino por analizarlas con la misma metodología, intentando complementar los datos que se poseen al respecto, mediante otras fuentes internas como pueden ser: las auditorías previas, los registros, o las entrevistas de carácter confidencial.

En estos casos, si bien el anonimato puede limitar la existencia de interacción con el denunciante, ello no impide la actuación al respecto, siempre que existan indicios razonables de veracidad o de riesgo.

En el plano ético, el triaje también debe contemplar el análisis de las posibles denuncias de mala fe, es decir, aquellas presentadas con el objetivo de perjudicar a otro, desinformar, o desestabilizar a la organización internamente.

Aunque estas son menos frecuentes, pueden tener un impacto grave si no se identifican a tiempo.

Una buena práctica consiste en registrar todos los casos, incluso los descartados, en una base de datos interna, que permita monitorear patrones de comportamiento, y, con ello poder detectar posibles usos abusivos del canal.

En este mismo sentido, muchas organizaciones establecen que el uso malicioso del canal constituye, en sí mismo, una infracción disciplinaria.

La correcta documentación del proceso de triaje también es clave, tanto por razones de trazabilidad, como para garantizar la rendición de cuentas, y facilitar auditorías internas o externas.

Por ello, cada decisión adoptada debe quedar registrada, junto con los motivos que la justifican, y las fuentes de información consideradas.

Esta trazabilidad es especialmente relevante cuando, con posterioridad, la decisión adoptada pueda ser cuestionada o revisada, ya sea por los denunciantes, por instancias superiores, o por medio de autoridades regulatorias o judiciales.

Por otro lado, un aspecto a tener en consideración con respecto al triaje es la comunicación que se debe observar con el denunciante.

Aunque no siempre es posible mantener una comunicación directa -especialmente en casos de anonimato-, resulta fundamental, que la persona denunciante, cuando pueda ser contactada, reciba una notificación de recepción de su denuncia, así como una confirmación de que su caso ha sido evaluado conforme a los protocolos establecidos, y -en la medida de lo posible- notificarle si ha sido admitida o no a trámite, y cuál será el siguiente paso a seguir, sin entrar en detalles, que puedan comprometer la confidencialidad del proceso, o de las personas involucradas.

Esta comunicación refuerza la confianza en el canal, y simultáneamente fomenta una cultura de transparencia, y de justicia organizacional.

Aunque la legislación y las políticas internas suelen limitar la cantidad de información que puede compartirse, es aconsejable, que la persona denunciante reciba al menos una confirmación de que su denuncia ha sido recibida, y, que la misma está siendo valorada y ponderada.

En la medida en que el sistema lo permita, por ejemplo, este proceso se debe llevar a efecto mediante plataformas digitales anónimas, que generan claves de seguimiento, y donde a través de las mismas, es conveniente notificar, si la denuncia ha sido admitida o no, y, en algunos casos, el tipo de respuesta que se dará a la investigación, a la mediación, y al archivo de la misma, etc.

Esta retroalimentación es fundamental para fortalecer la cultura organizacional, y evitar la percepción de opacidad, o de desinterés de carácter institucional.

De considerarse, por todo ello, que el triaje puede desempeñar un papel estratégico dentro del modelo de cumplimiento, al permitir detectar riesgos sistémicos, que, aunque no se manifiesten de manera explosiva, sí revelan una vulnerabilidad recurrente.

En este sentido, cabe referirse a las denuncias reiteradas sobre estilos de liderazgo autoritarios, a la falta de transparencia en promociones internas, o a la presión excesiva sobre indicadores de desempeño, que pueden no constituir infracciones aisladas, pero sí alertar sobre un entorno propicio para la transgresión futura.

Todas las actuaciones vinculadas a la evaluación deben quedar registradas en el sistema de gestión de denuncias, incluyendo la fecha de recepción, los pasos dados, los criterios aplicados, las decisiones adoptadas, y las personas responsables de cada fase.

Este registro es indispensable, tanto para demostrar el cumplimiento normativo ante autoridades, como para garantizar la coherencia interna del sistema.

Todo ello hace, que el triaje no es solo un procedimiento técnico, sino también una herramienta de diagnóstico organizacional, que puede alimentar el mapa de riesgos, y las medidas preventivas del programa de Compliance.

Consecuentemente con ello, el triaje o evaluación preliminar de las denuncias representa un componente esencial, y altamente estratégico del sistema de cumplimiento normativo.

Su correcta implementación requiere de criterios claros, de procedimientos definidos, de una evidente formación técnica, de principios éticos firmes, y de herramientas tecnológicas adecuadas.

Lejos de ser una etapa meramente administrativa, el triaje es el primer filtro de integridad de la organización: allí donde se decide, con criterio y responsabilidad, cómo se responde a la voz de alerta de quienes, desde dentro o desde fuera, detectan aquello, que puede comprometer los valores, la legalidad, o la reputación de una entidad.

En suma, el triaje o evaluación preliminar de la denuncia es un componente técnico y estratégico del sistema de Compliance.

Por todo ello, cabe afirmar que a través del mismo se permite canalizar correctamente las denuncias, priorizar la acción institucional, proteger a las personas y los valores corporativos, y asegurar, que los recursos se concentren en aquellos asuntos que realmente lo requieren.

Bien diseñado e implementado, el triaje no solo mejora la eficacia del canal de denuncias, sino que también proyecta una imagen de la organización madura, comprometida con la integridad, y capaz de gestionar los conflictos de forma responsable, proporcional, y conforme a derecho.

*Capítulo 11*

# *Acerca de la madurez ética y la responsabilidad institucional en la gestión de las denuncias anónimas*

Como punto de partida de estas reflexiones, ha de tener en consideración el hecho consistente en que la existencia de un canal no garantiza su uso.

Para que las denuncias anónimas lleguen, y para que tengan calidad, deben acompañarse de una política activa de comunicación interna, formación continua y liderazgo ético.

Esto incluye campañas de difusión, talleres presenciales o virtuales, materiales explicativos, simulaciones prácticas, espacios de escucha, manuales visuales y sesiones específicas para colectivos vulnerables.

La formación debe centrarse en explicar por qué denunciar, cómo hacerlo, qué garantías ofrece el canal, cómo se protege el anonimato, qué ocurre tras la denuncia y por qué todos somos responsables del clima ético institucional.

Esta sensibilización debe alcanzar también a los mandos medios, cuyo rol como facilitadores o bloqueadores del canal es crítico.

Además, deben existir canales de monitoreo para detectar si hay miedo, desinformación o desuso del canal, y actuar en consecuencia.

Gestionar denuncias anónimas no es solo un requisito normativo o una función técnica; es una prueba clara del grado de madurez ética de una organización.

Es demostrar que se antepone el bien colectivo a los egos individuales, que se cree en la voz de todos, incluso cuando no tiene rostro, y que se construye una cultura del cuidado, la responsabilidad y la verdad.

Una organización que protege el anonimato sin descuidar el rigor investigativo, que escucha con seriedad sin abdicar del análisis crítico, y que actúa con equidad sin renunciar a la justicia, es una organización sólida, confiable y sostenible.

Para asegurar que las denuncias anónimas no sean falsas, las organizaciones implementan una serie de controles y procedimientos rigurosos.

Ante todo, toda denuncia recibida -sea anónima o no- debe ser objeto de una investigación interna exhaustiva y objetiva, en la que se analizan los hechos expuestos, se solicita información adicional si es posible, y se contrastan los datos con otras fuentes disponibles, como registros internos, auditorías y entrevistas.

En el caso de denuncias anónimas, es fundamental contar con canales digitales que permitan la comunicación constante con el denunciante sin revelar su identidad, lo que facilita aclarar dudas o recabar pruebas adicionales.

La prevención de denuncias falsas comienza con una política clara y comunicada a todos los empleados, en la que se informa sobre las consecuencias legales y disciplinarias de presentar denuncias malintencionadas o de mala fe, como la posibilidad de incurrir en delitos de calumnia y ser sancionado con multas importantes.

Además, la formación interna ayuda a concienciar sobre el uso responsable del canal de denuncias y las implicaciones de un uso indebido.

Durante la investigación, se evalúa la verosimilitud y credibilidad de la denuncia mediante el análisis objetivo de las pruebas y la trazabilidad de todo el proceso, lo que permite documentar cada paso y, en caso de que la denuncia resulte ser falsa, demostrarlo ante posibles procedimientos judiciales.

La clave está en no dar por válidas las denuncias anónimas sin una comprobación rigurosa, mantener la confidencialidad y actuar siempre conforme a los hechos demostrables, garantizando así la integridad del canal de denuncias y la protección tanto del denunciante como del denunciado

La madurez ética y la responsabilidad institucional en el tratamiento de las denuncias anónimas (versión ampliada integral)

I. Introducción: La gestión de lo invisible

En el corazón del sistema de integridad organizacional, la denuncia anónima representa una intersección crítica entre lo ético, lo jurídico y lo simbólico.

Su correcta gestión revela mucho más que una capacidad técnica: pone a prueba el carácter moral de la institución.

Tratar con una voz sin rostro, que alerta desde el margen sobre una irregularidad interna, exige una respuesta que combine rigor procesal, sensibilidad humana y coraje institucional.

La madurez ética y la responsabilidad institucional no se manifiestan en los momentos de calma o en la adhesión formal a códigos de conducta, sino precisamente en cómo se responde cuando alguien -desde el anonimato- decide confiar en que la organización será capaz de escucharlo, protegerlo y actuar con justicia.

La madurez ética es una construcción progresiva y colectiva.

No se impone por decreto ni se sostiene solo con manuales.

Se cultiva día a día en el modo en que se toman decisiones, se asumen errores, se protegen vulnerabilidades, se reconoce el conflicto y se defiende la equidad.

Algunas de sus características son:

a) La capacidad de sostener la coherencia entre discurso y acción incluso ante presiones o dilemas difíciles.

b) La disposición para abordar lo éticamente incómodo sin dilaciones, minimizaciones ni silenciamientos.

c) El reconocimiento de que los actos individuales tienen causas estructurales y que la solución de fondo exige mirar más allá del síntoma.

d) La comprensión de que el sistema de integridad no es solo un mecanismo punitivo, sino un espacio pedagógico, restaurativo y preventivo.

Cuando una denuncia anónima llega a una organización, esta tiene dos caminos: defenderse de la denuncia o escucharse a sí misma a través de ella.

Solo una organización con madurez ética opta por lo segundo.

La responsabilidad institucional frente a una denuncia anónima no es solo una práctica deseable, sino un imperativo derivado de diversos principios jurídicos y filosóficos:

a) El principio de justicia institucional, por el que toda organización tiene el deber de garantizar procedimientos internos equitativos, accesibles y eficaces para la resolución de conflictos éticos.

b) El principio de no represalia, el cual se encuentra reconocido por tratados internacionales y leyes nacionales, impone a la organización el deber activo de proteger al informante frente a cualquier daño derivado de su denuncia, incluso cuando esta sea anónima.

c) El principio de buena administración, que obliga a gestionar con eficacia, economía, imparcialidad y legalidad todos los recursos públicos o institucionales, lo que incluye el tratamiento diligente de las alertas internas.

d) El principio de dignidad humana, el cual, del mismo modo, obliga a considerar la denuncia no como una mera fuente de información, sino como un acto humano que debe ser acogido con respeto y cuidado, incluso si proviene del anonimato.

El hecho de gestionar una denuncia anónima supone lidiar con una paradoja central: el sistema debe ser lo suficientemente robusto como para sostener un proceso confiable, incluso cuando el denunciante decide no exponerse.

Esto revela dos elementos clave de la madurez institucional:

a) La existencia de una confianza estructural, que en una cultura organizacional madura, las personas pueden hablar sin miedo.

Pero incluso allí, el anonimato sigue siendo necesario para quienes no ocupan posiciones de poder, quienes tienen antecedentes de haber sido ignorados o quienes han presenciado represalias en el pasado.

b) Y la protección incondicional, de la madurez ética implica ofrecer protección incluso cuando la organización no conoce a quién protege. Esto exige sistemas diseñados con garantías sólidas, protocolos auditables y personal capacitado para manejar la incertidumbre con profesionalidad.

En este sentido, el canal de denuncias anónimas se convierte en un símbolo poderoso: cuando funciona bien, demuestra que la organización está dispuesta a escuchar a cualquiera, sin pedir credenciales, jerarquías ni valentía heroica.

No basta con tener un canal de denuncias anónimas activo.

La responsabilidad institucional exige que toda la organización -no solo el área de cumplimiento- esté comprometida con su uso efectivo y con la resolución ética de los conflictos que allí emergen.

Y esto implica y trae como legítimas exigencias, contar con una alta dirección comprometida, ya que el l liderazgo debe manifestar, con hechos y no solo con discursos, su apoyo irrestricto al sistema de denuncias.

Esto incluye el hecho de no interferir en las investigaciones, y no proteger figuras clave por interés reputacional.

Del mismo modo, debe tenerse en consideración la necesidad de asumir públicamente que los errores se investigan, se reconocen y se corrigen, y la existencia de la llamada "responsabilidad transversal, donde la ética no es patrimonio de un solo departamento, y en este sentidos las diversas áreas de una organización, tales como Recursos Humanos, Legal, Finanzas, Comunicación y las demás áreas operativas deben estar alineadas y coordinadas para garantizar la coherencia del sistema.

En todo caso, se precisa una revisión institucional constante, en el que una organización responsable revisa periódicamente, entre otros los siguientes aspectos: (i) la accesibilidad del canal de denuncias; (ii) la calidad de las investigaciones; (iii) la eficacia de las respuestas; (iv) la percepción de justicia interna.

Numerosas organizaciones, aun con buenas intenciones, tropiezan con barreras que impiden una respuesta madura ante la denuncia anónima.

Algunas de las más frecuentes son las que se citan seguidamente:

a) la existencia de una cultura de lealtad mal entendida, donde "no denunciar" se interpreta como señal de pertenencia o fidelidad.

b) Aquellas jerarquías rígidas, donde cuestionar a un superior se ve como insubordinación y no como responsabilidad ética.

c) La falta de autocrítica institucional, donde se considera que "esto no puede pasar aquí" y se rechazan las alertas internas.

d) la existencia de una saturación normativa sin internalización cultural, con una abundancia de códigos y políticas, que no se traducen en prácticas vivas.

e) La existencia de una inmadurez emocional colectiva, donde se produce un temor al conflicto, a dificultad para hablar de fallos, la tendencia a la negación o a la culpabilización automática.

La madurez ética exige, por tanto, no solo estructuras bien diseñadas, sino procesos de transformación cultural profunda.

Una organización con madurez ética y responsabilidad institucional frente a las denuncias anónimas no solo protege a los denunciantes.

Y también es sensible, y proactiva, y como consecuencia de ello, repara a quienes han sufrido injusticias, aprende de los errores estructurales, reforma las prácticas irregulares, que antes eran toleradas, reconfigura liderazgos que ejercían el poder de forma inapropiada, reconstruye la confianza institucional mediante el acto de asumir, responder y actuar.

Esta perspectiva integral entiende el sistema de denuncias no como un mecanismo defensivo o reactivo, sino como un instrumento de mejora continua, de diálogo ético y de desarrollo organizacional sostenible.

Consecuentemente con todo ello, la denuncia anónima pone a la organización frente a una oportunidad que consiste básicamente en la posibilidad de transformarse desde adentro, gracias a la voz -invisible pero potente- de quienes se atreven a alertar sobre lo que no funciona.

Pero esa oportunidad solo se concretará si existe madurez ética y responsabilidad institucional.

Escuchar una denuncia anónima sin desprecio, sin prejuicio y sin miedo, y actuar con justicia frente a ella, es uno de los gestos más profundos, que puede realizar una organización. Es también uno de los que más la define.

Porque, en definitiva, lo que una institución hace cuando nadie la obliga a hacerlo es lo que verdaderamente dice quién es.

*Capítulo 12*

# *El análisis de verosimilitud, la credibilidad y la relevancia en el canal de denuncias*

El análisis de verosimilitud y credibilidad en el canal de denuncias constituye un proceso técnico y riguroso para determinar la fiabilidad de las acusaciones recibidas.

El término "verosimilitud" implica evaluar la coherencia interna del relato, la plausibilidad de los hechos descritos, y la existencia de indicios objetivos, que respalden la denuncia.

Esto incluye examinar detalles como: las cronologías congruentes, las descripciones específicas de actores o procedimientos, y la ausencia de contradicciones flagrantes.

Por ejemplo, una denuncia sobre desvío de fondos se contrastaría con los registros contables, o las transacciones bancarias para validar su consistencia.

La relevancia analiza el impacto potencial de los hechos denunciados en la organización, considerando determinados factores que hacen referencia a la gravedad de la infracción (v.gr. corrupción vs. incumplimiento menor), al número de personas afectadas, al riesgo reputacional, y las posibles consecuencias legales o económicas.

Las denuncias sobre acoso laboral o fraude financiero suelen priorizarse por su alto impacto organizacional y jurídico.

La verosimilitud es uno de los primeros filtros metodológicos, que deben aplicarse a cualquier denuncia recibida a través de los canales internos de reporte de irregularidades, en el marco de un sistema de Compliance.

Su análisis tiene como principal objetivo evaluar, si el relato presentado se ajusta a un mínimo estándar de coherencia, lógica narrativa, y plausibilidad contextual, que justifique la activación de los mecanismos de investigación, sin que ello signifique prejuzgar sobre la veracidad material de los hechos descritos.

Es, en otras palabras, un juicio de razonabilidad, que se formula con base en el contenido mismo de la denuncia, y su encaje en las circunstancias objetivas que rodean a la organización, y no una constatación concluyente de que lo afirmado ocurrió.

Este análisis debe abordarse desde una lógica de gestión del riesgo, es decir, como una etapa de screening inicial, que permite separar las comunicaciones que podrían representar una amenaza real (v.gr. jurídica, reputacional, económica o ética), de aquellas otras, que carecen de fundamento suficiente.

En consecuencia, una denuncia será considerada verosímil, si el relato de los hechos, aun siendo parcial o incompleto, ofrece una versión de los acontecimientos que resulta creíble, lógica, y compatible con el entorno organizativo y funcional del cual se presume que han surgido.

En términos prácticos, esto implica, que el relato debe poder imaginarse como posible en el marco de las relaciones jerárquicas, de los procesos internos, de la cultura institucional, o de los antecedentes previamente conocidos en la empresa.

La verosimilitud se apoya fundamentalmente en dos criterios a tener en consideración: la coherencia interna del relato, y su compatibilidad externa con hechos, con los datos, o con las dinámicas conocidas.

En el primer caso, se trata de examinar, si el discurso narrado guarda una estructura racional: si los hechos siguen una secuencia lógica, si no hay contradicciones temporales o funcionales evidentes, y si los actores mencionados se comportan de una forma que se ajusta razonablemente a lo que cabría esperar en el contexto descrito.

Esto no supone que el relato deba estar libre de errores, imprecisiones, o subjetividades -que son habituales en la percepción humana y más aún en contextos emocionales como los que suelen generar las denuncias-, sino que el núcleo del mensaje mantenga una consistencia mínima.

En el segundo criterio, la compatibilidad externa, se trata de valorar, si lo relatado se corresponde con la información, que la organización ya posee: si los hechos narrados encajan con la cronología de eventos conocida, con las funciones reales de las personas implicadas, con hechos denunciados en el pasado, con hallazgos de auditorías, o con indicadores, que podrían haber pasado desapercibidos pero que adquieren sentido a la luz del relato recibido.

Este análisis exige al profesional de cumplimiento normativo una actitud analítica, escéptica pero abierta, en la que se eviten tanto el prejuicio hacia el denunciante, como la aceptación acrítica de lo denunciado.

Es frecuente, por ejemplo, que algunas denuncias maliciosas adopten formas muy elaboradas con el propósito de simular verosimilitud, recurriendo a información disponible públicamente, a estructuras narrativas estudiadas, o incluso a lenguaje jurídico, que pretende dotarlas de un halo de credibilidad.

Por ello, es fundamental, que el análisis de verosimilitud no se limite a una evaluación de estilo o redacción, sino que considere el fondo del relato, su vinculación con hechos concretos, y también su apertura a ser contrastado.

La inclusión de datos específicos no debe ser vista de forma aislada, como un indicio automático de verosimilitud; su valor depende de si dichos datos son relevantes, verificables, y si, al ser evaluados junto con otros elementos, refuerzan la lógica general del relato.

Es igualmente importante recordar, que el concepto de verosimilitud no puede disociarse de la noción de buena fe del denunciante.

Un relato puede tener valor, aún si es incorrecto en algunos aspectos, siempre que haya sido presentado honestamente, sin intenciones manipuladoras, o con pretensiones difamatorias.

La buena fe se presume, salvo que existan evidencias claras que la desvirtúen, como contradicciones flagrantes, falsedades documentadas, o pruebas de animadversión manifiesta.

En este sentido, la verosimilitud también cumple una función protectora: permite que los denunciantes legítimos sean tomados en serio, y que su contribución al sistema de cumplimiento no sea desacreditada por una primera lectura superficial.

En el caso de denuncias anónimas, el análisis de verosimilitud cobra una especial dimensión.

Ante la imposibilidad de conocer la identidad, la motivación, o el contexto del denunciante, el foco del análisis se concentra aún más en el contenido objetivo del relato.

Aquí, la consistencia narrativa, el nivel de precisión, y la posibilidad de contrastar elementos concretos, se convierten en los únicos indicadores disponibles para formular un juicio inicial.

A pesar de las limitaciones inherentes al anonimato, muchas denuncias anónimas han sido históricamente la base de investigaciones exitosas, especialmente, cuando el sistema cuenta con mecanismos, que permiten la comunicación bidireccional segura, como pueden ser las plataformas protegidas, o buzones digitales con claves de acceso anónimas.

Estas herramientas permiten solicitar aclaraciones, pedir ampliaciones de información, o formular preguntas sin poner en riesgo la identidad del denunciante, y enriquecen significativamente el proceso de evaluación de verosimilitud.

Desde una perspectiva procesal, la evaluación de la verosimilitud debe estar integrada dentro de un protocolo formal, que defina claramente quiénes están autorizados a realizarla, bajo qué criterios se fundamenta, y cómo se documenta.

La ausencia de un procedimiento establecido, puede abrir la puerta a arbitrariedades, a decisiones que sean erráticas, o a vulneraciones del derecho a la defensa.

Es por eso por lo que muchas organizaciones adoptan matrices de análisis, o listas de verificación, que permiten sistematizar el juicio de verosimilitud, incorporando indicadores como: el número de elementos concretos aportados, la coherencia narrativa, la posibilidad de verificación, el grado de impacto potencial, y la existencia de antecedentes relacionados.

Este procedimiento, cuando se aplica de forma transparente y reproducible, ofrece una garantía de legalidad y eficacia, tanto para la empresa como para los involucrados.

A nivel ético y cultural, el análisis de verosimilitud también se vincula con la credibilidad del sistema de cumplimiento, y del canal de denuncias como mecanismo institucional.

Una organización, que filtra de forma rigurosa, pero justa, las denuncias que recibe, proyectan un mensaje de seriedad, de confianza y de profesionalismo.

Por el contrario, una evaluación superficial, burocrática, o sesgada puede socavar la voluntad de los empleados de reportar comportamientos indebidos, generar sensación de impunidad, o, incluso fomentar el uso oportunista del canal.

Así, el análisis de verosimilitud, no solo es una función técnica, sino un gesto simbólico, que revela el compromiso institucional con la ética y la transparencia.

Por último, debe subrayarse que la verosimilitud, al no ser una categoría binaria sino gradual, requiere de una lectura matizada.

Existen denuncias, que pueden presentar una verosimilitud débil pero que, debido a la gravedad de los hechos implicados, justifican una verificación preliminar para descartar riesgos.

En estos casos, el principio de precaución -especialmente cuando hay posibles vulneraciones de derechos fundamentales, delitos, o riesgos para la salud y la seguridad- recomienda realizar al menos, una diligencia mínima antes de descartar el caso.

La verosimilitud, por tanto, no es una barrera rígida, sino una herramienta para ordenar los esfuerzos de investigación, priorizar los casos más urgentes, y, utilizar los recursos disponibles de forma proporcional al riesgo.

La noción de relevancia, en el contexto del análisis preliminar de una denuncia formulada a través del canal interno de reporte de irregularidades, representa un criterio clave para la toma de decisiones organizacionales racionales, prudentes, y eficientes.

Esta categoría analítica permite a los responsables del sistema de cumplimiento valorar, más allá de la credibilidad o verosimilitud del relato, cuál es el grado de significancia, urgencia, y gravedad, que revisten los hechos denunciados si estos fueran ciertos.

La relevancia, por tanto, no se refiere a si los hechos pueden haber ocurrido -función propia del análisis de verosimilitud-, sino a qué consecuencias, implicaciones, o riesgos se derivan de ellos para los intereses protegidos de la organización, y para el conjunto de sus grupos de interés.

Esta diferenciación conceptual es fundamental para comprender, que un hecho plausible puede no ser necesariamente relevante, y que, al mismo tiempo, un hecho cuyo grado de verosimilitud sea limitado, puede adquirir relevancia operativa o institucional por la naturaleza de lo que pone en juego.

El análisis de relevancia se basa en una lectura funcional y estratégica del contenido de la denuncia, que implica adoptar una perspectiva preventiva y prospectiva.

En otras palabras, obliga a anticipar, incluso antes de haber verificado la materialidad de los hechos, cuál podría ser su impacto potencial, tanto si se comprueba su veracidad, como si se opta por no investigar y los hechos luego resultan ciertos.

Este ejercicio exige una visión interdisciplinaria y holística del riesgo: jurídica, para identificar infracciones normativas y consecuencias legales; ética, para ponderar el grado de desviación frente a los valores institucionales; organizativa, para evaluar la afectación a procesos, personas y estructuras; y reputacional, para estimar la posible pérdida de legitimidad frente a los stakeholders internos y externos.

La relevancia, por tanto, no puede ser evaluada en términos absolutos ni estancos: requiere un análisis contextual, ponderado y evolutivo, que considere múltiples dimensiones del riesgo organizacional.

Consecuentemente con todo ello, en primer lugar, debe analizarse la naturaleza jurídica de los hechos denunciados.

Esto implica determinar si, de ser ciertos, podrían constituir ilícitos penales (por ejemplo, delitos contra el patrimonio, contra la administración pública, delitos informáticos o de violencia), infracciones administrativas (como vulneraciones en materia de protección de datos, cumplimiento tributario, seguridad laboral, regulaciones sectoriales) o incumplimientos contractuales o laborales.

La gravedad del ilícito o de la infracción debe evaluarse no solo en términos del tipo legal aplicable, sino también del deber de diligencia exigible a la organización, y de las consecuencias, que podrían derivarse de una omisión de actuación.

En muchos casos, la normativa impone a las empresas obligaciones positivas de prevención, detección, y corrección de conductas, lo que convierte a la denuncia en un detonante formal de esa obligación.

La relevancia jurídica aumenta cuando la empresa podría incurrir en responsabilidad penal corporativa, en sanciones administrativas graves, en la pérdida de licencias, o la exclusión de contrataciones públicas, lo que da al hecho denunciado un carácter estructural, y de alta prioridad.

Una segunda dimensión de la relevancia, es el impacto sobre derechos fundamentales, o los intereses personales de las personas afectadas.

Cuando la denuncia involucra situaciones de acoso, hostigamiento, discriminación, abuso de autoridad, amenazas, represalias, o vulneraciones de la dignidad de los trabajadores o terceros, el hecho adquiere una dimensión ética y jurídica ineludible.

La afectación a la integridad psíquica, física, sexual, profesional o económica de una persona, especialmente en contextos de asimetría de poder, o de vulnerabilidad estructural, eleva significativamente la relevancia del caso, aun cuando los hechos en sí mismos no parezcan inicialmente complejos.

Las empresas están obligadas a garantizar entornos laborales seguros, inclusivos, libres de violencia, y respetuosos de la legalidad.

El canal de denuncias se configura, en este sentido, como una vía esencial para dar voz a quienes sufren conductas inapropiadas, y la evaluación de la relevancia debe priorizar la protección de estas personas, mediante medidas preventivas, cautelares, y reparadoras, que sean proporcionales a la situación relatada.

Otra dimensión, que incrementa la relevancia de una denuncia, es la afectación potencial a la estructura de gobernanza, y al sistema de integridad institucional.

Esto ocurre cuando los hechos denunciados implican a miembros de la alta dirección, a los gerentes, a los responsables de áreas sensibles. o a personas con capacidad de decisión significativa.

En tales casos, además del hecho puntual, está en juego la confianza en el sistema interno de cumplimiento, en el prestigio del liderazgo, en la moral del personal, y en la credibilidad de la organización frente a terceros.

Las denuncias, que involucran a figuras de poder, o que afectan mecanismos de control, de auditoría, o de contratación, pueden revelar fallos sistémicos más amplios, como culturas organizativas permisivas, entornos de impunidad o deficiencias en los circuitos de accountability.

La evaluación de esta relevancia debe, entonces, abrir la puerta a revisiones estructurales, a la identificación de causas organizacionales y no solo individuales, y al fortalecimiento de los mecanismos de prevención y supervisión.

Desde una perspectiva operativa, la relevancia también debe evaluarse según el impacto, que los hechos denunciados puedan tener sobre los procesos estratégicos de la organización, su actividad económica, sus relaciones comerciales, su viabilidad financiera, o su sostenibilidad a largo plazo.

Por ejemplo, las denuncias, que apuntan a malas prácticas en las cadenas de suministro, a incumplimientos contractuales reiterados, a la falsificación de registros financieros, o a negligencias en la seguridad de productos o servicios, tienen el potencial de desencadenar sanciones económicas, litigios judiciales, y la rescisión de contratos, o pérdidas comerciales cuantificables.

La relevancia, en estos casos, se transforma en una alerta crítica, que requiere una gestión de riesgos inmediata, y la activación de planes de contingencia o medidas de control reforzado.

A nivel reputacional y comunicacional, una denuncia puede alcanzar una alta relevancia, si tiene el potencial de trascender el ámbito interno, y con ello, generar daños de imagen, crisis públicas o escándalos mediáticos.

Esto es especialmente sensible en organizaciones con alta visibilidad pública, en sectores altamente regulados, o en actividades que involucran poblaciones vulnerables, o temas socialmente sensibles (como derechos humanos, medioambiente, derechos laborales o datos personales).

En estos contextos, el riesgo de inacción, o de respuesta inadecuada ante una denuncia relevante puede desembocar en una crisis institucional, que afecte la credibilidad global de la entidad, el valor de su marca, la estabilidad de sus alianzas estratégicas, y la percepción de sus consumidores, usuarios o ciudadanos.

La gestión adecuada de la relevancia se convierte aquí, en una forma de anticipación reputacional, y de blindaje institucional frente a situaciones de alta sensibilidad social o política.

Desde una óptica metodológica, la relevancia debe ser tratada dentro de un marco formalizado, estandarizado, y auditado.

La existencia de un procedimiento interno, que contemple la evaluación objetiva y documentada del alcance e impacto de los hechos denunciados, es indispensable para asegurar la igualdad de trato, la no discriminación, y la transparencia en la gestión de los casos.

Los formularios relativos a los análisis de admisibilidad deben incluir secciones específicas sobre la dimensión de la relevancia de la denuncia, con indicadores precisos, y escalas de evaluación, que permitan a los responsables justificar su decisión de iniciar, escalar, o archivar una denuncia.

Las decisiones deben quedar debidamente motivadas, especialmente, en los casos en que se decida no avanzar en una investigación formal a pesar de la sensibilidad del asunto.

Esta trazabilidad es fundamental, no solo para la mejora continua del sistema, sino también para la protección legal, y reputacional de la organización.

Finalmente, debe considerarse, que la relevancia es una categoría dinámica, que puede cambiar a medida que se recaba nueva información, se amplía el contexto, o se identifican elementos no previstos en la denuncia original.

Una evaluación inicial, que considera baja la relevancia puede convertirse en un asunto de alta prioridad, si, por ejemplo, se suman nuevas denuncias, se descubren patrones de conducta, se involucran nuevos actores, o se identifican conexiones con riesgos mayores.

Por ello, los sistemas de Compliance deben diseñarse con flexibilidad suficiente para reabrir casos, ajustar estrategias, y modificar el enfoque investigativo en función de la evolución de los hechos.

La relevancia, entonces, no es solo un criterio de activación, sino una brújula continua, que orienta la toma de decisiones éticas, legales y organizacionales durante todo el ciclo de vida de una denuncia.

*Capítulo 13*

# *El contraste de la información en las denuncias de Compliance*

El contraste de la información proporcionada en una denuncia interna con fuentes internas existentes en la organización, constituye una actividad central dentro de los procesos de verificación, admisión, y eventual investigación de las comunicaciones recibidas a través del canal de denuncias.

Este proceso representa una garantía, tanto para la persona denunciante, como para los sujetos afectados o señalados, ya que opera como mecanismo de validación objetiva, permitiendo verificar, si el contenido del relato denunciado puede ser respaldado, matizado, enriquecido, o eventualmente refutado mediante evidencias independientes, institucionalizadas, y documentadas.

A diferencia de la verosimilitud -que examina la lógica interna del relato-, el contraste incorpora un enfoque empírico, orientado a cruzar lo afirmado con hechos verificables, registros institucionales, y observaciones de fuentes alternativas, cuya existencia y validez no dependen del contenido subjetivo de la denuncia.

Este contraste comienza con una lectura sistemática del relato recibido, mediante la cual se identifican los hechos clave denunciados, los actores involucrados, las fechas, los lugares, los documentos citados, las prácticas relatadas, o los procedimientos afectados.

Esta extracción de nodos de análisis permite descomponer el relato en unidades contrastables, y, al mismo tiempo, facilitar su vinculación con las fuentes internas disponibles.

Por ejemplo, si una denuncia señala la existencia de pagos injustificados, la primera acción será la revisión de los registros contables y financieros de las operaciones referidas, así como las órdenes de compra, los flujos de aprobación, las facturas, y los informes de conciliación, o de auditoría interna vinculados.

Si la denuncia se refiere a comportamientos inapropiados dentro de un departamento, se pueden contrastar con informes de clima laboral, registros de ausencias, cambios de personal, comunicaciones internas, o reportes disciplinarios anteriores.

Esta estrategia permite transitar de un relato subjetivo hacia una red de evidencias objetivas, que pueden confirmarlo, contextualizarlo, o descartarlo.

En este proceso, uno de los principales recursos a utilizar, es el sistema de auditoría interna, tanto en sus componentes históricos (auditorías realizadas), como en sus procedimientos en curso, o informes aún no concluidos.

Las auditorías previas constituyen una fuente rica de datos objetivos, de anomalías documentadas, de debilidades de control, e incluso, de recomendaciones no implementadas, que pueden coincidir con los puntos señalados en la denuncia.

Muchas veces, una denuncia, que inicialmente parece desconectada del entorno organizativo, cobra sentido cuando se la superpone con hallazgos de auditoría, que habían sido archivados o minimizados.

De hecho, en algunos casos, la coincidencia entre una denuncia y una observación de auditoría, fortalece la hipótesis de que el riesgo material denunciado está efectivamente latente o en activo en la estructura.

A su vez, las áreas de auditoría pueden ser aliadas estratégicas en el contraste, ya que sus herramientas, metodologías de revisión, y acceso a información transversal las convierten en agentes privilegiados de verificación objetiva, con independencia funcional respecto a las áreas operativas señaladas.

Otra fuente relevante en el contraste de información, son los sistemas de gestión documental, y de trazabilidad operativa.

Las organizaciones modernas cuentan con plataformas informáticas, que almacenan datos históricos de operaciones, procesos logísticos, flujos financieros, accesos a sistemas, cambios en bases de datos, autorizaciones, formularios, indicadores, y comunicaciones electrónicas.

A través del análisis de estas fuentes, es posible determinar, por ejemplo, si una persona se encontraba efectivamente en el lugar y hora referidos, si hubo movimientos financieros asociados a una actividad sospechosa, si se modificaron ciertos datos en momentos críticos, o si existió intervención de actores claves en procesos que no debían participar.

Esta información no solo puede confirmar o descartar el relato, sino que también puede revelar irregularidades, que el denunciante no ha identificado, pero que surgen por extrapolación o inferencia lógica al revisar el conjunto de elementos disponibles.

El contraste también puede incluir fuentes de registro más cualitativas, como son: las actas de reuniones, los memorandos internos, los reportes de desempeño, las comunicaciones institucionales, o las encuestas de percepción.

Estos documentos, aunque no siempre diseñados para la investigación, contienen frecuentemente indicios sobre la evolución de un conflicto, el deterioro de un entorno, la percepción de favoritismos, el impacto de una medida, o el conocimiento previo de una práctica irregular.

Incorporarlos al análisis de contraste requiere una lectura crítica, que identifique conexiones indirectas entre el contenido de la denuncia y señales organizativas no explícitas.

En esta línea, las fuentes internas deben ser comprendidas en su contexto de producción, validación, y acceso, cuidando, que su uso no se convierta en una forma encubierta de vigilancia o violación de la privacidad, especialmente, cuando se gestionan datos personales, historiales sensibles, o comunicaciones protegidas.

Las entrevistas confidenciales, como herramienta clave dentro del contraste, cumplen un rol fundamental para ampliar la información, capturar elementos que no se encuentran documentados, y comprender la cultura o clima organizacional, que rodea al hecho denunciado.

Las entrevistas deben ser realizadas por personas capacitadas, con garantías de confidencialidad, de respeto y de seguridad jurídica, tanto para el entrevistado, como para los potenciales afectados por su testimonio.

Estas entrevistas no deben considerarse declaraciones probatorias, sino elementos contextuales, que pueden confirmar tendencias, proporcionar nuevas pistas, o señalar incoherencias.

Son especialmente valiosas en los casos de violencia laboral, de discriminación, de represalias, o de ambientes tóxicos, donde los registros escritos son escasos, y la experiencia de las personas constituye la principal fuente de información.

El valor de estas entrevistas aumenta cuando se recogen de forma convergente testimonios independientes, con relatos similares, desde diferentes perspectivas, lo que refuerza la validez de los datos obtenidos.

Metodológicamente, el proceso de contraste debe ser formalizado dentro de un protocolo investigativo, con criterios de búsqueda, selección, y validación de las fuentes utilizadas.

Cada documento, testimonio o registro, que se incorpore debe ser analizado bajo principios de pertinencia, confiabilidad, legalidad, trazabilidad, y respeto a los derechos de las personas.

La información obtenida debe ser organizada en matrices de hechos, cuadros de evidencia, y líneas de tiempo, que permitan reconstruir la secuencia de los hechos relatados, y determinar su nivel de apoyo empírico.

Esta organización técnica de la información, es esencial para tomar decisiones posteriores de admisión, archivo, apertura de investigación formal, implementación de medidas preventivas, comunicación a otras áreas, o denuncia ante autoridades externas.

La calidad del contraste se traduce directamente en la solidez de la resolución, que la organización adopte, así como en su defensa posterior ante auditorías, tribunales, medios, o entes reguladores.

No menos importante es el marco ético y legal, que regula el uso de las fuentes internas en el contraste.

La organización debe asegurarse de que el acceso a la información no vulnere los principios de privacidad, de proporcionalidad, de necesidad, y de confidencialidad, especialmente, cuando se procesan datos personales, sensibles, o protegidos legalmente.

Los investigadores no deben acceder a correos personales, conversaciones privadas, o sistemas ajenos, sin la existencia de una autorización expresa, y sin base legal.

Todo el procedimiento debe ser documentado con rigurosidad, respetando la cadena de custodia de la información, y garantizando, en todo caso, su integridad.

Las acciones tomadas deben estar respaldadas en las políticas internas de Compliance, en el reglamento del canal de denuncias, y en los compromisos asumidos ante las normativas locales o internacionales de protección de datos, y derechos fundamentales.

El contraste, cuando es realizado con profesionalismo, sentido estratégico, respeto institucional, y una metodología clara, se convierte no solo en una etapa investigativa, sino en una forma eficaz de construir confianza dentro de la organización.

Confianza para quien denuncia, porque sabe que su relato será evaluado con seriedad y rigor; confianza para quienes son mencionados, porque cuentan con garantías de imparcialidad y derecho de defensa; confianza para la organización, porque puede detectar debilidades o riesgos que hubieran permanecido ocultos; y confianza para la sociedad, porque se observa un cumplimiento real de los principios de legalidad, ética, y buen gobierno.

En este sentido, el contraste de fuentes internas no es un ejercicio técnico aislado, sino una práctica central de la gobernanza moderna, al servicio de la integridad corporativa, la prevención de riesgos, y la promoción de culturas organizacionales sostenibles, responsables, y transparentes.

La consideración de denuncias anónimas dentro del sistema de gestión de denuncias de una organización plantea un ejercicio especialmente delicado, que requiere una combinación de rigor metodológico, de sensibilidad institucional, y de respeto a los principios fundamentales del debido proceso, de la confidencialidad y de la proporcionalidad.

El anonimato en una denuncia, lejos de ser una anomalía, o una desviación del procedimiento ideal, representa una forma legítima de canalización de la información, reconocida por los estándares internacionales de gobernanza, de integridad y de cumplimiento normativo.

El hecho de que el autor del reporte opte por no identificarse, ya sea por temor, inseguridad, experiencia previa, o cultura organizacional adversa, no debe ser interpretado como una debilidad sustantiva de la denuncia, sino como una característica formal de la misma, que condiciona -pero no invalida- su análisis, investigación, o gestión.

En el marco de un canal de denuncias moderno, el tratamiento de comunicaciones anónimas debe realizarse conforme a las mismas fases, requisitos, y criterios aplicables a las denuncias nominativas, comenzando por su admisión formal, el análisis preliminar de verosimilitud, y de la relevancia, la evaluación de riesgo, la verificación mediante fuentes internas, y, si corresponde, la activación de una investigación formal.

Esta igualdad metodológica garantiza no solo la coherencia operativa del sistema de cumplimiento, sino también el principio de no discriminación por motivo de identidad, lo que permite construir una cultura en la que cualquier señal de alerta, sin importar su procedencia directa, sea valorada como un elemento válido para la prevención de riesgos, la detección de irregularidades, o la mejora organizativa.

El anonimato no exime, por supuesto, de la necesidad de evaluar rigurosamente el contenido del relato.

Esta evaluación comienza con un examen técnico del texto de la denuncia, prestando especial atención a la estructura del relato, la claridad expositiva, la lógica de los hechos narrados, la secuencia cronológica, el grado de precisión, la mención de fechas, nombres, ubicaciones, o acciones específicas, y la relación funcional entre los actores involucrados.

Este análisis de verosimilitud no se ve limitado por la falta de identificación del denunciante; al contrario, se enfoca enteramente en el contenido objetivo del relato, su coherencia interna, y su posibilidad de ser contrastado con información preexistente o verificable.

La clave en esta fase, es distinguir entre denuncias anónimas estructuradas, que contienen elementos observables o plausibles, y las denuncias genéricas, vagas, o basadas en juicios subjetivos sin base empírica, que pueden carecer de utilidad a los efectos de la investigación, que sea real.

Superada la fase de verosimilitud, corresponde evaluar la relevancia del hecho denunciado, es decir, el potencial impacto, que tendría su veracidad sobre el marco jurídico, ético, o estratégico de la organización.

Esta evaluación considera la existencia de múltiples factores, entre los que se encuentran: el posible quebranto normativo, el tipo de derecho afectado, la magnitud del daño potencial, el riesgo reputacional, la responsabilidad penal o administrativa de los implicados, la exposición pública del caso, la reincidencia de los hechos, la función o jerarquía de las personas involucradas, y la sensibilidad social o estratégica del área comprometida.

En este sentido, incluso si la denuncia anónima contiene datos limitados, su contenido puede activar investigaciones si, por ejemplo, refiere a temas sensibles como pueden ser: la violencia laboral, la discriminación, la corrupción, el tráfico de influencias, la alteración de registros financieros, los fraudes contractuales, los daños al medio ambiente, o, la vulneración de derechos humanos, situaciones todas en las que el silencio institucional podría tener consecuencias graves.

En la práctica, uno de los mayores desafíos del tratamiento de denuncias anónimas radica en la imposibilidad de contactar directamente con el denunciante para solicitar aclaraciones, ampliar la información, obtener evidencias adicionales, o, validar las fuentes.

Sin embargo, muchas plataformas tecnológicas de canal de denuncias -especialmente las basadas en software de última generación, y en el cumplimiento con normas como la ISO 37002 sobre gestión de denuncias- permiten el uso de sistemas de comunicación anónima bidireccional.

Estos sistemas ofrecen al denunciante un código único y seguro con el que puede ingresar nuevamente al sistema para responder preguntas, o aportar documentos, sin comprometer con ello su identidad.

Esta funcionalidad representa una evolución muy importante en el tratamiento de denuncias anónimas, ya que permite complementar, depurar, y validar parcialmente el contenido inicial del reporte, mediante un diálogo institucional controlado y ético.

Cuando este tipo de comunicación adicional no es posible, la organización debe activar otras estrategias de verificación, que le permitan avanzar en la corroboración del relato sin depender exclusivamente de la fuente original.

Aquí cobra protagonismo el contraste con otras fuentes internas.

Esta fase involucra la revisión sistemática de documentación institucional (v.gr. los registros contables, los movimientos financieros, los archivos de RRHH, los históricos de auditoría, los accesos electrónicos, las hojas de ruta, las actas de reuniones, las evaluaciones de desempeño, o los reportes de incidentes, entre otros recursos), el análisis de bases de datos operativas (ERP, CRM, SCM), la consulta de expedientes previos (v.gr. disciplinarios, litigiosos o regulatorios), y, especialmente, la realización de entrevistas confidenciales a personas, que puedan aportar información directa o indirecta sobre los hechos denunciados.

Estas entrevistas, al estar protegidas por los principios de confidencialidad y protección frente a represalias, permiten reconstruir contextos, identificar patrones de conducta, validar datos, ampliar la red de actores, o detectar otros casos similares, que puedan estar relacionados con lo denunciado.

Cuando ocurre que múltiples testimonios convergen, aunque sin haber sido guiados por el contenido específico del reporte anónimo, se fortalece la credibilidad de la hipótesis investigativa.

Además, estas fuentes secundarias pueden revelar elementos, que el denunciante desconocía, lo que aporta una dimensión objetiva e independiente al análisis, fortaleciendo su valor como elemento institucional para la toma de decisiones.

Es importante destacar, que el proceso de evaluación y verificación de denuncias anónimas debe seguir una trazabilidad documental estricta.

Esto implica registrar la recepción de la denuncia, los criterios aplicados para su análisis preliminar, las fuentes de contraste utilizadas, los hallazgos obtenidos, las conclusiones alcanzadas, y las medidas adoptadas (ya sea el archivo razonado, la apertura de una investigación formal, la adopción de medidas preventivas, o la remisión a otras instancias).

La transparencia interna en este proceso es indispensable, para evitar decisiones arbitrarias, defender la integridad del sistema de denuncias frente a auditorías o requerimientos judiciales, y asegurar la protección de todas las personas involucradas.

En el plano normativo, la gestión adecuada de las denuncias anónimas está respaldada por diversos marcos jurídicos internacionales y regionales.

La Directiva (UE) 2019/1937 establece expresamente, que los Estados miembros deben permitir la recepción y tramitación de denuncias anónimas, si así lo desean, y deben evaluar su contenido con la misma seriedad, que las denuncias identificadas.

Del mismo modo, los Principios de Buenas Prácticas sobre Canales de Denuncias de la OCDE, así como las recomendaciones del Banco Mundial, del Pacto Mundial de Naciones Unidas, de la ISO 37002 y de Transparency International, coinciden en que el anonimato no debe ser un obstáculo para el análisis diligente de una denuncia, siempre que existan elementos verificables, y una metodología clara de actuación.

Las legislaciones nacionales, cada vez se encuentran más alineadas con estos principios, reconocen además el deber de confidencialidad, la obligación de investigar, y la responsabilidad de evitar represalias contra personas, que, aun bajo anonimato, contribuyen a la integridad institucional.

Finalmente, desde una perspectiva ética y organizacional, la existencia de denuncias anónimas, que contienen información relevante debe interpretarse como un síntoma de alerta institucional.

Estas denuncias pueden ser indicativas de una falta de confianza en los canales jerárquicos, de una percepción de ineficacia en los mecanismos formales, de una cultura de miedo o de represalias, o de una débil protección del denunciante en el pasado.

Por tanto, cada denuncia anónima no solo debe ser gestionada técnicamente, sino también leída como oportunidad para revisar la salud ética de la organización, mejorar la accesibilidad del canal, reforzar la formación en integridad, y construir un ambiente de apertura, transparencia, y protección, que estimule la denuncia responsable como un acto de compromiso colectivo.

*Capítulo 14*

# *El necesario equilibrio entre confidencialidad y derechos de los investigados*

Las investigaciones internas representan una herramienta clave dentro de los programas de Compliance de las organizaciones modernas.

Estas investigaciones, que pueden iniciarse por denuncias internas, auditorías regulares o incluso indicaciones externas de organismos supervisores, permiten a las empresas identificar y corregir posibles irregularidades antes de que se conviertan en responsabilidades jurídicas o crisis reputacionales.

No obstante, la consolidación de estos mecanismos ha suscitado un debate significativo respecto al modo en que se llevan a cabo, especialmente en lo que se refiere al tratamiento que reciben los empleados investigados.

En particular, la gestión de la confidencialidad durante el proceso investigativo ha sido objeto de atención creciente, ya que de ella depende tanto la protección del procedimiento como la garantía de imparcialidad.

Uno de los desafíos éticos y jurídicos más delicados en la gestión de denuncias es equilibrar la confidencialidad de la fuente con la protección de los derechos de las personas señaladas.

Este equilibrio requiere procedimientos claramente definidos que permitan a los responsables del canal filtrar adecuadamente las denuncias infundadas, garantizar la presunción de inocencia, evitar daños reputacionales prematuros y actuar con proporcionalidad.

Al mismo tiempo, se ha advertido que la falta de transparencia o la restricción injustificada de los derechos del investigado puede desembocar en violaciones de principios fundamentales del derecho del trabajo, del derecho a la defensa o del debido proceso.

En este contexto, el presente artículo se propone analizar la necesidad de equilibrar de forma razonable y proporcionada la confidencialidad de la investigación con el respeto a los derechos fundamentales del sujeto investigado.

La confidencialidad es un requisito indispensable para garantizar la eficacia, objetividad y legitimidad de las investigaciones internas.

Desde un punto de vista técnico, el mantenimiento del secreto permite proteger la integridad de las pruebas, impedir interferencias indebidas y evitar la contaminación del testimonio de los testigos.

A nivel institucional, protege a los denunciantes contra posibles represalias, resguarda a los investigados de juicios mediáticos prematuros y permite a la empresa adoptar medidas preventivas sin comprometer su posición ante terceros.

En numerosos códigos de buenas prácticas y estándares internacionales -como la ISO 37301 o las Directrices de la OCDE sobre Empresas Multinacionales-, se destaca la necesidad de limitar la divulgación de información exclusivamente a quienes tienen una participación necesaria en la investigación, o en el caso español, a través de la Ley 2/2023, de 20 de febrero.

Esta confidencialidad operativa se traduce también en la utilización de herramientas digitales seguras, protocolos de acceso restringido a la documentación y limitaciones estrictas en las comunicaciones internas sobre el asunto.

Frente a la necesidad de mantener la confidencialidad, debe reconocerse que el investigado no pierde su estatus de titular de derechos fundamentales.

Aun cuando no se trate de un procedimiento judicial, las consecuencias que pueden derivarse de una investigación interna -tales como despidos, sanciones disciplinarias o perjuicios reputacionales- obligan a las empresas a respetar ciertos estándares de justicia procedimental.

El derecho a conocer los hechos que se le atribuyen, a ser oído, a presentar descargos y a contar con asistencia letrada cuando sea necesario son derechos que derivan de principios constitucionales y normativas laborales vigentes en la mayoría de los ordenamientos jurídicos occidentales.

Asimismo, el tratamiento de datos personales en el contexto de la investigación debe sujetarse a los principios de legalidad, necesidad y proporcionalidad, como exige el Reglamento General de Protección de Datos (RGPD) en Europa.

La jurisprudencia del Tribunal Europeo de Derechos Humanos ha reiterado que la vigilancia del correo electrónico o el acceso a datos del empleado solo es legítima si existe una expectativa razonable de privacidad, el control es proporcionado al objetivo perseguido y el trabajador ha sido informado adecuadamente de las políticas de la empresa.

La dificultad práctica se presenta en el momento de conciliar ambas exigencias. Informar al investigado desde las primeras fases del proceso puede poner en riesgo la obtención de pruebas o dar lugar a obstrucciones, pero demorar indefinidamente dicha información podría vulnerar su derecho a la defensa y a la presunción de inocencia.

Esta tensión exige una gestión sofisticada, que evite tanto el exceso de celo represivo como la laxitud procesal.

Los expertos recomiendan, en este sentido, adoptar criterios objetivos y documentados para determinar cuándo levantar la confidencialidad hacia el investigado y permitirle ejercer su defensa.

La aplicación de protocolos predeterminados, la evaluación por parte de un órgano imparcial, y la formación continua del personal de Compliance en derechos humanos y normativas laborales son herramientas esenciales para minimizar arbitrariedades y preservar la legitimidad del proceso.

Más allá del cumplimiento estricto de la ley, el respeto a los derechos del investigado es una cuestión ética. La función del Compliance no se agota en evitar sanciones, sino que aspira a construir culturas organizativas basadas en la integridad, la transparencia y la responsabilidad.

Un programa de cumplimiento que vulnera derechos fundamentales pierde autoridad moral y se convierte en un mecanismo de control más que en una herramienta de mejora institucional.

Por el contrario, cuando las investigaciones internas son conducidas con imparcialidad, respeto y profesionalismo, generan confianza en los canales internos, fortalecen la gobernanza corporativa y consolidan la cultura del cumplimiento.

En el caso de las denuncias anónimas deben ser tratadas con la misma seriedad y reserva que las identificadas, pero también deben ser objeto de un doble filtro, ya que no basta con que sean anónimas para archivarlas ni para iniciar una acción disciplinaria sin verificación.

La investigación debe centrarse en los hechos, no en la identidad del denunciante, y debe basarse en evidencia obtenida legalmente, con métodos objetivos y siguiendo criterios que puedan ser auditados por instancias internas o externas.

El canal de denuncias, cuando está bien estructurado, funciona como un puente de comunicación entre la ética individual y la acción institucional.

Su eficacia depende de su capacidad de escuchar sin miedo, actuar sin sesgo y proteger sin arbitrariedad.

En ese contexto, dos derechos conviven y a veces entran en tensión, como la confidencialidad del denunciante, que es necesaria para proteger la fuente y garantizar la fluidez del canal, y el respeto pleno por los derechos de la persona investigada, que constituye un elemento clave para evitar abusos de poder, decisiones injustas o daños reputacionales irreparables.

No se trata de elegir uno u otro, sino de armonizarlos.

La buena práctica institucional no consiste en defender a ciegas al denunciante ni en proteger corporativamente al investigado, sino en diseñar un proceso justo, garantista y técnicamente solvente que respete los principios fundamentales de ambos lados.

Este equilibrio es también una manifestación de la madurez ética de la organización, ya que revela su compromiso con la equidad, su capacidad de contención emocional y su vocación de imparcialidad.

En este orden de cosas, debe tenerse presente que los principales instrumentos jurídicos internacionales convergen en dos exigencias que deben cumplirse simultáneamente:

a) Proteger a quienes, de buena fe, informan sobre posibles irregularidades, mediante canales seguros, confidenciales y libres de represalias.

b) Garantizar que ninguna persona sea estigmatizada, sancionada, ni privada de derechos sin un procedimiento adecuado, transparente y respetuoso del debido proceso.

Entre los marcos jurídicos más relevantes se encuentran la Directiva (UE) 2019/1937 sobre protección del informante: exige confidencialidad rigurosa, pero también respeto por los derechos de defensa del implicado y obligación de informar a todas las partes interesadas "de manera adecuada y oportuna"; los Principios de la OCDE para la integridad pública, donde se establece, que los sistemas de denuncia deben garantizar equidad procesal y estándares de investigación proporcionales; los Estándares del Consejo de Europa sobre whistleblowing, subrayan, que la confidencialidad debe aplicarse a todos los participantes del proceso, no solo al denunciante, y la Constitución Española, y sus leyes de desarrollo, donde se protegen los derechos a la defensa, a la intimidad personal y a la presunción de inocencia como derechos fundamentales.

Tradicionalmente se ha entendido que la confidencialidad se aplica solo a la persona que emite la denuncia, especialmente si lo hace de forma anónima o bajo protección.

Sin embargo, una comprensión más avanzada del concepto exige aplicar esta protección también a: (i) los testigos que participen de buena fe; (ii) las personas citadas incidentalmente en la denuncia -v.gr., colegas o supervisores mencionados de forma tangencial-; (iii) la persona investigada, al menos mientras no haya una resolución fundada.

La confidencialidad del investigado implica evitar su exposición innecesaria, tanto ante la plantilla como ante terceros externos, durante las etapas preliminares o incluso en fases avanzadas del proceso.

Este deber de confidencialidad no se limita al equipo de cumplimiento: se extiende a toda la organización, incluyendo recursos humanos, legal, mandos intermedios y consultores externos.

Uno de los puntos más delicados del equilibrio procesal es determinar cuándo debe ser informada la persona denunciada y qué información debe recibir.

Aquí entran en juego dos principios contrapuestos: (i) el derecho a ser informado de manera suficiente y en tiempo oportuno; (ii) La necesidad de proteger la integridad del proceso, evitando filtraciones, destrucción de pruebas o intimidación de testigos.

Este conflicto debe resolverse mediante criterios operativos previamente definidos. Algunas buenas prácticas incluyen elementos, como los que se citan seguidamente:

a) La notificación al investigado solo después de haber asegurado las fuentes primarias (documentos, testimonios clave, registros electrónicos).

b) El uso de un lenguaje neutral en la notificación, que no implique culpabilidad ni prejuzgamiento (*"se ha iniciado una verificación interna en relación con..."*).

c) La entrega parcial de la información en la primera etapa, con ampliaciones sucesivas a medida que avance la investigación.

d) El reconocimiento explícito del derecho del investigado a presentar sus pruebas, aportar documentos y ser asesorado por una persona de su confianza.

e) El riesgo del estigma institucional, donde se ven afectados tanto la reputación, como la memoria organizacional

Uno de los mayores riesgos cuando no se garantiza el equilibrio es que el proceso interno de denuncia se convierta en una fuente de estigmatización institucional.

Aunque no haya sanción formal, el solo hecho de haber sido denunciado puede generar sospechas internas, tales como comentarios, aislamiento, ruptura de relaciones laborales; o la pérdida de oportunidades profesionales, por ejemplo la exclusión de proyectos, los bloqueos en la carrera, etc.; o la erosión del prestigio externo, por ejemplo si se filtra a clientes, aliados, prensa u otros medios de comunicación; o, el daño psicológico que se puede llegar a producir, y que se manifiesta en síntomas como la ansiedad, el desgaste, la pérdida de motivación, entre otros aspectos.

Por ello, el respeto por la confidencialidad del investigado incluye medidas preventivas como pueden ser la limitación de la información circulante, la formación al equipo de investigación en lenguaje no valorativo, el seguimiento posterior al cierre del caso para prevenir represalias inversas o exclusión, la existencia de protocolos para rehabilitar públicamente la imagen del investigado en caso de archivo o cierre sin sanción, la integridad del proceso y confianza institucional, que constituyen elementos determinantes en aras del mantenimiento de la sostenibilidad

El canal de denuncias no solo es un mecanismo de control, sino que el mismo debe ser considerado también como un termómetro del clima ético y un espejo de la cultura institucional.

Si el proceso se percibe como sesgado, opaco o arbitrario, los efectos son múltiples, ya que se puede producir la desestimación de denuncias legítimas por temor a que se usen para ajustes de cuentas; la desconfianza del personal, por la existencia de la percepción de impunidad selectiva o favoritismo; la disminución del compromiso, lo que conlleva la producción de situaciones de desmotivación, de cinismo, de desvinculación emocional; o un incremento de riesgo reputacional externo, con la consiguiente pérdida de la credibilidad que se produce ante reguladores, los socios y/o los clientes.

En cambio, cuando se garantiza el equilibrio entre confidencialidad y derechos del investigado, el canal se convierte en una vía legítima de expresión ética, una herramienta de autocorrección y una fuente de legitimidad institucional.

Las organizaciones deben redactar una política específica que establezca cómo se protegerá simultáneamente al denunciante y al investigado.

Esta política debe incluir aspectos tales como el fundamento legal y ético de los principios que se aplican, la descripción detallada del flujo del proceso y las etapas de información; los derechos de cada parte en cada momento del procedimiento, los plazos orientativos para cada fase, el protocolo de protección de la imagen y de la información confidencial; los mecanismos de impugnación o revisión en caso de que alguna parte considere vulnerado su derecho; los mecanismos de reparación en caso de daño reputacional indebido; o los responsables institucionales del cumplimiento de estas garantías.

Asimismo, es necesario reconocer que la finalidad de todo canal de denuncia no debe ser exclusivamente la sanción, sino también la prevención, la reparación y el aprendizaje colectivo.

Desde esta visión más avanzada, el equilibrio entre confidencialidad y derechos del investigado no es una simple exigencia procesal, sino una expresión de una cultura de respeto, escucha activa y responsabilidad compartida.

Una organización, que asume esta visión, es capaz de escuchar sin juzgar; investigar con rigor, pero con empatía; protege a los vulnerables, pero no permite el abuso del sistema; actuar con firmeza, pero también con humanidad; asumir errores, corregir sesgos, y aprender de cada caso.

Esa es la verdadera medida de un canal ético maduro y sostenible.

*Capítulo 15*

# *La gestión de la denuncia anónima como prueba de la coherencia ética*

## I. INTRODUCCIÓN: ÉTICA INSTITUCIONAL Y PRAXIS ANTE LO INESPERADO

La denuncia anónima no solo es un desafío técnico o procedimental, sino una interpelación directa a la integridad del sistema institucional. Es el momento en que la ética se libera de su papel decorativo para ser puesta a prueba en su versión más pura: actuar con justicia y responsabilidad sin ver al rostro que interpela. Esta situación desnuda la autenticidad de los valores proclamados. Una organización solo demuestra su coherencia ética cuando se comporta con rectitud, incluso cuando nadie le exige que lo haga, incluso cuando no sabe quién la observa, incluso cuando el mensajero es anónimo.

Toda organización que se declara ética debe estar preparada para actuar con integridad precisamente cuando no es sencillo hacerlo. Es en los momentos de incertidumbre, de incomodidad o de ambigüedad donde se pone verdaderamente a prueba su coherencia ética. En este sentido, la gestión de una denuncia anónima representa uno de los escenarios más exigentes para evaluar si la ética institucional es solo una formulación retórica o una práctica viva.

Una denuncia anónima desestructura los modelos clásicos de comunicación jerárquica. El mensaje proviene de un sujeto sin rostro, sin nombre, sin identidad institucional trazable. Alguien que, sin exponerse directamente, interpela al sistema desde la sombra, señalando una posible irregularidad, abuso o injusticia. La organización, entonces, debe decidir: ¿actuar con base en el contenido o desestimar por la forma? ¿Escuchar lo que se dice o exigir saber quién lo dice? Esa decisión no es solo técnica: es profundamente ética. Es ahí donde se revela el verdadero rostro institucional.

## II. LA DENUNCIA ANÓNIMA COMO SÍNTOMA Y OPORTUNIDAD

Las denuncias anónimas son, en muchos casos, síntomas de fallos estructurales en la cultura de integridad institucional. No surgen espontáneamente en ambientes de escucha activa y confianza plena. Son la expresión de un déficit en los canales formales, de un miedo arraigado o de una cultura del silencio institucionalizada. Sin embargo, lejos de ser interpretadas como una amenaza, deben ser asumidas como una oportunidad valiosa para:

- Escuchar voces marginadas o reprimidas dentro de la estructura organizacional.
- Detectar problemas ocultos o situaciones naturalizadas que no emergerían de otra forma.
- Activar mecanismos correctivos antes de que el conflicto escale.

Mejorar procesos, reformular liderazgos o revisar estructuras que permiten comportamientos irregulares.

Desde esta perspectiva, la coherencia ética no implica solo investigar el hecho denunciado, sino también preguntarse por qué la denuncia tuvo que ser anónima. ¿Qué miedos, qué carencias de confianza, qué estilos de liderazgo han hecho que la única forma de hablar sea desde el anonimato?

## III. DIMENSIONES DE LA COHERENCIA ÉTICA ANTE LA DENUNCIA ANÓNIMA

1. Coherencia entre los valores declarados y las prácticas reales

Una organización que declara "tolerancia cero ante la corrupción" o "compromiso con la igualdad" pero que desestima denuncias anónimas sin analizarlas demuestra una desconexión grave entre sus principios y sus decisiones. La coherencia ética se prueba cuando se actúa según los valores, incluso si el camino es más difícil.

2. Coherencia entre protección del denunciante y efectividad del canal

Si una organización garantiza protección pero castiga moralmente a quien denuncia sin identificarse, no hay coherencia. El anonimato es, en muchas ocasiones, la única forma que tiene el denunciante de protegerse. Deslegitimarlo es imponer condiciones que muchas veces son imposibles de cumplir sin exponerse a represalias, aislamiento o represalias informales.

3. Coherencia entre imparcialidad y apertura a la verdad

La ética exige imparcialidad: analizar los hechos, no la persona que los denuncia. Una organización ética debe poder investigar con el mismo rigor tanto una denuncia anónima como una firmada. Esto requiere protocolos claros, herramientas de análisis y una disposición institucional a escuchar lo que se dice, más allá de quién lo diga.

4. Coherencia entre discurso de integridad y coraje institucional

Aceptar una denuncia anónima, investigarla y actuar, aun cuando involucra a figuras de poder o prácticas arraigadas, exige coraje institucional. La coherencia ética no es neutralidad, es capacidad de actuar con justicia incluso cuando se desafían estructuras de poder o se afectan intereses instalados.

## IV. ELEMENTOS OPERATIVOS QUE FORTALECEN LA COHERENCIA ÉTICA

1. Protocolos adaptados a denuncias anónimas

Un sistema coherente prevé formalmente la recepción y gestión de denuncias anónimas. No las trata como casos "débiles" o "difíciles", sino como parte legítima del sistema. Esto implica:

- Admisibilidad sin identificación.
- Procedimientos para verificar verosimilitud y relevancia.
- Herramientas para recabar pruebas sin depender de la identidad del denunciante.
- Posibilidad de interacción posterior a través de buzones digitales anónimos.

2. Formación ética del personal de Compliance

La coherencia no se alcanza sin formación. El equipo encargado de gestionar denuncias debe estar capacitado para:

- Entender el valor ético del anonimato como recurso de protección.
- Evitar juicios prematuros.
- Tratar al denunciante con respeto y contención, incluso si no se identifica.
- Comprender los sesgos implícitos que pueden aparecer al evaluar denuncias sin autor.

3. Supervisión de las decisiones tomadas

Una organización ética permite que sus decisiones en materia de denuncias sean revisadas, auditadas o cuestionadas si es necesario. La coherencia se expresa también en la humildad institucional: la posibilidad de rectificar, corregir o pedir disculpas si una denuncia fue mal gestionada.

## V. OBSTÁCULOS A LA COHERENCIA ÉTICA INSTITUCIONAL

1. Cultura jerárquica cerrada

Cuando la autoridad no puede ser cuestionada, cualquier denuncia, y más aún una anónima, se ve como una amenaza o una traición. La organización reacciona defensivamente, minimiza los hechos y protege a los mandos superiores por lealtad mal entendida.

2. Sesgo reputacional

El miedo a dañar la imagen pública o interna de la organización lleva a desechar denuncias que, si se investigaran, exigirían reconocer errores, asumir responsabilidades o modificar estructuras.

3. Falta de autonomía del área de cumplimiento

Sin independencia real, el área encargada de investigar puede verse presionada para no avanzar en ciertas denuncias, especialmente si el denunciante es anónimo y no puede defender su relato públicamente.

4. Prejuicio cultural contra el anonimato

Muchas veces, se asocia el anonimato con cobardía, mala intención o falsedad. Este prejuicio debilita la recepción institucional del mensaje y erosiona la posibilidad de que se convierta en aprendizaje organizacional.

## VI. LA COHERENCIA ÉTICA COMO GENERADORA DE CONFIANZA INSTITUCIONAL

Cuando una organización actúa éticamente frente a una denuncia anónima, incluso si no logra comprobar los hechos, genera confianza. Los empleados comprenden que:

- La organización escucha sin mirar cargos, jerarquías ni nombres.
- El canal de denuncias es una herramienta real, no decorativa.
- Hablar -aunque sea desde el anonimato- tiene sentido.
- Los valores institucionales no son papel mojado, sino criterios operativos.

Esa confianza, una vez instaurada, se transforma en capital reputacional, en motivación interna y en prevención de riesgos mayores.

## VII. DENUNCIA ANÓNIMA Y TRANSFORMACIÓN INSTITUCIONAL

Toda denuncia anónima -si se investiga y se gestiona con ética- puede convertirse en punto de partida para:

- Cambios estructurales en procesos que favorecen irregularidades.
- Reformulación de liderazgos que ejercen el poder sin responsabilidad.
- Correcciones de políticas que no se aplican o que encubren desigualdades.
- Construcción de nuevos espacios de escucha, participación y cultura del cuidado.

Una organización que escucha lo que no se le dice directamente, que actúa ante lo que no le llega con nombre y apellido, que investiga lo que se le cuenta desde la sombra, es una organización que está creciendo éticamente.

## VIII. CONCLUSIÓN: LA ÉTICA PUESTA A PRUEBA

La denuncia anónima no es un problema a resolver, sino una oportunidad a interpretar. No es una piedra en el camino, sino un espejo que invita a mirarse sin adornos. La forma en que una organización la gestiona revela si la ética es su fundamento o solo su eslogan.

Actuar con coherencia ética frente a una denuncia anónima es tener el coraje de responder al conflicto con integridad. Es proteger a quien se arriesga a hablar, aunque no se muestre. Es investigar aunque no haya firma. Es reparar aunque no haya reclamo directo. Es cambiar lo que duele, aunque nadie lo haya dicho en voz alta.

Porque, en última instancia, las organizaciones no son lo que declaran, sino lo que hacen cuando nadie las mira.

## I. INTRODUCCIÓN: ÉTICA MÁS ALLÁ DE LA NORMA

La denuncia anónima no solo es un desafío técnico o procedimental, sino una interpelación directa a la integridad del sistema institucional. Es el momento en que la ética se libera de su papel decorativo para ser puesta a prueba en su versión más pura: actuar con justicia y responsabilidad sin ver al rostro que interpela. Esta situación desnuda la autenticidad de los valores proclamados. Una organización solo demuestra su coherencia ética cuando se comporta con rectitud, incluso cuando nadie le exige que lo haga, incluso cuando no sabe quién la observa, incluso cuando el mensajero es anónimo.

## II. LA LÓGICA ÉTICA DEL ANONIMATO: EL VALOR MORAL DE UNA VOZ SIN ROSTRO

Históricamente, el anonimato ha sido visto como una forma de evasión o cobardía. Sin embargo, en contextos de vulnerabilidad, poder asimétrico o culturas de silencio, el anonimato constituye una herramienta legítima y necesaria para ejercer un derecho moral: el derecho a alertar sobre el daño sin exponerse al propio. En este marco:

- La denuncia anónima es un acto de ética cívica, en el que alguien decide proteger la integridad colectiva, aún sin buscar reconocimiento personal.
- La organización, al recibir esta voz, no solo debe permitirla; debe acogerla con respeto y actuar sobre su contenido, demostrando que la verdad no requiere identidad para ser digna de atención.
- La respuesta institucional a una denuncia anónima revela si la organización privilegia el poder, la forma y el estatus, o si está realmente comprometida con la equidad y la justicia como valores fundamentales.

## III. LA DENUNCIA ANÓNIMA COMO ESPEJO CULTURAL

La presencia -o la ausencia- de denuncias anónimas no es neutral: constituye un termómetro del clima ético institucional. Un canal de denuncias sin actividad puede no ser una señal de salud moral, sino un síntoma de silencio impuesto o temor a represalias. Por eso, más que medir el volumen de denuncias, las organizaciones deben preguntarse:

- ¿Cuál es la calidad de la escucha institucional?
- ¿Cuántas personas confían en que serán protegidas si denuncian?
- ¿Se percibe que las denuncias tienen consecuencias o caen en el vacío?

- ¿Qué narrativas circulan sobre personas que han denunciado en el pasado?
- ¿Qué mecanismos existen para retroalimentar, desde el anonimato, el estado del proceso?

Responder con seriedad a una denuncia anónima -incluso en ausencia de pruebas inmediatas- tiene un profundo impacto cultural: demuestra que el sistema no actúa por temor a la exposición pública, sino por convicción interna.

## IV. PROFUNDIZACIÓN: ÉTICA PROCESAL EN EL TRATAMIENTO DE DENUNCIAS ANÓNIMAS

La ética organizacional no es solo una cuestión de fines (castigar lo malo, corregir lo desviado), sino de medios. Actuar éticamente implica cuidar el proceso, la dignidad de las personas, los tiempos, los modos y las consecuencias colaterales. En este sentido, la gestión ética de una denuncia anónima requiere:

1. Diligencia procesal
   - Aplicar criterios de admisibilidad claros y fundados.
   - Abrir una investigación preliminar siempre que la denuncia presente elementos mínimamente verosímiles o repetitivos.
   - No desestimar una denuncia solo porque sea anónima.
2. Imparcialidad genuina
   - Evitar que las simpatías o antipatías personales influyan en la evaluación de los hechos.
   - Inhibir a quienes tengan conflictos de interés, incluso indirectos.
   - No juzgar ni estigmatizar al denunciante anónimo, ni asumir que actúa por venganza o desinformación.
3. Proporcionalidad
   - No sobre reaccionar ante hechos aún no confirmados, ni tomar decisiones punitivas sin respaldo.
   - Aplicar medidas preventivas necesarias, pero siempre respetando la presunción de inocencia del implicado.

4. Transparencia institucional
   - Comunicar internamente (de manera anónima y protegida) que la denuncia ha sido recibida, que se está evaluando y que tendrá seguimiento.
   - Al cierre, informar (a través del mismo canal o medio) que se tomaron acciones o, si no hubo hallazgos, justificar las conclusiones sin deslegitimar la intención de quien alertó.

## V. DENUNCIA ANÓNIMA Y JUSTICIA ORGANIZACIONAL: CUANDO EL CANAL NO ES SUFICIENTE

Una organización coherente desde el punto de vista ético reconoce que el canal de denuncias es solo una de las herramientas para construir justicia interna. Si la cultura institucional sigue premiando el silencio, encubriendo abusos o minimizando daños, el canal se vuelve simbólico o cosmético.

Por eso, responder éticamente a una denuncia anónima implica también:

- Fortalecer la cultura del habla ética: promover que las personas puedan decir lo que ven sin temor, incluso si lo hacen sin firma.
- Generar espacios de participación reales, donde se validen otras formas de expresión (encuestas, asambleas, conversaciones protegidas).
- Reformar procesos de toma de decisiones para incorporar las voces más silenciosas o periféricas.
- Investigar por qué se usó el anonimato: ¿es la única forma en que el sistema permite hablar?

La coherencia ética no se expresa solo en un caso puntual, sino en la capacidad de reflexionar institucionalmente sobre las causas que lo hacen necesario.

## VI. CASOS ILUSTRATIVOS Y LECCIONES APRENDIDAS

### A. Caso 1: La denuncia que llevó a un cambio de liderazgo

Una denuncia anónima alertó sobre conductas de acoso verbal reiterado por parte de un gerente de área. Aunque al principio fue desestimada por "falta de firma", una segunda denuncia con detalles similares impulsó una investigación interna que comprobó el comportamiento denunciado. El gerente fue desvinculado y se revisaron los criterios de evaluación del liderazgo. Lección: una organización coherente escucha incluso cuando no conoce al denunciante, y actúa cuando la evidencia lo justifica, aunque ello implique remover figuras de alto nivel.

### B. Caso 2: La denuncia ignorada que llegó a los medios

Una empresa multinacional recibió una denuncia anónima sobre discriminación salarial sistemática hacia mujeres. El área de cumplimiento, influida por directivos, desestimó el caso por "falta de pruebas". Meses después, la denuncia se filtró a la prensa, generando una crisis reputacional. Lección: la falta de reacción ante una denuncia anónima no solo daña a quienes están dentro, sino también la credibilidad externa. La ética no es solo un deber interno, sino un activo estratégico.

### C. Caso 3: La denuncia anónima como motor de cambio cultural

En una universidad, varias denuncias anónimas reiteradas sobre actitudes discriminatorias en ciertas aulas derivaron en una revisión institucional completa: se modificaron los reglamentos, se incorporaron talleres de diversidad y se implementó un protocolo específico para denuncias de docentes. Lección: cuando la denuncia anónima es escuchada, puede convertirse en motor de transformación estructural, no solo correctiva.

## VII. COHERENCIA ÉTICA Y SOSTENIBILIDAD ORGANIZACIONAL

En el largo plazo, la coherencia ética frente a las denuncias anónimas genera beneficios tangibles e intangibles:

- Mejora la percepción de justicia interna (factor clave para la retención de talento).
- Disminuye el riesgo de escándalos, litigios y pérdida de legitimidad.
- Incrementa la confianza en el liderazgo y el sistema de cumplimiento.
- Refuerza la cultura organizacional en torno al valor del coraje moral.
- Transforma el canal de denuncias en un verdadero sistema de alerta temprana.

Una organización que actúa éticamente frente a lo invisible se vuelve visible para sus miembros como espacio de justicia y sentido.

## VIII. CONCLUSIÓN: LO INVISIBLE ES LO QUE MÁS REVELA

La denuncia anónima es una voz sin firma, pero no sin verdad. Es un mensaje que interroga al sistema desde la sombra, desde el margen, desde el lugar en el que muchas veces se encuentran quienes más necesitan ser escuchados.

La forma en que una organización responde a esa voz revela su núcleo ético.

Gestionar éticamente una denuncia anónima no significa creer ciegamente, ni actuar compulsivamente, ni condenar sin pruebas.

Significa, ante todo:

- Escuchar con respeto.
- Investigar con honestidad.
- Actuar con prudencia y decisión.
- Comunicar con responsabilidad.
- Aprender con humildad.
- Transformar con coraje.

Porque la ética organizacional no se mide en declaraciones. Se mide en lo que una institución hace cuando alguien, sin nombre ni poder, se atreve a decir: “esto no está bien”.

## VIII. CONCLUSIÓN: LO INVISIBLE ES LO QUE MÁS REVELA

La denuncia anónima es una voz sin firma, pero no sin verdad. Es un mensaje que interroga al sistema desde la sombra, desde el margen, desde el lugar en el que muchas veces se encuentran quienes más necesitan ser escuchados. La forma en que una organización responde a esa voz revela su núcleo ético.

Gestionar éticamente una denuncia anónima no significa creer ciegamente, ni actuar compulsivamente, ni condenar sin pruebas. Significa, ante todo:

- Escuchar con respeto.

- Investigar con honestidad.
- Actuar con prudencia y decisión.
- Comunicar con responsabilidad.
- Aprender con humildad.
- Transformar con coraje.

Porque la ética organizacional no se mide en declaraciones. Se mide en lo que una institución hace cuando alguien, sin nombre ni poder, se atreve a decir: "esto no está bien".

*Capítulo 16*

# *La integración del canal de denuncias en el modelo de Compliance y GRC*

La integración del canal de denuncias en el sistema de Compliance y en el modelo GRC no debe entenderse como un acto meramente formal o como un cumplimiento normativo aislado, sino como un proceso estratégico, transversal y estructural.

La integración del canal de denuncias en el modelo de Compliance y GRC, constituye una pieza estructural en la arquitectura de control de cualquier organización moderna comprometida con la ética, la legalidad, y la sostenibilidad institucional.

El canal de denuncias no debe entenderse como un elemento aislado, accesorio, o meramente formal, sino como un componente funcional y estratégico del ecosistema de gobernanza, de gestión de riesgos, y de cumplimiento normativo.

El canal de denuncias, cuando es correctamente diseñado e implementado, se convierte en una herramienta fundamental para la consolidación de una cultura organizacional basada en la ética, la transparencia, y la responsabilidad.

En los modelos de Gobierno Corporativo, Gestión de Riesgos y Cumplimiento (GRC), el canal cumple funciones esenciales en cada uno de estos pilares.

Por un lado, fortalece la rendición de cuentas y la supervisión desde los órganos de gobierno; por otro, alimenta con datos reales los sistemas de detección y gestión de riesgos; y además, constituye una manifestación práctica del compromiso con el cumplimiento legal, reglamentario y autorregulado.

En el marco del gobierno corporativo, el canal de denuncias debe ser reconocido como una herramienta crítica para la supervisión ética, el control interno y la defensa de los valores institucionales.

Su integración implica su vinculación formal con el consejo de administración, el comité de auditoría, el comité de ética y el órgano de cumplimiento.

Estos órganos deben recibir reportes periódicos, tener capacidad de supervisión y participar, cuando proceda, en la evaluación estratégica de la gestión del canal.

El canal también debe estar incorporado en el marco de políticas de gobernanza, incluidos los estatutos sociales, el reglamento interno del consejo, las directrices sobre transparencia y los mecanismos de reporting.

Una integración efectiva demanda que el canal no se limita a una función operativa en manos de un departamento aislado, sino que se institucionalice como parte del entramado de control corporativo, con recursos propios, autonomía técnica y acceso directo a los niveles superiores de decisión.

Su articulación con el modelo general de Compliance implica no solo su incorporación a las políticas, a los procedimientos, y a las estructuras del sistema, sino también su alineación con los principios rectores del gobierno corporativo, su interdependencia con los mecanismos de identificación, evaluación, y tratamiento de los riesgos, y su utilidad como fuente de información para la mejora continua del desempeño institucional.

En el contexto del gobierno corporativo, el canal de denuncias constituye una herramienta al servicio de la transparencia, la rendición de cuentas, y la vigilancia ética.

Cuando está bien diseñado e integrado, el canal permite a los órganos de gobierno -como el consejo de administración, el comité de auditoría o el órgano de cumplimiento- contar con un sistema temprano de alerta sobre desviaciones, incumplimientos, conflictos, fraudes, o disfunciones organizativas, que pueden comprometer la sostenibilidad del proyecto institucional.

El canal, en este marco, opera como un instrumento de control interno ascendente, permitiendo, que la información fluya desde los niveles operativos hacia los órganos de gobierno de forma confidencial, segura, y sistematizada.

Esta función sólo es posible, cuando el canal ha sido diseñado como parte de un modelo de gobernanza coherente, con responsabilidades claramente asignadas, reglas de supervisión, protocolos de reporte, y mecanismos para evitar represalias y manipulaciones.

Desde la perspectiva de la gestión de riesgos, el canal de denuncias debe integrarse como un componente activo del ciclo de identificación, de evaluación, de control, y de monitoreo de riesgos.

Cada denuncia recibida, procesada, y validada constituye una fuente de información cualitativa sobre riesgos existentes, emergentes, o no detectados previamente por los mecanismos tradicionales.

Las denuncias permiten identificar riesgos operativos, legales, financieros, conductuales, tecnológicos, o reputacionales, que pueden no haber sido registrados en los mapas de riesgo, o que requieren una revisión de su impacto y probabilidad.

Por ello, la función de cumplimiento debe articular el canal de denuncias con las herramientas de gestión de riesgos, de modo que las alertas recibidas se integren en los sistemas de reporte de incidentes, los tableros de control de riesgos, y los procesos de actualización de matrices de riesgos.

A través de esta integración, el canal no sólo sirve para resolver casos individuales, sino que contribuye a la inteligencia organizacional en materia de prevención, anticipación, y resiliencia.

En el plano del cumplimiento normativo, el canal de denuncias es un mecanismo de implementación concreta de políticas, de códigos, y de compromisos regulatorios.

Permite asegurar el cumplimiento efectivo de normativas anticorrupción, laborales, de salud, y de seguridad, de protección de datos, de competencia, de igualdad de trato, de normativa medioambiental, entre otras muchas.

La existencia y funcionamiento del canal son requisitos explícitos en numerosas regulaciones y estándares internacionales, como la Directiva (UE) 2019/1937 sobre protección del informante, la Ley Sapin II en Francia, el Decreto Legislativo 231 en Italia, la Ley SOX en Estados Unidos, la Ley 2/2023 en España o los estándares de la ISO 37301 y la ISO 37002.

Además, organismos como la OCDE, la ONU, la OIT, o la Comisión Europea recomiendan expresamente la implementación de canales de denuncia como parte del cumplimiento responsable.

Integrar el canal al modelo de cumplimiento implica asegurar su alineación con los códigos de conducta, políticas internas, manuales de procedimiento, reglas disciplinarias y protocolos de protección de derechos.

Además, debe garantizarse la equidad procesal, la trazabilidad de las actuaciones, la proporcionalidad en la respuesta y la protección del denunciante.

La integración del canal en el modelo de cumplimiento implica asegurar, que sea conocido, accesible, confiable, confidencial, imparcial, seguro, y capaz de generar respuestas proporcionales, y trazables, a través de procedimientos claros, criterios objetivos, y recursos adecuados.

Desde el punto de vista operativo, la integración del canal de denuncias al modelo GRC, requiere su conexión con los sistemas tecnológicos, y de información de la organización.

Esto supone vincular el canal con el sistema de gestión documental, los sistemas ERP, los módulos de gestión de recursos humanos, los paneles de riesgo, los entornos de ciberseguridad, los registros de auditoría, las herramientas de workflow, y los indicadores clave de desempeño.

La tecnología debe facilitar la trazabilidad de las denuncias, la asignación de responsabilidades, la protección de datos personales, la generación de informes, la gestión del conocimiento, y también la automatización de tareas repetitivas.

La interoperabilidad entre el canal de denuncias y las plataformas del modelo GRC incrementa la eficiencia, reduce los errores, mejora los tiempos de respuesta y permite una visión global e integrada del ecosistema de cumplimiento, y de control interno.

En términos culturales y organizativos, la integración del canal al modelo GRC también requiere su inclusión en la estrategia de formación, de sensibilización, y de comunicación interna.

Para que el canal sea eficaz, debe ser entendido por las personas, como una vía legítima, respetada, y útil para expresar preocupaciones, reportar irregularidades, o colaborar con la mejora institucional.

Esto implica promover una cultura del habla libre, de no represalia, de ética del cuidado, de responsabilidad colectiva, y de reconocimiento de la denuncia, como una herramienta de empoderamiento organizacional.

La gestión del canal debe reflejar estos valores, con respuestas adecuadas, oportunas, justas, y orientadas no solo a sancionar, sino también a prevenir, reparar, transformar, y fortalecer.

Desde el punto de vista estratégico, la integración del canal de denuncias en el modelo GRC aporta valor en múltiples niveles.

Permite a la organización cumplir con sus obligaciones legales, prevenir la materialización de riesgos, reducir el impacto de eventos adversos, reforzar su cultura ética, generar confianza entre sus partes interesadas, proteger su reputación, y asegurar la sostenibilidad de su modelo de negocio.

Al formar parte de un sistema GRC bien diseñado, el canal se convierte en una herramienta para alinear la estrategia corporativa, con los principios de buen gobierno, resiliencia operativa, y legitimidad social.

No se trata simplemente de responder a denuncias, sino de construir, desde ellas, a la construcción de una organización más segura, más justa, más transparente, más responsable y adaptativa.

Desde la óptica de la gestión de riesgos, el canal de denuncias es una fuente primaria de detección de riesgos operacionales, legales, reputacionales, regulatorios, financieros, tecnológicos y éticos.

Las denuncias, especialmente cuando se gestionan de forma analítica y sistemática, pueden evidenciar patrones de conducta, puntos ciegos en los controles internos, debilidades estructurales, vulnerabilidades culturales o prácticas reiteradas de incumplimiento.

Integrar el canal en el sistema de riesgos implica que las áreas responsables de la gestión de riesgos corporativos (ERM, por sus siglas en inglés) accedan a la información depurada del canal, colaboren en la evaluación del impacto potencial de las denuncias y participen en la definición de respuestas correctivas o preventivas.

Asimismo, deben incorporarse indicadores derivados del canal -como número de denuncias por unidad de negocio, tipo de incidentes, grado de confirmación o reincidencia- dentro de los mapas de riesgo, paneles de control y reportes de seguimiento.

Una integración moderna y eficiente del canal de denuncias en el ecosistema GRC requiere su incorporación a los sistemas tecnológicos de gestión y a las plataformas digitales de monitoreo.

Esto implica que el canal esté operativamente vinculado al ERP institucional, al sistema de gestión de recursos humanos (HCM), a las herramientas de análisis de riesgos (GRC suite), a las bases de datos legales y regulatorias, y a los módulos de reporte financiero o sostenibilidad.

Las denuncias deben poder registrarse, procesarse y derivarse a través de flujos de trabajo digitalizados, con funciones de auditoría electrónica, protección de datos, análisis predictivo y acceso restringido según roles.

Además, el canal debe contar con interfaces amigables, accesibles en múltiples idiomas y dispositivos, compatibles con formatos inclusivos (lectura fácil, accesibilidad para personas con discapacidad) y capaces de permitir la comunicación bidireccional anónima.

La tecnología aplicada al canal permite no solo su gestión eficiente, sino también su análisis masivo mediante herramientas de inteligencia artificial o minería de texto, facilitando la identificación de tendencias, áreas críticas o prácticas reiteradas de riesgo.

La integración del canal de denuncias al modelo de GRC no puede completarse sin una adecuada inserción en la cultura organizativa, las políticas de comunicación interna y los programas de formación ética.

La utilidad del canal depende de que las personas sepan que existe, entiendan cómo usarlo, confíen en su confidencialidad y perciban su valor en la prevención de abusos o irregularidades.

La cultura del habla libre, del respeto mutuo y de la responsabilidad institucional debe promoverse activamente, mediante talleres, cápsulas formativas, campañas de comunicación, materiales visuales y testimonios reales (preservando la confidencialidad) que muestren la eficacia del canal.

La formación debe dirigirse no solo a empleados, sino también a mandos medios, directivos, proveedores, clientes y otros stakeholders, adaptándose a cada nivel y función.

Integrar el canal en la cultura significa desactivar el miedo a denunciar, erradicar la represalia, valorizar el coraje ético, y posicionar la denuncia responsable como un acto de contribución al bien común.

Utilización del canal como herramienta estratégica y de gobernanza.

En su nivel más avanzado, la integración del canal de denuncias en el modelo GRC transforma esta herramienta en un activo estratégico de gobernanza corporativa.

El canal se convierte así en un instrumento de escucha activa de la organización, una vía para identificar fricciones, disfunciones, tensiones éticas o fallos estructurales que no siempre aparecen en los informes financieros o en las métricas operativas.

Su análisis permite generar alertas preventivas, nutrir la toma de decisiones, corregir trayectorias, rediseñar procesos, modificar estructuras y alinear la conducta real con los valores declarados.

Además, el canal contribuye al cumplimiento de estándares ESG (ambientales, sociales y de gobernanza), aportando datos útiles sobre prácticas laborales, diversidad, equidad, gestión de conflictos, respeto por los derechos humanos y cultura corporativa.

En este sentido, el canal de denuncias no es solo un mecanismo para responder a infracciones, sino una fuente de legitimidad institucional, un puente entre estrategia y ética, y una plataforma para la mejora continua de la organización.

Integrar el canal de denuncias en el modelo de Compliance y GRC no es una tarea técnica limitada a una norma o un procedimiento, sino un proceso continuo, multidimensional y estratégico que requiere liderazgo, visión, recursos y compromiso.

Esta integración debe abarcar las estructuras de gobierno, los sistemas de riesgo, las plataformas tecnológicas, las políticas normativas, la cultura organizacional y la estrategia institucional.

Un canal verdaderamente integrado no sólo cumple con la ley, sino que permite prevenir conflictos, anticipar riesgos, mejorar decisiones, promover la equidad, construir confianza y reforzar la sostenibilidad ética de la organización.

Se trata de pasar del cumplimiento reactivo al cumplimiento proactivo, y del control punitivo al control participativo, basado en el aprendizaje, la inclusión, la transparencia y la mejora continua.

*Capítulo 17*

# *El valor estratégico de las denuncias anónimas en los sistemas de integridad*

Las denuncias anónimas representan una fuente esencial de información para la detección temprana de conductas irregulares o riesgos éticos que, de otro modo, podrían permanecer ocultos o no reportarse por temor a represalias.

Desde una visión estratégica de Compliance, este tipo de denuncias debe ser visto como una herramienta de vigilancia participativa, que habilita la intervención institucional antes de que los riesgos se materialicen o escalen.

Además, en organizaciones complejas -como grandes corporaciones, administraciones públicas, entornos multinacionales, o estructuras descentralizadas- la denuncia anónima se convierte en el único canal viable para que personas en posiciones vulnerables, puedan ejercer su responsabilidad ética sin exponerse a consecuencias personales, contractuales, o sociales.

La gestión madura de las denuncias anónimas demuestra un alto nivel de gobernanza ética, y DE una cultura de integridad institucional consolidada.

Las denuncias anónimas no deben interpretarse únicamente como un mecanismo de último recurso ante el temor a represalias, o como una válvula de escape ocasional frente a abusos estructurales.

En el marco de los sistemas modernos de cumplimiento e integridad, su función estratégica trasciende lo funcional, y se integra en la estructura misma de la gobernanza ética.

Una organización, que decide institucionalizar un canal de denuncias, que permite y gestiona de forma profesional el anonimato, demuestra una evolución en su modelo de control, pero también en su cultura de confianza, transparencia, y empoderamiento.

La posibilidad de presentar una denuncia de forma anónima constituye, antes que nada, una manifestación concreta del principio de acceso universal a la ética organizacional.

En cualquier sistema, las asimetrías de poder existen, y en muchos casos no son perceptibles a quienes ostentan posiciones privilegiadas.

En cambio, para quienes sufren microagresiones cotidianas, manipulación de procesos, discriminación, acoso o violencia institucional, la denuncia abierta no siempre es una opción viable.

El anonimato permite, en estos casos, equilibrar simbólicamente esa desigualdad, habilitando un espacio de expresión para quienes carecen de otras vías.

No se trata, por tanto, de un simple recurso técnico, sino de una política de justicia institucional, y de reconocimiento del riesgo ético.

Además, en las organizaciones de gran tamaño, distribuidas geográficamente, con una diversidad cultural, y múltiples niveles jerárquicos, las líneas directas de comunicación no siempre garantizan la detección oportuna de incidentes.

Las denuncias anónimas permiten acortar esas distancias, superar barreras culturales o lingüísticas, y actuar como puentes invisibles entre la base de la organización y sus órganos de control.

Desde esta perspectiva, las denuncias anónimas no solo informan hechos irregulares, sino que configuran flujos de información estratégica, que, bien gestionados, pueden alimentar procesos de mejora continua, revisión de procedimientos, adaptación de políticas internas, o rediseño de estructuras.

La naturaleza estratégica de estas denuncias también se manifiesta en su capacidad para anticipar riesgos, que todavía no se han materializado pero que ya son percibidos como potenciales por quienes se encuentran en contacto directo con los procesos.

A través de una denuncia anónima, se puede advertir, por ejemplo, la existencia de prácticas no documentadas pero toleradas, una cultura permisiva frente a ciertos incumplimientos, conflictos interpersonales no resueltos que afectan la operación, u omisiones reiteradas en el control de riesgos críticos.

Esta función anticipatoria convierte al canal de denuncias en un auténtico sensor organizacional, más preciso en ocasiones, que los propios mecanismos de control automatizados, auditorías internas, o revisiones externas.

Otro eje primordial es el que hace referencia a su valor reputacional.

En un entorno de exigencia social creciente, de transparencia pública, de fiscalización multilateral, y de escrutinio mediático, las organizaciones que cuentan con canales de denuncia anónimos eficaces proyectan una imagen de apertura, de madurez, y de responsabilidad.

Esta percepción positiva tiene efectos tangibles: mejora la confianza de los trabajadores, refuerza la legitimidad ante autoridades regulatorias, facilita la obtención de certificaciones (como ISO 37002 o ISO 37301), reduce las sanciones potenciales en caso de incidentes, y fortalece las relaciones con inversores, clientes, ONG, sindicatos, y otros actores clave.

Incluso en procesos judiciales, demostrar la existencia de un canal efectivo de denuncias anónimas, y su utilización activa puede ser interpretado como una atenuante, o la prueba de diligencia debida, reduciendo la responsabilidad penal corporativa o administrativa.

A nivel interno, las denuncias anónimas también fortalecen la noción de participación democrática en la gestión ética.

Su existencia comunica a todos los miembros de la organización, que el cumplimiento no es una función vertical impuesta desde arriba, sino un ejercicio colectivo en el que todos pueden contribuir, incluso sin exponerse.

Esto empodera a las personas, refuerza la confianza institucional, y permite construir un sentido de comunidad moral compartida.

Además, las denuncias anónimas pueden servir para canalizar inquietudes que, si no encuentran espacio, podrían expresarse de formas destructivas, tales como: rumores, boicots, ausentismo, pasividad, filtraciones a medios, o incluso sabotaje dentro de la propia organización.

En este sentido, el canal actúa como un elemento de contención de tensiones, y no como fuente de conflicto.

Asimismo, desde una perspectiva cultural, la gestión eficaz de denuncias anónimas refuerza el aprendizaje organizacional.

Cada denuncia, incluso si no concluye en una sanción, representa una oportunidad para revisar prácticas, detectar errores, escuchar lo que no se dice abiertamente, y construir instituciones más justas.

Esta mirada restaurativa y proactiva transforma el canal en una herramienta de desarrollo, más allá de su dimensión correctiva.

Las organizaciones, que utilizan la información obtenida a través de denuncias anónimas para diseñar nuevas capacitaciones, revisar climas laborales, ajustar indicadores de desempeño, o fortalecer la comunicación interna, demuestran un alto nivel de madurez institucional, y un compromiso ético auténtico.

Además, el valor estratégico de estas denuncias no puede disociarse del marco normativo internacional, que avanza hacia la protección explícita del denunciante, la exigencia de canales confiables, y la profesionalización del proceso de gestión.

En la Unión Europea, por ejemplo, la Directiva 2019/1937 impone obligaciones directas a empresas y organismos públicos para habilitar canales seguros -que incluyan la opción del anonimato-, y para gestionar las denuncias con independencia, diligencia y trazabilidad.

En otros países, como Estados Unidos, Canadá, Japón, Reino Unido o Australia, existen marcos jurídicos robustos, que no solo legitiman las denuncias anónimas, sino que, en algunos casos, las premian o protegen activamente.

Esto implica, que las organizaciones que no contemplan adecuadamente estas herramientas, se colocan en situación de vulnerabilidad legal y reputacional, y se podrían enfrentar a sanciones, a pérdida de licencias, a exclusión de licitaciones, o a litigios por omisión de sus deberes de vigilancia.

Desde el punto de vista técnico-operativo, extraer el valor estratégico de las denuncias anónimas implica contar con un canal accesible, confiable, y adaptado a las características socioculturales de la organización.

Es decir, que permita denunciar en el idioma del usuario, que sea comprensible en su diseño, que funcione desde cualquier lugar y a cualquier hora, que no requiera conocimientos tecnológicos avanzados, y que esté acompañado de materiales de capacitación, que expliquen su uso y garantías.

También requiere una arquitectura institucional, que proteja la confidencialidad, evite filtraciones, limite el acceso a la información, y asegure el tratamiento de los datos conforme a los principios del RGPD, o la ley nacional correspondiente, en nuestro caso, la LOPDGDD.

En definitiva, el valor estratégico de las denuncias anónimas radica en su capacidad para actuar como un eje transversal entre el sistema de cumplimiento normativo, la gestión de riesgos, la cultura ética, la gobernanza corporativa, y la reputación institucional.

Su correcta implementación no solo previene el daño, sino que construye confianza, democratiza el control, fortalece la justicia interna, alimenta el aprendizaje organizacional, y proyecta una imagen de compromiso genuino con los valores que la organización declara.

Su ausencia, en cambio, puede interpretarse no como una omisión técnica, sino como una renuncia explícita a escuchar lo que se prefiere no saber.

Por ello, tratar a las denuncias anónimas con respeto, profesionalismo, y apertura no es solo una obligación legal, o un imperativo moral: constituye una inversión estratégica en la integridad sostenible de la organización.

Uno de los errores más comunes en la gestión de denuncias anónimas es tratarlas con escepticismo, o considerarlas menos fiables por el solo hecho de carecer de identificación del informante.

Esta postura, aparte de contradecir los principios modernos de protección del denunciante, puede llevar a subestimar señales de alarma legítimas.

El anonimato debe entenderse como un instrumento de protección, -especialmente, en entornos donde persisten desequilibrios de poder, culturas de silencio, o antecedentes de represalias-, y no como una falta de transparencia.

El hecho de que una denuncia sea anónima no impide su análisis riguroso ni la aplicación de metodologías de verificación estructurada.

De hecho, muchas investigaciones relevantes, tanto internas como penales, han sido iniciadas a partir de una denuncia anónima bien gestionada.

Lo esencial no es quién habla, sino qué dice, cómo lo dice y qué capacidad tiene la organización para validar el contenido a través de fuentes objetivas.

El anonimato en la denuncia de Compliance como garantía, no como obstáculo.

En los sistemas modernos de cumplimiento normativo y gobernanza ética, el anonimato en la denuncia no es un accidente tolerado ni una excepción residual.

Es, por el contrario, una de las garantías fundamentales para que el canal de denuncias cumpla con su misión preventiva, protectora y transformadora.

Lejos de constituir un obstáculo para la investigación o la resolución de incidentes, el anonimato funciona como una herramienta de empoderamiento para aquellas personas que, por su posición, entorno o experiencia, no podrían ejercer su deber ético de alertar sin exponerse a consecuencias adversas.

En este sentido, no es un privilegio del informante, sino una respuesta estructural al riesgo de represalias, la asimetría de poder y el temor a la inacción institucional.

Para entender cabalmente su valor como garantía, es necesario partir de un hecho observable en la mayoría de las organizaciones: la reticencia a denunciar comportamientos irregulares es una constante, incluso cuando existen canales formales disponibles.

Las razones que explican esta reticencia son múltiples y profundamente enraizadas: miedo a perder el empleo, temor al aislamiento social, desconfianza en la eficacia del sistema, las experiencias previas de represalias, la percepción de impunidad, la falta de liderazgo ético, la naturalización del abuso, o la cultura de silencio.

En este contexto, la posibilidad de presentar una denuncia anónima, no sólo permite canalizar alertas, que de otro modo permanecerían silenciadas, sino que tiene un efecto simbólico transformador: comunica que la organización está dispuesta a escuchar sin juzgar la identidad, que prioriza la verdad de los hechos por encima del estatus del emisor, y que protege a quienes, aun desde el anonimato, deciden actuar en defensa de la integridad colectiva.

Desde una perspectiva jurídica, el anonimato se encuentra respaldado por una multiplicidad de normas e instrumentos internacionales.

La ya mencionada Directiva (UE) 2019/1937, que regula la protección de las personas que informen sobre infracciones del Derecho de la Unión, establece expresamente que las organizaciones públicas y privadas deben permitir la recepción y tratamiento de denuncias anónimas, y que su valoración debe regirse por los mismos principios de confidencialidad, imparcialidad y diligencia que las denuncias nominativas.

Esta Directiva ha sido transpuesta a la legislación nacional de varios Estados miembros, como España, Francia, Alemania o Italia, donde las entidades con más de 50 trabajadores están obligadas a implementar canales internos que garanticen el anonimato efectivo.

Asimismo, estándares internacionales como la ISO 37002 (sistema de gestión de denuncias) y la ISO 37301 (sistema de gestión de Compliance) integran el principio de anonimato como un eje estructural del modelo ético organizativo.

En el plano de la teoría del Compliance, el anonimato representa una garantía procedimental, que permite reducir el sesgo y la subjetividad en la recepción y análisis de las denuncias.

Cuando el equipo de cumplimiento desconoce la identidad del denunciante, se ve obligado a valorar los hechos con base en su coherencia interna, la documentación disponible, los registros operativos y la evidencia objetiva, eliminando así posibles prejuicios personales, afinidades jerárquicas, o presiones contextuales.

En este sentido, el anonimato también protege la calidad técnica del procedimiento investigativo, fortalece la trazabilidad de las decisiones, y refuerza la imparcialidad del sistema, en tanto impide, que factores externos o relaciones de poder contaminen la evaluación de los hechos.

A nivel tecnológico, la garantía de anonimato exige la adopción de herramientas digitales especializadas, que impidan cualquier forma de rastreo de la identidad del usuario.

Esto implica el uso de plataformas encriptadas de extremo a extremo, protocolos de seguridad con certificados SSL, servidores independientes de los dominios corporativos, ausencia de registro de IP, y buzones virtuales protegidos, que permitan el diálogo bidireccional sin romper el anonimato.

Este último punto es clave: la posibilidad de mantener una conversación segura entre el denunciante y el órgano de cumplimiento, sin que se revele la identidad del primero, representa uno de los avances más relevantes en la profesionalización del canal.

Esta funcionalidad no sólo mejora la investigación (permitiendo obtener detalles adicionales, documentos, precisiones), sino que incrementa exponencialmente la confianza de los usuarios en el sistema.

La eficacia del anonimato como garantía depende, por tanto, no solo de la intención normativa, sino de su implementación técnica rigurosa.

Desde una perspectiva psicológica, la decisión de denunciar de forma anónima implica un proceso interno complejo y emocionalmente costoso.

La persona, que decide presentar una denuncia anónima suele haber atravesado un conflicto ético entre la lealtad institucional y el deber moral, entre la protección de su estabilidad, y la necesidad de actuar frente a una injusticia.

En muchos casos, el anonimato es el único punto de equilibrio, que permite resolver este dilema.

Por ello, tratar una denuncia anónima como menos válida, desestimar su contenido por carecer de firma, o dudar de su intencionalidad, implica una desvalorización del esfuerzo emocional, que la acción conlleva, y puede reforzar en el conjunto de la plantilla la percepción de que el canal no es un espacio seguro.

Por el contrario, cuando se acoge una denuncia anónima con el mismo rigor que cualquier otra, se construye una narrativa institucional, donde el valor de la ética se mide por la seriedad de su gestión, no por la formalidad de su origen.

Además, el anonimato permite activar una dimensión pedagógica en la cultura organizativa.

Su mera existencia como opción viable tiene efectos disuasorios sobre potenciales infractores, que perciben que los actos ilícitos pueden ser reportados en cualquier momento, y por cualquier persona, sin que exista un riesgo para quien observa.

Esta incertidumbre ética, -donde el comportamiento se vigila no sólo desde arriba, sino desde los márgenes- genera un nuevo equilibrio conductual, que refuerza la responsabilidad individual y colectiva.

El anonimato no sólo protege, también disciplina, en el mejor sentido del término: previene, persuade, y modela comportamientos sin necesidad de aplicar medidas punitivas.

Es también importante destacar, que en muchas culturas organizativas (v.gr. por razones históricas, sociales o estructurales), el acto de denunciar está asociado a una connotación negativa: traición, delación, deslealtad.

Estas creencias arraigadas -aunque muchas veces injustificadas- pueden inhibir gravemente la utilización del canal, incluso en organizaciones con protocolos bien diseñados.

En estos contextos, la opción del anonimato permite desarticular esa carga simbólica, desplazando el foco desde el emisor hacia el contenido.

Al permitir que la verdad circule sin rostro, el sistema logra sortear bloqueos culturales que, de otro modo, mantendrían silenciadas prácticas nocivas, estructuras de abuso, o violaciones sistemáticas a derechos fundamentales.

De ahí que el anonimato deba ser entendido no como una concesión, sino como una estrategia organizativa para garantizar la ética en entornos de alta complejidad.

Incluso desde una perspectiva de gestión de crisis, el anonimato puede jugar un rol decisivo.

Muchas crisis reputacionales, que estallan de forma inesperada, podrían haber sido prevenidas, si las alertas internas hubieran sido recibidas y atendidas en tiempo.

El anonimato, en estos casos, puede marcar la diferencia entre saber a tiempo, y no saber nunca.

Las organizaciones que han institucionalizado canales, que permiten el anonimato y los han vinculado a sistemas de respuesta rápida han demostrado una capacidad superior de resiliencia frente a eventos adversos, precisamente, porque cuentan con mecanismos internos de autorregulación, que les permiten actuar antes de que el conflicto se haga público o irreversible.

En definitiva, el anonimato no impide la acción institucional, sino que la habilita.

Lejos de ser un límite, es una condición de posibilidad.

El verdadero obstáculo no es no saber quién habla, sino negarse a escuchar.

Por eso, toda política de Compliance madura debe garantizar el anonimato, promoverlo como opción legítima, protegerlo en todos los niveles del proceso, y formar a su personal para valorarlo como lo que es: una expresión máxima de compromiso con la integridad.

*Capítulo 18*

# *Los MASC en las investigaciones de denuncias en el ámbito del Compliance*

En el marco del Compliance moderno, la gestión de los conflictos internos ha evolucionado significativamente, y uno de los elementos esenciales de esa transformación ha sido la incorporación de los Mecanismos Alternativos de Solución de Conflictos (MASC), como parte integral de los sistemas de cumplimiento normativo.

Tradicionalmente, las organizaciones abordaban las disputas internas a través de estructuras jerárquicas, procedimientos disciplinarios, o litigios formales.

Sin embargo, estos métodos, además de ser costosos y prolongados, en muchas ocasiones no resolvían de manera efectiva las tensiones interpersonales, el malestar en el ambiente de trabajo o las disputas derivadas de la interpretación de normas internas.

Es en este contexto donde los MASC han adquirido una relevancia creciente, especialmente como parte del funcionamiento y gestión del canal de denuncias y de las investigaciones internas que este puede desencadenar.

El canal de denuncias, conforme a lo establecido por normativas internacionales como la Directiva (UE) 2019/1937 de protección al denunciante (conocida como la Directiva Whistleblower), y la Ley 2/2023, de 20 de febrero, se configuran como un instrumento esencial para detectar comportamientos indebidos en una organización, tales como actos de corrupción, discriminación, acoso, fraude, violaciones éticas o incumplimientos normativos.

Sin embargo, es importante destacar, que no todas las situaciones reportadas a través de este canal revisten la misma gravedad, ni requieren una respuesta uniforme.

En muchos casos, las denuncias hacen referencia a conflictos interpersonales, malentendidos, problemas de comunicación, o prácticas de gestión controvertidas que, aunque no constituyan infracciones legales, sí afectan negativamente al clima laboral, y a la percepción de justicia dentro de la organización.

Es, precisamente, en estos casos donde los MASC ofrecen un enfoque complementario a las investigaciones internas.

La mediación, la conciliación, la facilitación y la negociación asistida se presentan como herramientas útiles para gestionar este tipo de situaciones de manera eficaz, confidencial, rápida, y con un menor coste emocional para las partes implicadas.

En estos, casos, lejos de sustituir el canal de denuncias, o de interferir con las obligaciones legales de investigar los hechos, cuando estos sean constitutivos de infracción, los MASC proporcionan una vía adicional para canalizar conflictos, restaurar relaciones deterioradas, y promover soluciones mutuamente satisfactorias, siempre que la naturaleza del conflicto lo permita.

La mediación, en particular, se ha posicionado como uno de los mecanismos más utilizados, y valorados en entornos corporativos.

Esta técnica consiste en la intervención de un tercero imparcial y neutral, que facilita el diálogo entre las partes implicadas en el conflicto, ayudándolas a identificar sus intereses reales, a comprender el punto de vista del otro, y a construir, de manera voluntaria, un acuerdo que permita restablecer la relación y prevenir la escalada del problema.

La mediación, además de fomentar el empoderamiento de las personas implicadas, promueve una cultura organizacional centrada en la responsabilidad personal, el respeto mutuo, y la resolución pacífica de los desacuerdos.

No obstante, para que los MASC funcionen adecuadamente en el marco del canal de denuncias y las investigaciones internas, es necesario establecer criterios claros sobre cuándo es procedente su uso.

En este sentido, la cuestión fundamental está en diferenciar entre aquellos hechos que, por su gravedad, naturaleza o impacto, requieren una investigación formal, y aquellos, que pueden encontrar una solución más apropiada a través del diálogo, y la restauración.

En este sentido, muchas organizaciones optan por realizar una evaluación preliminar de la denuncia -lo que en el ámbito del Compliance se conoce como triaje-, que permite determinar si se trata de un asunto que puede ser reconducido a través de mecanismos alternativos, sin que ello conlleve un menoscabo real y efectivo de los derechos de las partes, ni de los valores corporativos.

Otro aspecto fundamental en la implementación de los MASC, es la necesidad de garantizar la confidencialidad, la voluntariedad, y la neutralidad del proceso.

Las partes deben sentirse seguras de que participar en un mecanismo alternativo no implicará represalias, ni afectará negativamente a su posición en la organización.

De ahí, la importancia de contar con profesionales capacitados, ya sea internos o externos, que actúen como mediadores o facilitadores de los procesos, y con una política corporativa clara, que respalde estos mecanismos dentro del marco de integridad, y del cumplimiento de la empresa.

Desde una perspectiva estratégica, los MASC también aportan un valor considerable al sistema de cumplimiento normativo, al fomentar una gestión más eficiente de los recursos, al reducir el número de conflictos escalados a instancias disciplinarias, y/o judiciales, y contribuir con ello, a la mejora del ambiente laboral.

Una organización, que incorpore activamente estos mecanismos en sus canales de denuncia, demuestra su compromiso con una escucha activa, con el respeto a la pluralidad de perspectivas, y, también a la búsqueda de soluciones colaborativas.

Consecuentemente con ello, conviene destacar que la presencia de MASC en el ecosistema del Compliance no debe entenderse como un sustituto de la rendición de cuentas, ni tampoco con una investigación rigurosa, cuando así lo requieran los hechos.

Su función es más bien la de complementar, enriquecer y flexibilizar la respuesta organizacional frente a los conflictos, adaptándola a la complejidad, y a la diversidad de situaciones, que pueden surgir en la práctica diaria.

De este modo, el hecho de integrar los MASC en el diseño del canal de denuncias y en los procedimientos de investigación interna implica, en definitiva, adoptar una visión más humana, más preventiva, y también, más restaurativa del Compliance, en la que el foco de atención no solo está en castigar conductas indebidas, sino también en construir entornos laborales sanos, resilientes y coherentes con los principios de justicia, de ética, y de buen gobierno.

# III. Psicología, cultura y comportamiento organizacional

*Capítulo 19*

# *Psicología del informante y motivaciones del anonimato en las denuncias de Compliance*

Comprender por qué alguien elige el anonimato es clave para interpretar el relato y diseñar estrategias de contacto y análisis.

Las motivaciones pueden incluir: miedo a represalias laborales o legales; temor al aislamiento social o rechazo del grupo; desconfianza en la protección institucional; experiencias negativas pasadas; falta de canales adecuados; sensación de que el hecho no será tratado con seriedad; deseo de contribuir sin exponerse; y, en ocasiones, motivos emocionales o incluso estratégicos.

Estas razones no deslegitiman la denuncia; al contrario, evidencian la necesidad de contar con canales robustos, procesos garantistas, y entornos laborales éticos.

A nivel psicológico, la decisión de denunciar suele implicar un conflicto interno significativo, y hacerlo anónimamente puede ser el único equilibrio entre el deber ético y la auto preservación.

Por ello, el respeto y la empatía hacia el denunciante, incluso si no conocemos su identidad, debe estar presente a lo largo de todo el proceso investigativo.

En el contexto de los sistemas modernos de Compliance, centrados en la detección temprana de riesgos, el fortalecimiento del control interno y la promoción de una cultura ética, el rol del denunciante anónimo adquiere una relevancia estratégica, no sólo desde una perspectiva institucional o legal, sino desde un enfoque psicosocial.

La persona que decide emitir una denuncia -especialmente si lo hace bajo condición de anonimato- atraviesa un proceso psicológico complejo, moldeado por factores individuales, culturales, organizacionales y emocionales, que determinan no sólo su decisión de hablar, sino también la forma en que lo hace, cuándo lo hace, y por qué decide preservar su identidad.

El tratamiento ético, responsable y profesional de las denuncias anónimas requiere comprender a fondo estas dinámicas psicológicas, para garantizar no solo la eficacia del canal de denuncias, sino también la protección integral del denunciante, la confiabilidad del proceso, y la sostenibilidad del sistema de cumplimiento en su conjunto.

Lejos de ser un mero "input" del sistema, el informante anónimo es un sujeto activo, inmerso en un proceso interno de reflexión, de temor, de evaluación de riesgos, de análisis moral, y de la necesidad de acción que debe ser reconocido, respetado y comprendido.

El acto de denunciar -aún más, el de denunciar anónimamente- no es un evento neutro, ni tampoco exento de conflicto interno.

En realidad, se trata de una experiencia emocionalmente intensa y psicológicamente disruptiva, que pone en juego principios morales, temores personales, sentimientos de culpa, lealtades cruzadas, y una percepción de desequilibrio entre deber y riesgo.

Las teorías psicológicas del comportamiento prosocial coinciden en que las personas no denuncian únicamente porque conocen hechos irregulares, sino porque existe una combinación de factores cognitivos y afectivos, que las impulsa a actuar a pesar de las consecuencias.

A menudo, el denunciante se enfrenta a una profunda disonancia cognitiva entre lo que ve -una práctica contraria a los valores o normas institucionales- y lo que se espera que haga -guardar silencio, adaptarse, no interferir, proteger al grupo-.

Este conflicto se intensifica, cuando la conducta observada proviene de superiores jerárquicos, compañeros cercanos, o figuras carismáticas dentro de la organización

Romper el silencio en esos casos, implica un acto de ruptura con la cultura informal de la organización, y por tanto, una decisión que requiere no solo coraje moral, sino también una elevada tensión emocional.

Esta experiencia puede incluir sentimientos de angustia, insomnio, hipervigilancia, confusión, culpa anticipada, miedo al juicio ajeno, y, en algunos casos, un fuerte desgaste psicológico.

La persona puede pasar semanas, o incluso meses evaluando si denunciar o no, sopesando riesgos, redactando mentalmente lo que diría, buscando señales de que la organización es confiable, o recordando casos anteriores en los que la denuncia no tuvo consecuencias.

El anonimato, en ese contexto, aparece como una válvula de seguridad psicológica, que le permite actuar sin atravesar el umbral del miedo, y conservar su integridad moral sin comprometer su estabilidad laboral, emocional o relacional.

El anonimato en la denuncia de Compliance no responde únicamente a un miedo difuso, sino a una serie de factores psicológicos que, combinados con el contexto, estructuran la percepción del riesgo.

Estos factores pueden responder a criterios puramente personales, y, en tal caso, pueden clasificarse en las siguientes categorías:

a) Historial de exposición a conflictos.

Se corresponde con personas que han sido objeto de represalias en el pasado, o que han vivido de cerca experiencias de violencia organizacional, desarrollan un umbral de tolerancia al riesgo más bajo.

b) Nivel de autoestima y autoconfianza.

Se corresponde con aquellos que tienen menos seguridad en su propia legitimidad para denunciar, o temen no ser creídos, tienden a optar por el anonimato como estrategia de protección.

c) Nivel de asertividad o perfil comunicativo

Se trata de individuos, que por su estilo de comunicación o su personalidad (v.gr. introversión, reserva, timidez), prefieren no exponerse públicamente y optan por mecanismos menos confrontativos como el anonimato.

Del mismo modo, estos factores se pueden corresponder con elementos de naturaleza contextual, y, en tal caso, pueden clasificarse en las siguientes categorías:

a) Cultura organizacional.

Las organizaciones con climas autoritarios, rígidos, altamente jerárquicos o con antecedentes de tolerancia a malas prácticas tienden a generar más denuncias anónimas, porque los empleados no confían en que serán protegidos.

b) Presión de grupo o cultura de silencio.

En ambientes donde "no se delata", o donde existe una norma implícita de encubrimiento, la denuncia abierta puede ser vista como traición, por lo que el anonimato ofrece una salida sin traicionar esa expectativa grupal.

c) Ausencia de liderazgo ético visible.

Cuando los líderes no reaccionan ante conductas irregulares, o no fomentan espacios de escucha, los empleados asumen, que cualquier intento de denuncia abierta será desoído o castigado.

d) Estigmatización del denunciante.

En culturas donde se asocia al informante con términos negativos ("soplón", "delator", "traidor"), las personas se resguardan en el anonimato para proteger su reputación y evitar consecuencias sociales.

El proceso de toma de decisión para denunciar anónimamente suele estar precedido de una fase de deliberación moral intensa.

Las personas se preguntan: ¿soy yo quien debería decir esto?, ¿estoy exagerando?, ¿y si no me creen?, ¿y si descubren que fui yo?, ¿será justo lo que hago?, ¿me sentiré mejor después?

Estas preguntas revelan la complejidad emocional que atraviesa al informante.

El conflicto más frecuente es el de lealtades cruzadas: lealtad a la organización versus lealtad a la verdad, lealtad a los compañeros versus lealtad a los valores, lealtad a uno mismo versus lealtad al sistema.

En muchos casos, denunciar implica traicionar un pacto implícito de silencio, o romper una red de protección colectiva, que prioriza la estabilidad por sobre la transparencia.

El anonimato, al permitir, que la acción ética se realice sin necesidad de afrontar de inmediato las consecuencias de esa ruptura, ofrece una solución intermedia entre el silencio absoluto y la confrontación abierta.

De manera contraria a lo que podría pensarse, el hecho de haber denunciado anónimamente no siempre genera un alivio inmediato.

Muchas personas que han actuado éticamente desde el anonimato viven una fase posterior de ansiedad, marcada por la incertidumbre: ¿qué harán con mi denuncia?, ¿me descubrirán?, ¿la investigarán?, ¿habrá consecuencias?, ¿he hecho lo correcto?

Esta ansiedad puede prolongarse si no hay mecanismos de retroalimentación (por ejemplo, mensajes anónimos que informen que la denuncia fue recibida, valorada o que se han tomado medidas).

La falta de validación puede generar sentimientos de inutilidad, de culpa residual, o incluso de frustración moral.

Por ello, el diseño del canal de denuncias debe contemplar formas éticamente responsables de cerrar el ciclo de la comunicación, incluso en casos de anonimato, ofreciendo información general sobre los resultados, o del estado del proceso, sin vulnerar el secreto.

Un sistema de denuncias ético y eficaz debe incorporar la dimensión psicológica del informante anónimo.

Para ello, entre los especialistas en la materia existen una serie de recomendaciones, entre las que se encuentran las que se citan seguidamente:

a) Diseñar canales anónimos realmente seguros, que generen confianza en su capacidad de protección y confidencialidad.

b) Incluir en los materiales de divulgación del canal explicaciones claras sobre la protección del denunciante y sobre cómo se gestiona una denuncia anónima.

c) Capacitar a los gestores del canal en empatía, escucha activa, manejo de la incertidumbre y contención emocional, incluso a distancia.

d) Generar formas de retroalimentación anónima para que el denunciante sepa que su mensaje fue tomado en serio.

e) Incorporar en las evaluaciones internas preguntas sobre la percepción del canal, el clima de denuncia y los temores más frecuentes.

f) Crear una cultura del habla ética, donde el anonimato sea una opción legítima, pero no la única; es decir, que se trabaje paralelamente en reducir el miedo a la denuncia identificada, fortaleciendo liderazgos éticos, protecciones efectivas, y credibilidad del sistema.

Todo ello conduce a afirmar, que la psicología del denunciante anónimo no debe ser vista como un obstáculo o una complicación, sino como una clave para diseñar sistemas más humanos, eficaces y sostenibles.

Comprender qué siente, por qué actúa, como lo hace, y qué necesita, representa una parte esencial de cualquier estrategia de Compliance moderna.

La protección del informante comienza en el respeto por su experiencia subjetiva, en la acogida ética de su voz, y en el compromiso institucional con su bienestar.

Al hilo de ello, debe tenerse presente que la figura del informante anónimo dentro del sistema de Compliance, representa una de las expresiones más complejas y significativas del ejercicio ético individual en entornos organizacionales.

La persona que decide, voluntariamente, emitir una denuncia anónima -por definición sin esperar reconocimiento ni compensación- se convierte en un agente de integridad institucional, enfrentando con ello, no sólo los riesgos reales del entorno, sino también los propios dilemas internos, que la decisión de denunciar conlleva.

Este desarrollo no puede abordarse únicamente desde un enfoque funcional o procedimental.

Para comprender verdaderamente la motivación del denunciante anónimo, y poder actuar en su consecuencia, es imprescindible incorporar una perspectiva psicosocial, que atienda a las motivaciones, las emociones, las cogniciones, los valores, y los contextos que confluyen en ese proceso.

Solo así será posible diseñar sistemas éticos de denuncia, que, además de cumplir formalmente con la ley, respeten, y protejan a las personas reales que los utilizan.

Además de los factores personales y contextuales previamente mencionados, existen dimensiones más profundas, que explican por qué el informante opta por el anonimato.

Estas dimensiones abarcan aspectos afectivos, narrativos, e identitarios, muchas veces subestimados en los enfoques técnicos del Compliance.

A título de ejemplo, se pueden mencionar los siguientes:

a) El sentido de justicia personal.

Muchas personas que deciden denunciar, incluso anónimamente, lo hacen motivadas por una noción interna del bien común.

Perciben que la conducta observada no sólo transgrede una norma legal, sino también sus propios principios morales.

El anonimato no reduce su compromiso con la justicia; lo que hace es facilitar su acción sin verse atrapados en consecuencias no éticamente justificadas.

b) El deseo de coherencia interna.

Desde la psicología moral, se ha demostrado que las personas tienden a actuar de manera consistente con su autoimagen.

Si una persona se considera justa, honesta o íntegra, no actuar frente a una irregularidad puede generar un conflicto de identidad.

La denuncia anónima le permite restaurar esa coherencia consigo misma, aunque el entorno no lo sepa.

c) La necesidad de una reparación simbólica.

En algunos casos, el informante ha formado parte -directa o indirectamente– del hecho denunciado.

Puede haber sido cómplice pasivo, haber mirado hacia otro lado, haber callado durante demasiado tiempo.

La denuncia anónima es entonces un gesto de reparación interna, un modo de reequilibrar su propio sentido ético, sin exponerse a una autoincriminación que podría resultar destructiva.

d) La protección de terceros.

A menudo, el denunciante teme que su acto de denuncia no sólo le afecte a él o ella, sino también a su familia, a sus colegas cercanos, a su equipo de trabajo.

El anonimato aparece entonces como un mecanismo no egoísta, sino protector de su entorno.

Esta motivación ha sido particularmente observada en contextos de abuso de poder o prácticas corruptas institucionalizadas, donde la denuncia abierta podría poner en riesgo a otros inocentes.

Para que se produzca una denuncia anónima, el informante atraviesa un proceso interno, que puede extenderse por semanas o incluso meses.

Este proceso, lejos de ser automático o impulsivo, suele estructurarse en varias fases, que son las que se describen a continuación:

a) La percepción del hecho.

El individuo detecta una conducta, una situación o una decisión que le genera incomodidad, sospecha, o rechazo moral.

A veces es algo evidente (por ejemplo, un acto de corrupción); otras veces es algo más sutil (trato desigual, uso indebido de recursos, manipulación de datos, acoso velado).

b) La evaluación de carácter moral.

El informante analiza si lo que ha observado representa una transgresión a normas explícitas (v.gr.código de conducta, reglamento, ley), o a normas implícitas (v.gr. valores compartidos, reglas no escritas, expectativas éticas).

Esta fase es clave para activar el impulso a actuar.

c) La valoración del riesgo.

Aquí entran en juego las variables emocionales más intensas:

¿Qué puede pasar si hablo?

¿Me identificarán?

¿Me excluirán?

¿Seré acusado de exagerar?

¿Habrá represalias?

Esta es la fase donde muchas denuncias se inhiben.

Si no existe un canal que garantice anonimato, muchas personas abandonan aquí el impulso de actuar.

d) La decisión de actuar anónimamente.

Cuando la percepción de riesgo supera la expectativa de protección, el informante opta por el anonimato como vía para resolver el conflicto interno sin exponerse al riesgo externo.

e) Acción realizada.

La acción a realizar se determina mediante el cumplimiento de las siguientes etapas: redacta la denuncia, selecciona el canal, envía el mensaje.

Este momento puede ir acompañado de una liberación emocional, de nerviosismo o incluso de alivio.

f) La expectativa.

Una vez enviada la denuncia, el informante entra en una fase de espera.

Necesita saber que fue escuchado, que su mensaje tuvo eco, que su esfuerzo no fue en vano.

Si no se establece un canal de retroalimentación (incluso anónimo), esta etapa puede degenerar en frustración, decepción o retraimiento.

Paradójicamente, el denunciante anónimo no solo es vulnerable antes de denunciar -por miedo, aislamiento o desprotección institucional-, sino también después de haber denunciado.

Esta segunda vulnerabilidad se manifiesta en varias formas, que son las siguientes:

a) La ansiedad anticipatoria.

El temor de haber sido descubierto, el miedo a que la investigación no tenga efecto, la angustia de haber cometido un error.

b) La sensación de invisibilidad.

Al no poder compartir su acción con nadie, ni recibir reconocimiento, ni tener certezas sobre el proceso, el denunciante puede experimentar una suerte de vacío emocional.

c) El aislamiento ético.

La imposibilidad de compartir su experiencia con colegas o familiares puede provocar un sentimiento de soledad moral, especialmente si no se producen cambios visibles.

d) La internalización del fracaso.

Si la denuncia no es tomada en serio, o si el proceso se archiva, el denunciante puede asumir que su acción fue inútil, alimentando sentimientos de culpa o resignación.

Hay que ser conscientes también que el anonimato constituye un catalizador de participación en la ética colectiva.

Una organización que garantiza el anonimato no sólo protege al individuo, sino que promueve un clima ético más amplio.

Desde la teoría de los sistemas complejos, se sabe que pequeñas acciones descentralizadas pueden generar grandes transformaciones, si las mismas se realizan en red.

La denuncia anónima tiene este potencial: visibiliza lo oculto, rompe el silencio, y obliga a mirar lo que se quería ignorar.

Cuando varios empleados usan el canal anónimo para denunciar situaciones similares, aunque sin conocerse, el sistema puede identificar patrones, construir mapas de riesgo, priorizar áreas críticas, y actuar con rapidez.

En este sentido, el anonimato permite que las voces dispersas se conviertan en una señal institucional clara.

Y esa señal, cuando es escuchada, puede detonar procesos de reforma, intervención, o formación ética que de otro modo no serían posibles.

Asimismo, debe tenerse presente que de acuerdo con investigaciones relativamente recientes en el tiempo, en los campos de la neurociencia, y de la psicología conductual han mostrado, que el miedo a represalias activa áreas cerebrales asociadas a la inhibición del comportamiento (v.gr. amígdala, corteza prefrontal), mientras que la percepción de protección estimula los circuitos de recompensa moral (como el núcleo accumbens[1]),

---

1 El núcleo accumbens (NAc) es una estructura cerebral crucial, parte del cuerpo estriado ventral, que juega un papel central en la motivación, la recompensa, la función motora y el aprendizaje. Es fundamental en la experiencia de placer y gratificación, siendo un "centro de recompensa". https://www.google.com/search?q=que+es+el+núcleo+accumbens%29&sca_esv=c37ae9ef215b3b56&sxsrf=AHTn8zqbQPfqbPc2fzcbT2oQ02o_FvruWA%3A1746902461303&source=hp&ei=vZ0faMH0D-Ski-gP5r-

es decir, el entorno físico y simbólico del canal de denuncias puede modular directamente la disposición psicológica a actuar.

De la misma forma, desde la ética conductual, se ha demostrado que las personas tienden a denunciar más cuando:

a) Perciben que otros también lo hacen (efecto de norma social).

b) Existe anonimato garantizado.

Hay ejemplos de líderes que promueven la ética con coherencia.

Se ofrece reconocimiento institucional al acto de denunciar (aunque sea anónimo).

Estas evidencias refuerzan la idea de que el anonimato no es una debilidad del sistema, sino un facilitador del comportamiento ético en condiciones de vulnerabilidad.

Por todo ello, debe tenerse en consideración, que la denuncia anónima es, en esencia, un acto de confianza, no dirigido hacia personas concretas, sino hacia la posibilidad de que la verdad tenga espacio en la institución, y esa confianza no debe traicionarse nunca.

Las organizaciones deben construir canales no sólo seguros y eficientes, sino también sensibles, empáticos, y respetuosos de las experiencias humanas, que los atraviesan.

El hecho de reconocer al denunciante anónimo como un sujeto complejo, no como una fuente de datos despersonalizada, es el primer paso para consolidar un sistema de cumplimiento verdaderamente ético, y esto implica, no sólo proteger su identidad, sino también comprender su trayecto emocional, su conflicto moral, su necesidad de sentido, y su derecho al cuidado.

---

2J2AY&iflsig=ACkRmUkAAAAAaB-rzQqxn-oD76i4nQuyTWG6II6OeT9u&-
ved=0ahUKEwiBx6TlxpmNAxVk0gIHHeZeAmsQ4dUDCBk&uact=5&oq=que+es+el+-
núcleo+accumbens%29&gs_lp=Egdnd3Mtd2l6IhxxdWUgZXMgZWwgbsO6Y2xlby-
BhY2N1bWJlbnMpMgYQABgWGB4yBhAAGBYYHjIGEAAYFhgeMgYQABgWGB4y-
BhAAGBYYHjIGEAAYFhgeMgYQABgWGB4yBhAAGBYYHjIGEAAYFhgeMgYQAB-
gWGB5Igz9QiQhYjDVwAXgAkAEAmAF1oAGyB6oBAzkuMrgBA8gBAPgBAfgBApgC-
DKACxQeoAgrCAgcQIxgnGOoCwgIEECMYJ8ICDhAuGIAEGLEDGNEDGMcBwgI-
LEAAYgAQYsQMYgwHCAggQLhiABBixA8ICDhAuGIAEGMcBGI4FGK8BwgIIEAAY-
gAQYsQPCAgUQABiABMICDhAuGIAEGLEDGIMBGIoFwgIFEC4YgATCAg4QA-
BiABBixAxiDARiKBcICChAjGIAEGCcYigWYAwTxBd3NGZH2peKqkgcEMTAuM-
qAH_3KyBwM5LjK4B8EH&sclient=gws-wiz

*Capítulo 20*

# *Los elementos emocionales y su impacto en un modelo de Compliance*

El modelo de cumplimiento normativo o Compliance no se limita únicamente a establecer normas, controles y procedimientos para evitar el incumplimiento legal; también implica un fuerte impacto emocional sobre las personas que forman parte de la organización.

Este impacto emocional configura en buena medida la manera en que los empleados perciben, interiorizan, y se comprometen con el cumplimiento.

En ese sentido, el Compliance actúa no solo como un instrumento jurídico o técnico, sino también como una herramienta de construcción cultural y emocional dentro de la empresa.

Los aspectos emocionales asociados al cumplimiento afectan profundamente en el comportamiento, en las actitudes, y en la interacción de los individuos en su entorno laboral.

Cuando una organización implementa un modelo de cumplimiento coherente, ético, y bien comunicado, se genera un entorno, donde la confianza, la transparencia, y la integridad florecen, lo que tiene repercusiones positivas en la salud emocional colectiva.

Uno de los principales efectos emocionales del Compliance es la creación de una conciencia ética, que fortalece el sentido de pertenencia de los empleados.

Cuando las normas de conducta reflejan valores compartidos, las personas se sienten emocionalmente conectadas con la misión, y los principios de la organización.

Esta identificación genera orgullo, cohesión interna, y un sentido de responsabilidad compartida.

La existencia de un marco ético claro aporta estructura emocional, ya que las personas necesitan saber qué se espera de ellas, y, qué es considerado correcto en su entorno laboral.

Esa claridad reduce la ambigüedad, disminuye la ansiedad en la toma de decisiones complejas, y aporta seguridad psicológica, dado que el individuo sabe que actuar conforme a las reglas es respaldado institucionalmente.

El Compliance también es una fuente de motivación cuando se percibe como una herramienta justa, que garantiza un trato equitativo.

Las personas se comprometen más intensamente con una organización, que sanciona las malas prácticas, reconoce el comportamiento íntegro, y garantiza la igualdad de condiciones.

Ese sentido de justicia organizacional alimenta emociones positivas como la confianza, el respeto mutuo, y la satisfacción laboral.

Además, el cumplimiento contribuye a generar entornos seguros emocionalmente, donde los empleados saben, que pueden expresar sus preocupaciones éticas, o denunciar irregularidades sin temor a represalias.

La existencia de canales de denuncia confidenciales, de políticas de no represalia, y, de medidas correctivas transparentes refuerzan esa sensación de protección, lo que fortalece el vínculo emocional entre el trabajador y la organización.

El Compliance no solo se relaciona con las normas, las sanciones, y los procedimientos, sino también, con la psicología laboral, el liderazgo ético, y la percepción del entorno por parte de los empleados.

El Compliance, tradicionalmente ha sido concebido como un conjunto de normas, de procedimientos, y de controles destinados a garantizar, que una organización cumpla con las leyes, las regulaciones, y, los estándares internos, ha evolucionado en los últimos años hacia una visión mucho más amplia y humanista.

Esta transformación implica reconocer que el cumplimiento normativo no ocurre en un vacío técnico, o exclusivamente jurídico, sino en un entorno humano complejo, donde las emociones, las percepciones, las relaciones interpersonales, y las dinámicas de poder juegan un papel determinante.

En este contexto, el modelo de gestión del Compliance no puede limitarse únicamente al diseño de políticas y de mecanismos de supervisión, sino que debe incorporar de forma deliberada y estratégica, la dimensión emocional y psicosocial del comportamiento organizacional.

Es decir, debe comprender cómo se sienten, cómo perciben, y cómo actúan los individuos dentro del marco cultural e institucional en el que se desenvuelven.

La psicología laboral ofrece claves fundamentales para entender el porqué del cumplimiento, o del incumplimiento normativo, desde la perspectiva del comportamiento humano.

Factores como la motivación, la percepción de justicia organizacional, la satisfacción laboral, el clima ético, el sentido de pertenencia, o la presión por resultados, influyen directamente en las decisiones cotidianas, que los empleados toman, muchas veces sin supervisión directa.

Cuando un colaborador se enfrenta a una situación en la que debe elegir entre actuar conforme a los valores de la organización, o buscar un atajo que maximice resultados a corto plazo, el entorno emocional y cultural en el que se encuentra será determinante.

Un entorno donde se prima la competitividad desmedida, la ambigüedad en los mensajes del liderazgo, o, la falta de reconocimiento del comportamiento ético, puede propiciar decisiones que, aunque racionalmente cuestionables, emocionalmente parezcan válidas o incluso, necesarias para sobrevivir profesionalmente.

El liderazgo ético, en este marco, no es un componente accesorio del modelo de Compliance, sino un eje estructural.

Los líderes son espejos conductuales, que modelan las acciones aceptables o reprobables dentro de la organización.

Cuando los mandos intermedios, o la alta dirección ignoran los protocolos, relativizan las reglas, o envían mensajes ambiguos, transmiten que el cumplimiento es negociable.

Por el contrario, cuando se posicionan como referentes de integridad, no solo mediante discursos, sino con acciones coherentes y visibles, generan un efecto de contagio positivo en sus equipos.

La ética, entendida como una práctica concreta y diaria, se transmite más por la observación y por la experiencia, que por formación teórica.

Un líder ético, que reconoce los dilemas, que acompaña al equipo en la toma de decisiones difíciles, y que está dispuesto a proteger a quienes denuncian irregularidades, contribuye poderosa y directamente a fortalecer una cultura de cumplimiento auténtica, y no meramente formal.

La percepción del entorno por parte de los empleados, constituye un elemento crítico para comprender el funcionamiento real del modelo de Compliance.

Desde una perspectiva psicosocial, no basta con que existan canales de denuncia, códigos de conducta, o sistemas de auditoría; es necesario que los colaboradores crean, que estos mecanismos son eficaces, que sus derechos serán respetados, que sus preocupaciones serán tomadas en serio, y, que no sufrirán represalias, si deciden actuar con integridad frente a una irregularidad.

Esta percepción de seguridad psicológica no se construye de la noche a la mañana, ni mediante comunicados formales, sino a través de una experiencia organizacional coherente y sostenida.

Cuando los empleados observan, que quienes denuncian son protegidos, que las faltas graves son investigadas y sancionadas sin favoritismos, y, que la ética no se sacrifica en nombre del resultado, interiorizan que el Compliance es una prioridad institucional.

En cambio, si perciben, que las reglas se aplican de forma selectiva, que los intereses comerciales priman sobre los valores, o, que las denuncias son ignoradas, tienden a desarrollar una actitud cínica o defensiva, que deteriora profundamente el clima ético de la organización.

El impacto emocional del Compliance también se manifiesta en el modo en que la organización comunica, forma, y responde a las situaciones de incumplimiento.

Un modelo de gestión, que basa su eficacia únicamente en la amenaza de sanción, o, en la vigilancia constante puede generar climas de ansiedad, miedo, o desconfianza, que, lejos de favorecer el cumplimiento, lo socavan al generar resistencia, ocultamiento o distorsión de la información.

Por el contrario, un enfoque más humano, que combina la firmeza en los principios con la comprensión de las limitaciones y las necesidades de las personas, promueve una adhesión más genuina, y también más efectiva.

Esto implica comprender, que detrás de muchas conductas de riesgo no hay mala fe, sino desconocimiento, presión, inseguridad, o falta de herramientas.

En estos casos, una gestión orientada a la prevención, al acompañamiento, y a la mejora continua será mucho más eficaz, que una reacción meramente sancionadora.

Incluso el tratamiento de los errores y de las infracciones debe tener un enfoque psicosocial.

En este sentido, debe tenerse en consideración, que no todos los errores deben tratarse como infracciones.

La diferencia entre el dolo, la negligencia, y el simple desconocimiento debe estar claramente definida en las políticas internas, y la respuesta organizacional debe ajustarse a esa realidad.

Una gestión del Compliance que no diferencia estos matices, puede generar un clima organizacional, donde el miedo es paralizante, la creatividad se ve afectada, y la colaboración disminuye, ya que los empleados priorizan protegerse a sí mismos, antes que contribuir al bien colectivo.

La implementación de espacios de aprendizaje, de sesiones de reflexión ética, y de mecanismos de retroalimentación ayudan a transformar los errores en oportunidades de mejora, y refuerzan la idea de que el cumplimiento, representa un proceso dinámico, que requiere del compromiso, de la formación continua, y de la madurez institucional.

La cultura organizacional, entendida como el sistema de valores, de creencias, y de prácticas compartidas dentro de una entidad, es el contexto donde el Compliance se enraíza o se debilita.

Por ello, cualquier modelo de gestión del Compliance, que aspire a ser eficaz, debe estar profundamente conectado con el desarrollo de una cultura organizacional que sea: sana, participativa, y ética.

Esto implica no solo alinear las políticas con los valores institucionales, sino asegurarse de que dichos valores son vividos, y, al mismo tiempo reconocidos en las decisiones diarias.

También implica, que los incentivos, tanto formales como informales, refuercen los comportamientos éticos, y no premien los atajos ni la transgresión justificada por el éxito.

En este sentido, la gestión de los aspectos emocionales y psicosociales del Compliance requiere una estrategia de largo plazo, con el compromiso de todas las áreas y niveles de la organización.

Ello conduce a que el modelo de gestión del Compliance no puede ser concebido únicamente desde la óptica normativa, o de su carácter procedimental.

Su verdadera eficacia depende de su capacidad para conectar con la dimensión humana del comportamiento organizacional.

La psicología laboral, el liderazgo ético, y la percepción del entorno por parte de los empleados, suponen factores decisivos, que moldean la cultura del cumplimiento.

Ignorar estas dimensiones, equivale a reducir el Compliance a un ejercicio burocrático, desconectado de la realidad cotidiana, y, por tanto, vulnerable a las presiones, a las ambigüedades, y a las tensiones propias de cualquier entorno laboral.

En cambio, integrar el enfoque emocional y psicosocial del mismo, permite construir sistemas de cumplimiento que sean: sólidos, resilientes, y legítimos, que no solo previenen el riesgo legal, sino que promueven organizaciones más íntegras, más justas, y, también sostenibles.

Este es el verdadero sentido de un Compliance moderno y humano: no solo garantizar que las reglas se cumplan, sino lograr, que las personas quieran cumplirlas.

En lo que atañe al impacto emocional y psicosocial de modelo de gestión del Compliance, cabe distinguir una serie de elementos, que tienen un hondo impacto en el funcionamiento práctico de un Sistema de Cumplimiento Normativo, condicionando su eficacia, y sus resultados.

Dentro de este conjunto de factores se pueden distinguir principalmente, entre otros, los siguientes:

a) La conciencia ética y sentido de pertenencia.

Uno de los efectos emocionales más significativos del modelo de Compliance es el fortalecimiento de la conciencia ética individual y colectiva.

Cuando una organización integra principios éticos en su sistema de cumplimiento, genera en los empleados un sentimiento de orgullo y pertenencia, al identificarse con una entidad, que actúa con integridad y responsabilidad social.

Este alineamiento entre los valores personales y los valores institucionales fortalece la identidad profesional del empleado, refuerza la cohesión cultural interna, y favorece la percepción de que el trabajo diario tiene un propósito mayor, que el puramente económico.

b) La seguridad psicológica y bienestar emocional

El Compliance establece marcos claros de actuación y canales internos de denuncia confidencial.

Esto aporta una sensación de protección a los empleados, quienes perciben, que la organización se preocupa por prevenir prácticas abusivas, ilícitas, o, que sean discriminatorias.

Esta seguridad psicológica contribuye a reducir la incertidumbre, y, la ansiedad laboral ante dilemas éticos o decisiones complejas.

Saber, que existe un respaldo estructurado para actuar con rectitud, genera tranquilidad, y, simultáneamente disminuye la exposición al conflicto interno, o, a presiones indebidas.

c) La motivación, el compromiso, y, el clima laboral

Un sistema de cumplimiento bien implementado, justo, y coherente, actúa como un motor emocional positivo.

Con ello se refuerza la motivación intrínseca del trabajador al percibir, que el esfuerzo ético es reconocido, y, que no se toleran prácticas desleales o injustas.

Esto incrementa el compromiso emocional con la organización, ya que los empleados se sienten valorados, y protegidos.

Complementariamente a ello, debe tenerse presente que el Compliance promueve un entorno de equidad y de transparencia, que mejora el clima laboral, refuerza la cooperación entre departamentos, y, con ello se reducen las tensiones derivadas de favoritismos, o, incluso de comportamientos no éticos.

d) La presión emocional, el temor al error, y el estrés.

No obstante, si el modelo de Compliance se percibe como excesivamente rígido, punitivo o burocrático, puede generar reacciones emocionales negativas, como miedo al error, el estrés por la presión del cumplimiento formal, o, el temor a ser sancionado por fallos involuntarios.

Esto puede traducirse en una disminución de la creatividad, de exceso de cautela, de la paralización en la toma de decisiones, o, incluso puede llevar consigo, el deterioro de la confianza entre empleados y responsables del cumplimiento.

Por ello, el modelo debe equilibrar el control con una visión pedagógica, que contemple el error como una oportunidad de mejora, y, de aprendizaje.

e) El empoderamiento ético y autonomía responsable

Cuando se implementa correctamente, el modelo de Compliance permite empoderar a los empleados en sus funciones.

Disponer de normas claras, de una formación específica en integridad, y, el apoyo institucional genera un marco emocional que propicia espacios de seguridad, y de responsabilidad.

Los trabajadores se sienten capacitados para tomar decisiones alineadas con los valores corporativos, asumiendo la ética como parte integral en que se materialice su desempeño.

Este empoderamiento refuerza la autoestima profesional, y, la percepción de que sus actos contribuyen positivamente a la reputación, y, a la sostenibilidad de la organización.

f) La confianza interpersonal y fortalecimiento de relaciones laborales.

El Compliance actúa como catalizador de la confianza dentro de los equipos de trabajo, ya que proporciona una estructura, que minimiza la arbitrariedad, promueve la equidad, y, facilita la resolución justa de conflictos.

La existencia de normas compartidas y mecanismos de rendición de cuentas genera un entorno emocional, donde las personas pueden confiar en que sus colegas y superiores actuarán conforme a criterios objetivos y transparentes.

Esto reduce los rumores, las suspicacias, las injusticias percibidas, y, fomenta una cultura de colaboración y respeto mutuo.

g) La resistencia emocional al cambio y percepción de control.

En las fases iniciales de implementación, o actualización de un modelo de Compliance, es común que surjan emociones como pueden ser: la incertidumbre, la desconfianza, la frustración, o, el rechazo.

Estas reacciones son propias de los procesos de cambio organizacional, especialmente, cuando las nuevas normas implican modificar hábitos, renunciar a privilegios informales, o, someter ciertas decisiones a mayor control.

Desde una perspectiva emocional, la clave está en cómo se comunica, acompaña, y contextualiza el cambio.

Un enfoque empático, participativo, y, transparente puede transformar esa resistencia inicial, en aceptación e incluso en compromiso.

h) El sentido de justicia organizacional.

Uno de los elementos emocionales más importantes del Compliance es su vinculación directa con la percepción de la llamada "justicia organizacional".

Los empleados evalúan constantemente, si las normas son aplicadas de forma equitativa, si las sanciones se imponen con proporcionalidad, y, si los comportamientos éticos son valorados con justicia.

Cuando el sistema de cumplimiento genera una percepción de justicia procedimental y distributiva, se incrementa la satisfacción laboral, la lealtad institucional, y la predisposición al cumplimiento voluntario de las normas.

i) El reconocimiento emocional del comportamiento ético

En muchas organizaciones, la presión por los resultados puede eclipsar la importancia de actuar correctamente.

El modelo de Compliance contribuye a que los comportamientos éticos, no solo se exijan, sino que también se reconozcan, y se refuercen positivamente.

Esto tiene un efecto emocional muy potente: los trabajadores sienten que la ética no es solo una obligación, sino que también representa por sí misma, un mérito.

La recompensa emocional de actuar conforme a los valores, se convierte así en un estímulo poderoso para la interiorización del cumplimiento.

j) La formación, la sensibilización, y la madurez emocional

En este orden de cosas, es procedente indicar, que el Compliance promueve el desarrollo de habilidades emocionales y sociales, ya que la formación continua en ética empresarial, en integridad, y, en la toma de decisiones responsables implica trabajar aspectos tales como: la empatía, la autorregulación emocional, la responsabilidad individual, y la conciencia del impacto de nuestras acciones en otros.

No obstante, el modelo de Compliance también puede generar emociones negativas si no se gestiona adecuadamente.

Si se implementa de manera autoritaria, excesivamente formalista o sin una estrategia de comunicación clara, puede percibirse como un sistema punitivo que genera temor al error, presión excesiva por el cumplimiento y sentimientos de desconfianza o rigidez.

En estos casos, el Compliance puede derivar en estrés, desmotivación o resistencia al cambio.

Por ello, es esencial que su aplicación esté acompañada de una dimensión humana, empática y formativa que equilibre el control con el acompañamiento.

Un modelo de Compliance maduro emocionalmente debe formar a los empleados no solo en el conocimiento técnico de las normas, sino también en habilidades éticas, autoconocimiento, inteligencia emocional y razonamiento moral.

En muchos casos, el cumplimiento se convierte también en una forma de empoderamiento profesional.

Contar con normas claras y herramientas de integridad permite a las personas actuar con mayor autonomía, con la certeza de que sus decisiones están respaldadas por el sistema.

Esa autonomía responsable se traduce en autoestima, orgullo profesional y percepción de impacto positivo.

Desde el punto de vista emocional, el Compliance se convierte entonces en una fuente de fuerza interna, al permitir al individuo actuar de acuerdo con sus valores incluso en contextos de presión.

Asimismo, la existencia de un modelo de cumplimiento favorece la confianza interpersonal, ya que establece un marco común de reglas que regulan las relaciones laborales y disminuyen la arbitrariedad, los favoritismos y las injusticias percibidas.

Esto reduce conflictos, aumenta la transparencia y favorece la cooperación, lo que impacta directamente en la calidad de las relaciones laborales y en el clima organizacional.

Durante las fases iniciales de implementación o actualización de un modelo de cumplimiento, es común, que surjan emociones como incertidumbre, frustración o resistencia, especialmente si se interpretan los cambios como restricciones o falta de confianza por parte de la dirección.

Estas reacciones forman parte del proceso emocional de adaptación al cambio, y deben ser abordadas con comunicación clara, escucha activa, y una narrativa, que contextualice el sentido del cumplimiento como una herramienta de cuidado colectivo y no como un simple instrumento de control.

Por otro lado, el Compliance también aporta reconocimiento emocional a aquellos que actúan con integridad.

Cuando la organización no solo sanciona el incumplimiento, sino que también valora y visibiliza el comportamiento ético, se refuerzan emocionalmente las conductas positivas y se promueve una cultura de referencia moral sólida.

Además, el Compliance promueve la madurez emocional de los equipos, al invitar a la reflexión ética, al desarrollo del criterio propio y al fortalecimiento del juicio moral.

A través de la formación continua en ética, en integridad, y en la toma de decisiones responsables, los empleados desarrollan habilidades como pueden ser: la empatía, la regulación emocional, y la conciencia del impacto de sus actos.

Esto no solo mejora el comportamiento organizacional, sino que contribuye al crecimiento personal de los trabajadores.

Se puede afirmar, sin lugar a duda, que los aspectos emocionales del modelo de cumplimiento normativo son tan relevantes como los jurídicos o los técnicos.

La forma en que las personas sienten el Compliance condiciona su efectividad.

Si se percibe como una carga, se resistirá.

Si se vive como una guía justa, protectora y coherente, se convertirá en un motor de compromiso, confianza, y de sostenibilidad organizacional.

Por ello, un modelo de cumplimiento eficaz debe ser también un modelo emocionalmente inteligente, que integre la dimensión humana en cada una de sus decisiones, políticas y procesos.

Solo así podrá convertirse en una verdadera herramienta de transformación cultural.

Esto contribuye al crecimiento personal y profesional de los empleados, fortaleciendo su madurez emocional, y, al mismo tiempo, su capacidad para actuar de manera coherente, incluso en contextos de presión, o, de ambigüedad.

Por ello, se puede afirmar, que el modelo de cumplimiento normativo no solo opera en el plano legal y operativo, sino también en el ámbito emocional.

Y consecuentemente, afecta a la forma en que los empleados se sienten respecto a su trabajo, a su entorno, y, a su propia identidad profesional.

Con todo ello, un modelo de Compliance efectivo debe integrar el componente emocional como una parte estratégica de su diseño, de su implementación, y de comunicación, favoreciendo una cultura organizacional, donde cumplir con la ley no sea una obligación impuesta, sino una convicción compartida.

*Capítulo 21*

# *La psicología social y cognitiva en el Compliance*

La psicología social y cognitiva aporta un enfoque fundamental para entender y gestionar el cumplimiento normativo (Compliance) en las organizaciones actuales.

Más allá de los sistemas y controles tradicionales, el éxito del Compliance depende de comprender cómo piensan, cómo deciden, y, como actúan las personas, tanto de forma individual como colectiva dentro de la empresa.

Las decisiones y conductas de los empleados no siempre responden a una lógica plenamente racional.

Los sesgos cognitivos -distorsiones sistemáticas en la percepción y el juicio- influyen en la interpretación de las normas y en la propensión a cumplirlas o infringirlas.

Como ejemplos relevantes en el ámbito empresarial incluyen[2]:

a) El sesgo de exceso de confianza: sobreestimación de la propia capacidad para evitar consecuencias negativas.

b) El sesgo de optimismo: creencia infundada en que los riesgos no llegarán a materializarse.

c) La ilusión de control: percepción errónea de poder controlar situaciones que en realidad escapan al control individual.

d) El sesgo de confirmación: tendencia a buscar e interpretar información que confirme creencias previas, ignorando evidencias contrarias.

e) El sesgo de conformidad: inclinación a seguir la opinión o conducta mayoritaria del grupo.

f) El sesgo de obediencia a la autoridad: tendencia a acatar directrices de superiores sin cuestionarlas, asumiendo su mayor conocimiento o legitimidad6.

---

2 Cfr.: https://dialogospunitivos.com/sesgos-cognitivos-y-dinamicas-empresariales-el-lado-subjetivo-de-los-programas-de-cumplimiento/

Estos sesgos pueden llevar a minimizar riesgos, justificar conductas indebidas, o normalizar prácticas contrarias a la ética y la legalidad.

La psicología social estudia cómo las dinámicas de grupo, la presión social, y la cultura organizacional influyen en el comportamiento individual.

En grandes organizaciones, la cultura informal (valores, creencias y normas no escritas) puede tener tanto, o más peso, que las políticas formales, afectando la percepción de lo que es aceptable o no en términos de cumplimiento[3].

Estos sesgos pueden afectar tanto a empleados como a directivos, y a responsables de Compliance, por lo que su identificación y gestión son esenciales para la eficacia de cualquier sistema de cumplimiento.

Ampliar el análisis de los sesgos cognitivos, que afectan al Compliance implica no solo identificar sus manifestaciones, sino también profundizar en sus mecanismos psicológicos, su interacción con la cultura organizacional, y determinar su impacto real sobre los sistemas de cumplimiento.

Esta comprensión más detallada, permite no solo prevenir su influencia, sino rediseñar entornos y procesos, que los desactiven o contrarresten.

Uno de los aspectos más insidiosos de los sesgos cognitivos en el entorno del Compliance es su invisibilidad.

Al tratarse de distorsiones sistemáticas e inconscientes del juicio, los individuos no perciben que están actuando sesgadamente.

Esto complica enormemente la prevención de incumplimientos, ya que incluso con normativas claras, sistemas de control robustos, y mecanismos de sanción, la percepción subjetiva del individuo puede distorsionar el riesgo percibido, la gravedad de una conducta, o la interpretación de lo que es correcto.

Esta es la razón por la que los programas de Compliance más avanzados incluyen elementos de psicología conductual, diseño organizacional, y formación continua en ética.

Retomando y ampliando algunos de los sesgos más determinantes, el sesgo de confirmación, no solo se manifiesta en la búsqueda selectiva de información, sino también en la forma en que las personas codifican y recuerdan los hechos.

Esto tiene implicaciones prácticas, por ejemplo, en las investigaciones internas.

---

3 https://assets.kpmg.com/content/dam/kpmg/es/pdf/2018/02/psicologia-social-congnitiva.pdf

Si un investigador parte con una hipótesis sobre la culpabilidad o inocencia de una persona, el sesgo de confirmación puede influir en qué testimonios se consideren creíbles, qué documentos se analicen a fondo, y cómo se interpreten las pruebas.

Por ello, las buenas prácticas en Compliance exigen mecanismos como la revisión cruzada, o la intervención de terceros neutrales para mitigar este sesgo.

El sesgo de autoridad, por su parte, se entrelaza con estructuras jerárquicas rígidas y culturas empresariales verticalistas.

En estos entornos, los subordinados pueden percibir las órdenes como incuestionables, incluso cuando contradicen principios éticos o normativas.

No es infrecuente, que los empleados implicados en escándalos de corrupción aleguen que "solo seguían instrucciones".

Aunque esto no los exime de responsabilidad, revela cómo la presión de obediencia puede inhibir el juicio crítico.

Las organizaciones pueden contrarrestar este sesgo promoviendo estructuras de reporte dual (por ejemplo, ética y operaciones), canales anónimos de denuncia, y fomentando el liderazgo ético a todos los niveles.

En cuanto al sesgo del statu quo, su impacto puede ser más profundo en empresas con procesos arraigados, con culturas institucionales tradicionales, o con industrias con baja rotación.

En estos contextos, las prácticas obsoletas, o incluso ilegales, pueden llegar a perdurar bajo la lógica de "si ha funcionado, no lo cambiemos".

Esto dificulta la introducción de medidas innovadoras de cumplimiento, especialmente, si estas se perciben como obstáculos a la productividad.

Un programa de Compliance eficaz debe no solo establecer normas, sino también gestionar el cambio organizacional, incluyendo diagnósticos culturales, intervenciones sobre valores compartidos, y métricas de adaptación al cambio.

Otro sesgo menos mencionado, pero crítico por sus efectos en Compliance, es el sesgo de normalización del desvío (normalization of deviance).

Este ocurre cuando pequeñas transgresiones a las normas se vuelven habituales, porque aparentemente no tienen consecuencias negativas inmediatas.

Con el tiempo, esas excepciones se institucionalizan, y lo que comenzó como una infracción puntual se convierte en práctica habitual.

Esta es una de las formas más peligrosas de erosión del cumplimiento, y está documentada en numerosos accidentes industriales, y otros de carácter financiero y corporativos.

Para contrarrestar este sesgo, se requiere una supervisión sistemática y procesos de control, que se enfoquen no solo en infracciones graves, sino en desviaciones mínimas, antes de que se consoliden.

El sesgo de optimismo irrealista, además de afectar la percepción del riesgo individual, puede ser colectivo.

Es decir, la organización en su conjunto, puede considerar improbable que sufra sanciones, o que un caso de corrupción o fraude ocurra en su seno, especialmente, si nunca ha experimentado uno.

Esta falsa sensación de inmunidad institucional puede llevar a relajar los controles, o a considerar innecesarios ciertos procedimientos de vigilancia.

Por eso, muchas empresas incorporan análisis de escenarios negativos o "ejercicios de simulación de crisis", como parte de su estrategia de Compliance, con la finalidad de poderse enfrentar y superar la resistencia psicológica a considerar consecuencias indeseables.

En el terreno emocional, el sesgo de coste hundido (sunk cost fallacy) también puede afectar decisiones éticas.

Este sesgo lleva a las personas a continuar con una decisión incorrecta o riesgosa, simplemente porque ya se ha invertido mucho en ella, sea tiempo, dinero o reputación.

En Compliance, esto puede verse cuando una empresa persiste en relaciones contractuales dudosas, proyectos con conflictos legales, o estrategias éticamente cuestionables, por temor a "perder lo ya invertido".

En estos casos, se sacrifica el cumplimiento, por una ilusión de recuperación futura.

Para evitarlo, el sistema de gobernanza debe fomentar la toma de decisiones basada en criterios racionales, y dotados con una capacidad de revisión objetiva.

Además, el sesgo de exceso de confianza (overconfidence bias) es común en perfiles directivos o expertos técnicos, quienes pueden sobrestimar su capacidad para prever o controlar los riesgos legales.

Esto puede traducirse en la existencia de un cierto desprecio por las advertencias del área o el departamento de cumplimiento, subestimación del impacto de nuevas regulaciones, o incluso manipulación de las auditorías internas.

El hecho de combatir este sesgo requiere una estructura de control equilibrada, y de un programa de formación continua, que incluya casos reales de fracaso por exceso de confianza, como mecanismo orientado al aprendizaje organizacional.

En conjunto, los sesgos cognitivos representan un "riesgo humano" transversal al sistema de cumplimiento normativo.

No basta con tener políticas claras y sanciones disuasorias; el Compliance moderno debe incorporar una dimensión conductual, que entienda cómo las personas piensan, deciden, y se equivocan.

En ese sentido, la formación en ética empresarial, los talleres de dilemas morales, el diseño de incentivos alineados con valores, y la creación de entornos psicológicamente seguros para expresar dudas, o rechazar órdenes inapropiadas constituyen y representan elementos esenciales para reducir el impacto de estos sesgos.

Desde una perspectiva conductual y organizacional avanzada, abordar los sesgos cognitivos en los programas de Compliance, requiere mucho más que simplemente identificarlos, o capacitaciones puntuales, que los mencionen de forma superficial.

Implica una reconstrucción del enfoque tradicional del cumplimiento normativo, entendiendo, que el comportamiento humano, con sus limitaciones inherentes, está en el centro de los riesgos de incumplimiento.

Este enfoque ampliado asume, que no basta con normas escritas o sanciones formales; se necesita una infraestructura ética, psicológica, y cultural capaz de sostener decisiones responsables bajo condiciones de presión, ambigüedad, o conflicto de intereses.

Uno de los primeros elementos a trabajar en este orden de cosas, es la revisión de la arquitectura misma en la que se toman decisiones.

Si las personas tienden a actuar por inercia, entonces debe diseñarse el entorno para que esa inercia las lleve hacia el cumplimiento, y no hacia la omisión o la transgresión.

Por ejemplo, si los formularios de contratación o licitación incluyen automáticamente cláusulas de integridad, que deben marcarse activamente para excluirse, se produce un efecto conductual claro: se favorece la decisión ética como predeterminada.

Lo mismo ocurre con aquellos sistemas, que obligan a repasar listas de verificación éticas antes de cerrar operaciones, o con recordatorios contextuales, que aparecen en puntos críticos del proceso.

La psicología conductual demuestra, que pequeñas modificaciones en el diseño de las opciones pueden tener grandes efectos sobre la conducta, sin recurrir a sanciones ni prohibiciones, simplemente haciendo que la opción conforme a los valores éticos sea más fácil, accesible o inmediata.

Al mismo tiempo, el trabajo sobre los sesgos cognitivos requiere una transformación de las capacidades cognitivas y emocionales de los individuos dentro de la organización.

Las tradicionales sesiones formativas sobre Compliance, muchas veces centradas en normativas legales, deben evolucionar hacia formatos más experienciales, donde se ponga en juego la toma de decisiones bajo presión, las emociones, y la dinámica grupal.

Por ejemplo, enfrentar a un grupo de empleados a un dilema ético en forma de juego de rol, o de una simulación con consecuencias narrativas, permite que se experimenten los sesgos de manera efectiva, como fuerzas reales y, no solamente de naturaleza abstracta.

Cuando alguien ve cómo su juicio se altera al recibir una orden de un superior, o al estar rodeado de compañeros, que justifican una conducta cuestionable, es más probable que luego reconozca, y resista esos sesgos en la vida real.

Además, la repetición periódica de estas dinámicas a través de microlearning, cápsulas interactivas, casos breves, o simulaciones digitales, ayuda a reforzar el aprendizaje, y a mantener una conciencia activa sobre el riesgo de sesgo.

Otro elemento clave para la mitigación efectiva de los sesgos, es la que hace referencia a la recopilación y el análisis sistemático de indicadores, que no provienen de la normativa, sino del comportamiento.

Esto implica generar alertas tempranas a partir de señales débiles, que revelan patrones preocupantes.

Si un área tiene una concentración desproporcionada de excepciones a las normas, si hay una caída en la calidad de los controles internos, si las encuestas internas muestran que los empleados no se sienten seguros para expresar dudas, o si existe una rotación inusualmente alta en un equipo de ventas, puede que no haya todavía una infracción concreta, pero el contexto organizacional está maduro para que esta se produzca.

Este enfoque de "riesgo conductual" complementa los mapas de riesgo tradicionalmente usados en Compliance, y permite una intervención anticipada.

A veces, una conversación con el equipo directivo, una auditoría de cultura, o una campaña de refuerzo ético constituyen elementos suficientes para revertir una deriva que, de lo contrario, desembocaría en una crisis ética o legal.

Una estrategia robusta de mitigación de sesgos también requiere modificar la forma en que se toman decisiones en la organización.

Las decisiones individuales, especialmente en contextos jerárquicos, son más propensas a sesgos como pueden ser: el de autoridad, la autojustificación, o la excesiva confianza.

Por eso, es recomendable establecer estructuras de revisión cruzada, donde una decisión relevante no pueda tomarse sin pasar por una revisión formal o informal de personas con distinta perspectiva.

Esto es particularmente útil cuando se incorporan roles diversos, o personas ajenas al área operativa, que puedan ofrecer una mirada menos condicionada.

A este respecto, la realización de prácticas como son los "pre-mortem" -sesiones en las que un equipo imagina que una decisión ya ha fracasado, y consecuentemente con ello, analiza qué pudo haber salido mal- permiten explorar posibles fallos cognitivos sin las barreras defensivas, que surgen después de los errores reales.

Una condición fundamental para que todo este sistema funcione es la existencia de un entorno de confianza psicológica, donde los empleados puedan expresar sus dudas, errores o preocupaciones, sin que existe el temor a represalias, o la ridiculización.

Si un empleado percibe que señalar un problema ético lo convertirá en un paria, o lo señalará de forma negativa dentro de la organización, no lo hará, aunque el canal de denuncias sea técnicamente accesible.

Por tanto, más allá de los sistemas formales de whistleblowing, se necesita una cultura viva donde disentir no solo sea una realidad posible para una persona vinculada con un determinado sistema de cumplimiento, sino que representa un hecho ciertamente valorado por la organización.

Esto incluye, por ejemplo, que los líderes fomenten deliberadamente el pensamiento crítico, que pidan opiniones diversas antes de tomar decisiones, y que reconozcan públicamente los actos de valentía moral.

También implica evaluar el clima ético en encuestas anónimas, y utilizar los resultados para introducir mejoras en la estructura de incentivos, de comunicación y también de gestión del talento.

Otra forma de mitigar los sesgos es, analizar los errores una vez que han ocurrido, pero con una lógica de aprendizaje, no de castigo.

Al hilo de todo ello, debe ponerse de manifiesto, que las investigaciones internas deben incorporar un componente de revisión conductual, que debe concretarse respondiendo a estas cuestiones:

a) ¿Qué sesgos afectaron esta cadena de decisiones?

b) ¿Había señales de alerta que fueron ignoradas?

c) ¿Qué factores culturales o estructurales lo permitieron?

Estas lecciones deben documentarse y usarse para formar, para rediseñar procesos, y para enriquecer los programas de inducción, de forma que la experiencia acumulada de la organización, se convierta de manera efectiva y directa en una barrera contra nuevos errores.

El error ético deja de ser solo una infracción, y se convierte en una oportunidad para fortalecer la capacidad colectiva de tomar decisiones responsables.

En este orden de cosas, un sistema de mitigación de sesgos sería inefectivo sin un rediseño de los incentivos.

Muchas veces, los sesgos se disparan no porque las personas sean éticamente frágiles, sino porque los sistemas de recompensa están mal calibrados.

Si un empleado sabe, que le ascenderán solo por cerrar contratos, sin importar cómo, está recibiendo un mensaje claro de que la ética es secundaria.

Por eso, los programas de Compliance deben trabajar con recursos humanos, y con los responsables de compensaciones para asegurarse de que los criterios de promoción, de bonificación, y de reconocimiento, incluyan determinados aspectos, tales como: la conducta ética, la colaboración, y el compromiso con los valores de la empresa.

Esta dimensión estructural es, en muchas ocasiones, la más olvidada, pero también la más poderosa, ya que moldea de forma invisible las prioridades cotidianas de los trabajadores.

Por todo ello, mitigar los sesgos cognitivos en Compliance representa una tarea compleja, pero alcanzable, que exige actuar en múltiples y diferentes planos: el diseño del entorno de decisiones, la formación experiencial y continua, el análisis de patrones de comportamiento, la creación de estructuras de revisión compartida, la protección de la disidencia ética, el aprendizaje a partir del error, y la alineación de incentivos.

Solo mediante una aproximación global y de conjunto, que sea capaz de entender la irracionalidad humana, no como una debilidad a castigar, sino como una realidad a gestionar, es posible construir una organización verdaderamente íntegra, resiliente, y, que al mismo tiempo sea suficientemente consciente de lo que implican sus actos y sus decisiones.

*Capítulo 22*

# *La "Teoría de las ventanas rotas" en el ámbito del Compliance"*

La Teoría de las Ventanas Rotas, fue formulada en 1982 por James Q. Wilson y George L. Kelling, y a través de la misma se establece, que la permisividad ante pequeñas transgresiones o desórdenes puede generar un efecto acumulativo, que propicie la degradación del entorno, y, la proliferación de infracciones y de delitos más graves.

La Teoría de las Ventanas Rotas fue resultado de estudios sociológicos sobre el impacto del entorno en la conducta humana.

La teoría original se aplicaba al crimen urbano, señalando que los entornos descuidados fomentaban el delito.

Esta idea se trasladó a la gestión de las organizaciones, donde algunas empresas adoptan una laxitud en el cumplimiento normativo, que permite, que las malas prácticas se propaguen y se conviertan en algo asumido cotidianamente.

Wilson y Kelling argumentaron, que cuando en una comunidad se tolera el desorden, los ciudadanos perciben, que el incumplimiento de las normas es algo común y aceptable, lo que conlleva un aumento en los niveles de delincuencia.

Este principio fue aplicado con éxito en la ciudad de Nueva York durante los años 90, cuando el entonces alcalde Rudolph Giuliani, y, el jefe de policía William Bratton implementaron una estrategia basada en esta teoría.

Un estudio realizado en el año 2017 por la Universidad de Harvard mostró, que las organizaciones que no sancionan las primeras señales de incumplimiento, tienen hasta un 70% más de probabilidades de desarrollar escándalos de corrupción en los siguientes cinco años.

En aquel entonces, se persiguieron delitos menores como el grafiti, la evasión de tarifas en el metro, y, la venta ambulante ilegal.

Con el tiempo, se observó una reducción significativa de los delitos graves, ya que el mensaje enviado a la sociedad fue, que ninguna infracción sería tolerada.

La idea central es, que si en un edificio una ventana rota no es reparada, esto enviará públicamente una señal consistente, en que no hay control, ni tampoco consecuencias derivadas de la comisión de determinadas acciones, lo que en la práctica incentivará más actos de vandalismo, hasta que el área se degrade completamente.

Su premisa principal consiste en, que cuando se permite que pequeñas infracciones pasen desapercibidas, y no se sancionan de inmediato, los individuos tienden a percibir, que las normas y el orden son opcionales, lo que favorece la multiplicación de conductas inapropiadas.

Desde esta perspectiva, la Teoría de las Ventanas Rotas cobra especial relevancia, al destacar la importancia de intervenir en las primeras señales de desorden, o, falta de control.

Cuando una empresa permite, que empleados o directivos realicen prácticas poco éticas sin consecuencias, se crea una cultura organizacional en la que el cumplimiento normativo pierde valor, y, eventualmente, los actos ilícitos se convierten en la norma.

Cuando esta teoría se aplica al ámbito del cumplimiento normativo en el mundo corporativo y empresarial, sugiere que la tolerancia a pequeñas irregularidades dentro de una organización puede escalar hasta convertirse en prácticas sistemáticas de fraude, de corrupción, o, de incumplimiento legal.

En otros términos, cuando una empresa no reacciona ante infracciones menores, como la omisión de ciertos procedimientos administrativos, la falsificación de pequeños reportes, o, la aceptación de regalos no declarados por parte de proveedores, se envía un mensaje implícito a los empleados de que las reglas pueden ser ignoradas sin consecuencias.

La permisividad frente a pequeños actos de incumplimiento genera una cultura organizacional de tolerancia al riesgo y la ilegalidad, lo que puede desembocar en fraude, corrupción y otras prácticas ilícitas, tal como se viene indicando.

En este contexto, el Compliance se convierte en la herramienta fundamental para evitar que una "ventana rota" se convierta en una estructura completamente colapsada.

Y todo ello conduce, en definitiva, a generar una cultura organizacional permisiva con el incumplimiento, en la que las transgresiones aumentan progresivamente en número y gravedad.

La aplicación de la Teoría de las Ventanas Rotas en el Compliance implica establecer un sistema de prevención y sanción inmediata de cualquier infracción, sin importar cuán pequeña parezca, para evitar que el incumplimiento normativo se propague, y, se convierta en una práctica aceptada dentro de la empresa.

Esto se logra a través de políticas de detección temprana, de controles internos rigurosos, de un monitoreo constante, y, también de una cultura organizacional de tolerancia cero frente al incumplimiento normativo.

En lo referente a la importancia del cumplimiento de las normas desde el inicio, debe tenerse presente que el cumplimiento normativo en una empresa no se limita únicamente a cumplir con las leyes y regulaciones externas, sino también a garantizar, que las políticas internas, y, los códigos de conducta sean respetados de manera estricta.

La Teoría de las Ventanas Rotas sugiere, que el desorden en pequeñas normas y procedimientos puede dar lugar a un incumplimiento generalizado, ya que los empleados tienden a adaptarse al entorno que observan.

Por ejemplo, si un empleado nota, que otros compañeros no registran correctamente sus gastos de viaje, y, nadie les llama la atención, es probable que, en el futuro, él también haga lo mismo, aumentando poco a poco la magnitud de la irregularidad hasta convertirse en fraude financiero.

En este sentido, en el contexto corporativo, la Teoría de las Ventanas Rotas sugiere que la permisividad ante pequeñas violaciones normativas genera un entorno propenso a faltas más graves.

Si una empresa no sanciona actos como:

a) La falsificación de gastos personales.

b) La omisión de reportes financieros menores.

c) La aceptación de regalos no declarados por parte de proveedores.

Entonces, los empleados y directivos pueden interpretar que la compañía no se preocupa por el cumplimiento.

Con el tiempo, esta mentalidad puede evolucionar hacia fraudes financieros a gran escala, manipulación contable y prácticas corruptas dentro de la organización.

Cuando una empresa no aplica sanciones a irregularidades menores, los empleados y directivos pueden desarrollar una percepción errónea con relación a dicha situación de que:

a) Las normas no son importantes o no se aplican con seriedad.

b) Los empleados de alto nivel pueden transgredir normas sin consecuencias.

c) Existe un ambiente de impunidad donde los actos ilícitos pueden quedar sin castigo.

Esto genera un efecto dominó en el que la falta de sanción lleva a que más personas comiencen a infringir normas.

Si una empresa ignora el mal uso de recursos financieros en pequeñas cantidades, pronto pueden aparecer casos de fraude contable más sofisticados.

El Compliance basado en la Teoría de las Ventanas Rotas se enfoca en mantener un control absoluto sobre cualquier irregularidad, sin importar su magnitud, para evitar la degradación del entorno corporativo, y, prevenir la escalada del incumplimiento normativo.

Las empresas pueden aplicar esta teoría a través de:

a) La promulgación de políticas claras y de una actitud de tolerancia cero ante las infracciones e incumplimientos.

La organización debe establecer un código de conducta robusto que deje en claro, que ningún acto de incumplimiento será tolerado, sin importar quién lo cometa, o, cuál sea su magnitud.

Esto básicamente lleva consigo las siguientes implicaciones:

- Definir procedimientos estrictos para abordar cualquier irregularidad detectada.
- Aplicar sanciones consistentes a todos los niveles de la organización.
- Reforzar la ética organizacional con programas de capacitación y concienciación.

b) La existencia de auditorías y de un monitoreo constante.

Las empresas deben implementar auditorías periódicas para detectar cualquier irregularidad en sus procesos y corregirlas antes de que se conviertan en problemas graves.

Algunos mecanismos de monitoreo incluyen:

- Los análisis de transacciones financieras en tiempo real para detectar movimientos sospechosos.
- Los sistemas de denuncia anónima que permitan a los empleados reportar irregularidades sin temor a represalias.
- El establecimiento de tecnologías de análisis de datos e inteligencia artificial para identificar patrones de incumplimiento.

c) La existencia de una cultura de la organización basada en los principios de responsabilidad, y, de transparencia.

En este sentido, un ambiente corporativo basado en la transparencia y la rendición de cuentas reduce significativamente la probabilidad de incumplimientos.

Para ello, se recomienda:

- Fomentar una cultura de integridad, en la que todos los empleados comprendan la importancia de seguir las normativas.
- Recompensar las buenas prácticas mediante incentivos a quienes contribuyan a la transparencia.
- Asegurar, que los líderes sean un ejemplo de cumplimiento para toda la empresa.

Por tanto, puede afirmarse, que el cumplimiento normativo no es opcional, y la Teoría de las Ventanas Rotas nos enseña, que cualquier irregularidad, por pequeña que parezca, debe ser corregida de inmediato.

La falta de sanción ante transgresiones menores envía un mensaje equivocado a los empleados y puede derivar en escándalos financieros, corrupción y pérdida de confianza en la empresa.

Las empresas que aplican esta teoría de manera efectiva logran fortalecer su reputación, evitar sanciones legales, y, al mismo tiempo garantizar su sostenibilidad a largo plazo.

Las empresas que ignoran pequeños actos de incumplimiento pueden verse expuestas a riesgos reputacionales significativos.

La confianza de los inversores, clientes y reguladores se basa en la percepción de integridad y compromiso con las normas.

Si una empresa muestra debilidades en el cumplimiento normativo, puede perder la confianza del mercado, lo que a su vez puede resultar en:

a) La pérdida de clientes que buscan empresas con prácticas más transparentes.

b) Las Investigaciones regulatorias que pueden derivar en sanciones y multas económicas.

c) La caída en la cotización de la empresa en los mercados financieros.

Para evitar esta situación, es fundamental contar con sistemas de control internos sólidos, políticas de cumplimiento estrictas y una cultura organizacional basada en la ética y la transparencia.

En lo que atañe el riesgo de la normalización del incumplimiento, uno de los efectos más peligrosos de la falta de sanción ante pequeños incumplimientos es la normalización de la conducta inapropiada.

En un entorno donde las reglas son ignoradas o aplicadas de manera selectiva, los empleados pueden asumir que:

a) No hay consecuencias por transgredir las normas.

b) Si los superiores lo hacen, ellos también pueden hacerlo.

c) Las normas pueden interpretarse de forma flexible según la conveniencia.

Esto puede derivar en un ciclo de deterioro organizacional, en el cual el incumplimiento se convierte en una práctica institucionalizada.

Existen varios factores que pueden potenciar el efecto de la Teoría de las Ventanas Rotas dentro de una organización:

a) La falta de controles internos, situación que ocurre si no existen auditorías y mecanismo de monitoreo efectivos, las irregularidades pueden pasar desapercibidas.

b) El liderazgo negligente, que se produce cuando la alta dirección no da el ejemplo, y, tolera pequeñas infracciones, la cultura organizacional se deteriora.

c) La presión por resultados, en la que los empleados que enfrentan objetivos poco realistas pueden verse incentivados a buscar “atajos” fuera del marco normativo.

d) La ausencia de sanciones efectivas, en la cual, cuando los incumplimientos no son castigados o las sanciones son leves, no se disuade la repetición de la conducta.

En lo que se refiere a las estrategias para aplicar la Teoría de las Ventanas Rotas en el Compliance empresarial, debe tenerse en cuenta, que para evitar que pequeñas violaciones normativas se conviertan en problemas graves, las empresas deben aplicar estrategias de prevención, detección y sanción del incumplimiento.

Ello lleva consigo la necesidad de dar cumplimiento a diversas etapas:

a) La fase de prevención, que conlleva la creación de una cultura de Compliance

Una empresa debe comunicar de manera clara que el cumplimiento normativo es una prioridad.

Esto se puede lograr a través de:

- La existencia de códigos de conducta accesibles y comprensibles para todos los empleados.
- La realización de capacitaciones en Compliance obligatorias y periódicas.
- La implementación de campañas de concienciación sobre las consecuencias del incumplimiento.

b) Fase de detección, lo que implica utilizar tanto un monitoreo continuo y la realización de auditorías.

La implementación de mecanismos de control continuo ayuda a identificar señales tempranas de incumplimiento, tales como:

- La revisión periódica de reportes financieros.
- El análisis de patrones sospechosos en la asignación de contratos.
- Y, el uso de tecnologías de análisis de datos para detectar irregularidades.

c) La aplicación de sanciones.

Para evitar la percepción de impunidad, es esencial que todas las violaciones normativas sean sancionadas, independientemente de la jerarquía del infractor.

Esto refuerza el mensaje de tolerancia cero.

En lo que se refiere a las aplicaciones de la Teoría de las Ventanas Rotas en el Compliance corporativo, es importante considerar que para evitar la propagación del incumplimiento dentro de las organizaciones, es necesario aplicar un enfoque preventivo y de intervención inmediata.

Esto implica establecer políticas claras de cumplimiento, monitoreo constante y sanciones efectivas ante cualquier irregularidad, sin importar su magnitud.

Y para ello es preciso instaurar en el seno de la persona jurídica, una serie de herramientas

a) En primer término, es preciso la existencia de una cultura de cumplimiento y de tolerancia cero

El primer paso para evitar que una "ventana rota" afecte la integridad organizacional es fomentar una cultura de cumplimiento basada en:

- En un principio de tolerancia cero al incumplimiento normativo, independientemente de la jerarquía del infractor.
- En una ética corporativa clara y bien comunicada a todos los empleados.
- En un compromiso de la alta dirección, asegurando que los líderes den el ejemplo.

b) La implementación de mecanismos de control y supervisión.

Para garantizar que el cumplimiento normativo se aplique de manera efectiva en toda la organización, es crucial contar con sistemas de control internos como:

- El monitoreo de transacciones financieras en tiempo real para detectar irregularidades.
- El análisis de riesgos corporativos, identificando vulnerabilidades en procesos clave.
- Las auditorías internas frecuentes que permitan evaluar la efectividad de las políticas de cumplimiento.

El uso de inteligencia artificial y análisis de datos está revolucionando el Compliance, permitiendo detectar patrones de comportamiento sospechosos en grandes volúmenes de información.

c) La existencia de canales de denuncia y de protección al denunciante

Un componente esencial en la prevención del incumplimiento es el establecimiento de canales de denuncia internos, que permitan a los empleados reportar cualquier irregularidad de forma segura y anónima.

La protección de los denunciantes es clave para fomentar la confianza en estos mecanismos.

d) La formación y la sensibilización en Compliance

Un programa de Compliance exitoso debe incluir:

- La capacitación periódica sobre regulaciones clave para empleados y directivos.
- La existencia simulaciones de escenarios de incumplimiento para evaluar cómo actuar en situaciones de riesgo.
- El hecho de contar con materiales adecuados de sensibilización sobre la importancia del cumplimiento normativo en la sostenibilidad de la empresa.

Algunas empresas como Google y Microsoft, han incorporado programas de formación interactiva en Compliance, con módulos de aprendizaje en línea, que evalúan continuamente la comprensión existente por parte de los empleados sobre normativas internas.

A contrario sensu, un ejemplo de normalización del incumplimiento es el caso Wells Fargo.

El escándalo de Wells Fargo se produjo en el año 2016, y constituye un caso emblemático de cómo una cultura permisiva, llevó a una crisis de cumplimiento.

La empresa implementó un sistema de incentivos basado en la apertura de nuevas cuentas bancarias, lo que llevó a que muchos empleados abrieran millones de cuentas falsas sin el consentimiento de los clientes para cumplir con sus metas y objetivos.

Inicialmente, las irregularidades eran menores, y, por ello no fueron sancionadas, lo que incentivó a más los empleados a seguir con dicha práctica.

Cuando el problema salió a la luz, la Compañía se enfrentó multas millonarias, a la pérdida de confianza de los inversores, y, a un daño irreparable a su reputación.

La experiencia de ello nos enseñó, que el cumplimiento normativo no puede ser nunca opcional.

Consiguientemente con ello, la Teoría de las Ventanas Rotas nos traslada la idea de que las pequeñas infracciones deben ser corregidas de inmediato, con la finalidad de evitar la degeneración de la cultura empresarial.

Las empresas, que implementan un Compliance sólido, con controles estrictos, y, sanciones efectivas, logran prevenir la producción de crisis, que pueden poner en riesgo su existencia, y, su reputación en el mercado global.

La Teoría de las Ventanas Rotas demuestra, que el incumplimiento normativo no ocurre de la noche a la mañana, sino que constituye un proceso gradual, que comienza inicialmente con la tolerancia a pequeñas irregularidades.

Para evitar que estas conductas escalen a niveles incontrolables, las empresas deben establecer programas de Compliance que sean rigurosos, asegurando la detección, la prevención, y, la sanción de cualquier acto, que atente contra la integridad organizacional.

Las organizaciones que aplican esta teoría como base para su modelo de cumplimiento fortalecen su reputación, su estabilidad financiera, y, con ello, su relación con los clientes, y los inversores, garantizando su éxito, y, también su sostenibilidad a largo plazo.

# IV. Tecnología digitalización y nuevas fronteras

*Capítulo 23*

# *El desarrollo tecnológico vinculado a la denuncias anónimas en el ámbito del Compliance*

En el actual entorno normativo y reputacional, donde la ética organizacional se ha convertido en un eje central de sostenibilidad y competitividad, las herramientas tecnológicas aplicadas a los canales de denuncias representan un elemento crítico del sistema de cumplimiento.

No se trata ya de una simple infraestructura digital de apoyo, sino de un verdadero ecosistema tecnológico que sostiene, protege, documenta y proyecta la integridad institucional.

Por ello, puede afirmarse que la tecnología juega un papel determinante en el tratamiento de denuncias anónimas. Los canales digitales modernos deben estar diseñados para garantizar el anonimato desde el origen, mediante cifrado de extremo a extremo, ausencia de cookies o rastreo, uso de servidores seguros, localización neutral y arquitectura de sistema conforme a la legislación de protección de datos.

Además, deben permitir la gestión segura de la comunicación bidireccional: el denunciante accede mediante un código único, puede recibir mensajes, subir documentos, responder preguntas y seguir el estado de su caso sin ser identificado.

Algunos sistemas avanzados integran además módulos de análisis automatizado, filtros de riesgo, indicadores de confiabilidad textual (por medio de IA) y visualización de patrones en bases de datos internas.

Esta infraestructura no sólo mejora la eficacia de la investigación, sino que aumenta la confianza del usuario y refuerza la trazabilidad, la evidencia procesal y la rendición de cuentas del órgano de cumplimiento.

La tecnología adecuada en la gestión de denuncias anónimas cumple funciones esenciales que trascienden lo técnico.

En primer lugar, actúa como garante de derechos fundamentales: el derecho al anonimato, a la confidencialidad, a la integridad del dato, a la protección frente a represalias, y al debido proceso.

Una plataforma bien diseñada es una extensión digital de la protección legal, y no un simple canal de entrada de información.

Por ello, su arquitectura debe concebirse como una zona segura, donde se respetan las garantías procesales, se documentan las acciones y se resguarda la dignidad del informante y de las personas involucradas.

Además, la tecnología permite un control más fino sobre los tiempos del proceso, la trazabilidad de las actuaciones, el cumplimiento de protocolos, la transparencia interna y la auditoría posterior.

De este modo, la tecnología no solo permite actuar con mayor eficiencia, sino que también permite demostrar, ante terceros (reguladores, auditores, tribunales), que se ha actuado con la diligencia debida exigida por el marco normativo y ético.

Una herramienta digital de denuncias anónimas debe ser entendida como un sistema complejo que combina múltiples capas de protección:

a) Una capa física y lógica de protección (seguridad informática), que garantiza que el dato no sea accedido, alterado, duplicado ni extraído por personal no autorizado.

b) Una capa de anonimato, que asegura que no se recojan, almacenen ni se asocien datos identificativos del denunciante, ni siquiera a través de metadatos o cookies.

c) Una capa funcional, que permite la navegación segura, la redacción clara de la denuncia, la carga de documentos, la interacción con el equipo de Compliance y el seguimiento del caso.

d) Una capa legal, que integra en su diseño los requisitos de normativas locales e internacionales (RGPD, ISO 37301, directivas europeas, leyes locales de protección al denunciante).

e) Una capa experiencial (UX), que genera confianza, claridad, facilidad de uso y legitimidad percibida del canal.

f) Una capa cultural y simbólica: convierte la herramienta no solo en un mecanismo de alerta, sino en una señal institucional de compromiso, escucha y equidad.

Además de las funciones estándar, las herramientas tecnológicas más completas ofrecen una serie de funcionalidades adicionales que enriquecen y optimizan el proceso:

a) Los módulos de "evaluación preliminar automatizada", que sugieren categorizaciones y niveles de riesgo en función del contenido textual de la denuncia.

b) Los interfaces que permiten al denunciante visualizar una "línea de tiempo" anónima del proceso, para mejorar la transparencia sin comprometer la confidencialidad.

c) Las alertas automáticas a responsables de cumplimiento cuando se superan determinados umbrales de inactividad, lo cual ayuda a prevenir la demora injustificada de casos críticos.

d) Los algoritmos de detección de duplicados o casos repetitivos, que alertan si una denuncia presenta elementos ya reportados o similares a otros casos.

e) La integración con canales externos (correo cifrado, mensajería segura, llamadas grabadas mediante IVR) que permiten ampliar el acceso a personas con menor alfabetización digital o en zonas de difícil conectividad.

f) Las funcionalidades adaptadas para cumplir con obligaciones específicas sectoriales: sector salud (HIPAA), financiero (Basilea III), administración pública (transparencia y rendición de cuentas), entre otros.

Para garantizar que la herramienta cumpla con los objetivos propuestos, es necesario implementar un sistema de evaluación periódica de su desempeño.

Esta auditoría debe considerar:

a) Las pruebas de penetración externas e internas (ethical hacking), que verifiquen la solidez de la seguridad del canal.

b) Las Auditorías de procesos de gestión (ISO 19011), para evaluar la trazabilidad, el cumplimiento de plazos, la imparcialidad en el tratamiento de denuncias, y la documentación de decisiones.

c) La revisión de la accesibilidad del canal: número de visitas, tasa de rebote, tasa de finalización de denuncia, dispositivos más utilizados, tiempo medio de navegación.

d) Las encuestas de percepción del canal entre empleados, proveedores, clientes u otros grupos de interés.

e) Los análisis de impacto: número de denuncias que derivaron en mejoras, cambios normativos, formación interna, sanciones o rediseño de procesos.

Si bien las herramientas tecnológicas son fundamentales, su uso requiere cautela ética.

Es imprescindible evitar:

a) La sobre automatización de decisiones que deben tener juicio humano (por ejemplo, descartar denuncias por supuesta "baja credibilidad" sin intervención humana).

b) El uso de IA que evalúe el lenguaje del denunciante sin comprender su contexto cultural, emocional o lingüístico.

c) El almacenamiento excesivo o innecesario de información sensible, incluso en denuncias desestimadas.

d) La creencia de que una herramienta avanzada sustituye la necesidad de formación humana en escucha ética, imparcialidad, empatía o contención.

Por todo ello, se puede afirmar que la mejor herramienta a estos efectos, es aquella que potencia el juicio humano, no la que lo reemplaza.

En este orden de cosas, debe tenerse presente que son diversos los países y los organismos internacionales, que han generado estándares específicos sobre las características mínimas que debe tener un canal digital de denuncias anónimas.

Así debe tenerse presente la Directiva (UE) 2019/1937, en la que se exige que los canales permitan el anonimato, aseguren la confidencialidad, garanticen la independencia funcional y proporcionen plazos razonables de respuesta; la ISO 37002 (Sistemas de Gestión de Denuncias) establece principios y buenas prácticas para el diseño, implementación, operación y mejora continua de estos canales, incluyendo aspectos tecnológicos; el Department of Justice de EE.UU., en sus "Evaluation of Corporate Compliance Programs", sugiere que los canales deben estar disponibles en varios idiomas, ser fácilmente accesibles desde cualquier ubicación geográfica, y no requerir software interno corporativo para su acceso.

Los próximos desafíos tecnológicos en materia de denuncias anónimas no serán únicamente técnicos, sino también de gobernanza.

Algunas preguntas emergentes que ya se están planteando incluyen:

¿Cómo garantizar la ética de los algoritmos utilizados en el análisis automático de denuncias?

¿Qué nivel de intervención humana es necesario para evitar sesgos o exclusiones en el filtrado tecnológico?

¿Qué hacer con los datos históricos en canales cerrados? Ç

¿Cuánto tiempo deben conservarse las denuncias, y bajo qué régimen?

¿Quién debe tener la custodia del canal: el área de Compliance, el comité de ética, un tercero independiente?

¿Cómo conciliar la protección del anonimato con eventuales investigaciones judiciales o regulatorias?

Estas preguntas exigen una gobernanza tecnológica ética, proactiva y colaborativa, que incorpore no solo expertos en IT y legal, sino también en derechos humanos, psicología organizacional, privacidad, y gestión del cambio.

En un entorno global donde la confianza es un valor en crisis, donde la impunidad daña la legitimidad institucional y donde el miedo silencia demasiadas voces, las herramientas tecnológicas para la gestión de denuncias anónimas representan algo más que un desarrollo técnico: son una declaración de principios.

Cuando una organización invierte en una herramienta segura, eficaz, accesible y humana, está diciendo a sus miembros y a la sociedad: "aquí puedes hablar, aquí se te escucha, aquí tu integridad es respetada".

Y cuando esa herramienta se usa con rigor, sensibilidad y visión estratégica, se convierte no sólo en un canal, sino en un puente entre lo que somos y lo que queremos llegar a ser.

*Capítulo 24*

# *El Chief AI Officer (CAIO): el ejecutivo de la estrategia, la gobernanza, y, el cumplimiento de la inteligencia artificial*

La inteligencia artificial (IA) ha transformado radicalmente el mundo empresarial, y está impulsando una nueva revolución tecnológica, que afecta a todos los sectores, desde la banca y la salud, hasta las manufacturas y el comercio electrónico.

Su impacto en la eficiencia operativa, la personalización de servicios, la toma de decisiones, y, la automatización de procesos es innegable.

Sin embargo, la rápida adopción de la IA también conlleva desafíos significativos relacionados con la ética, la regulación, la seguridad, y, la gobernanza de los datos.

En este contexto, el Chief AI Officer (CAIO) ha emergido como una figura determinante dentro de las organizaciones.

El (CAIO) representa un rol fundamental en la era de la inteligencia artificial.

Su función combina estrategia, cumplimiento normativo, ética, innovación tecnológica y gestión de riesgos.

A medida que la IA se convierte en un pilar central de la transformación digital, el CAIO es la figura esencial, que garantiza su adopción de manera efectiva, ética y conforme a la normativa.

Las empresas que adopten esta posición de liderazgo estarán mejor preparadas para aprovechar las oportunidades que la IA ofrece, minimizando riesgos y generando valor sostenible a largo plazo.

El CAIO representa la figura de un ejecutivo de alto nivel, cuyo rol es liderar la estrategia de IA de la empresa, asegurando su desarrollo, y, uso de manera responsable, conforme a los objetivos del negocio, y, alineado, en todo caso, con las regulaciones vigentes.

El CAIO no solo es responsable de la implementación de tecnologías de IA, sino también de la supervisión de los riesgos asociados, la transparencia de los modelos algorítmicos, y, la gestión del cumplimiento normativo en un entorno cada vez más regulado.

El Chief AI Officer (CAIO) es una figura emergente en el mundo corporativo, que ha cobrado una importancia creciente a medida que la inteligencia artificial (IA) se convierte en un pilar central de la estrategia empresarial.

La revolución tecnológica impulsada por la IA ha cambiado radicalmente la forma en que las empresas operan, desde la automatización de procesos, hasta la personalización de experiencias de usuario, la optimización de la toma de decisiones, y, la creación de nuevas oportunidades de negocio.

Sin embargo, junto con estos avances, surgen nuevos desafíos en términos de gobernanza, cumplimiento normativo, ética, seguridad, y, gestión del riesgo, lo que hace indispensable la presencia de un líder dedicado a supervisar el uso de la IA de manera responsable, y, en consonancia plena con la misión y visión de la organización.

El Chief AI Officer es el ejecutivo responsable de diseñar, implementar y supervisar la estrategia de IA de una empresa, asegurando con ello, que el uso de esta tecnología sea eficiente, ético, y, conforme a las regulaciones locales e internacionales.

A medida que la adopción de la IA se expande en diversos sectores, la necesidad de una dirección clara, y, un enfoque estructurado para su implementación se vuelve fundamental.

Este liderazgo es necesario, no solo para aprovechar al máximo el potencial de la IA, sino también para mitigar los riesgos asociados con su uso inadecuado, como el sesgo algorítmico, la falta de transparencia en la toma de decisiones automatizadas, y, la vulnerabilidad a ataques cibernéticos.

El CAIO desempeña un papel central en la creación de marcos de gobernanza de la IA, que permitan a las empresas adoptar tecnologías avanzadas sin comprometer la confianza del público ni infringir normativas regulatorias.

Uno de los principales retos que enfrenta el Chief AI Officer es el cumplimiento normativo.

Con la introducción de marcos regulatorios como la Ley de IA de la Unión Europea, y el Reglamento General de Protección de Datos (RGPD), las empresas deben asegurarse, que sus modelos de IA, cumplan con los más estrictos requisitos de transparencia, equidad, y. privacidad.

El CAIO trabaja en estrecha colaboración con los equipos legales y de cumplimiento normativo para garantizar, que los algoritmos utilizados en la organización sean auditables, explicables, y, se encuentren alineados con los principios éticos y regulatorios.

En sectores como la banca, la salud y la industria farmacéutica, donde las decisiones algorítmicas pueden afectar directamente la vida de las personas, la necesidad de supervisión, y, de cumplimiento, es aún todavía una necesidad, si cabe, más crítica.

Además de la supervisión regulatoria, el CAIO también debe desarrollar e implementar políticas internas, que establezcan directrices claras sobre cómo la empresa recopila, almacena y utiliza los datos que alimentan sus modelos de IA, garantizando con ello, que no se vulneren los derechos de los usuarios, ni se generen riesgos innecesarios.

El liderazgo del Chief AI Officer no solo se limita a la supervisión del cumplimiento normativo, sino que también abarca la gestión del riesgo, y, la seguridad de los sistemas de IA.

La dependencia de los datos, y, el aprendizaje automático en los modelos de IA los hace vulnerables a ataques adversarios[4], en los que actores malintencionados pueden manipular la información de entrada para influir en los resultados de los algoritmos.

El CAIO debe trabajar de la mano con el Chief Information Security Officer (CISO) para implementar protocolos de seguridad, que protejan los modelos de IA contra amenazas externas, asegurando la integridad de los datos, y, la confiabilidad de los sistemas.

Además, la adopción de medidas de protección de la privacidad, como el cifrado de datos y la anonimización, es esencial para garantizar, que la información personal de los usuarios no sea utilizada de manera indebida.

Otro aspecto muy importante del rol del Chief AI Officer es el que hace referencia a la gestión del ciclo de vida de la IA dentro de la empresa.

---

4 Cfr.: Los ataques adversarios (Adversarial Attacks) son técnicas en las que se manipulan los datos de entrada a un modelo de aprendizaje automático para provocar errores específicos en las predicciones del modelo

Desde la fase de investigación y desarrollo, hasta la implementación y monitoreo continuo de los modelos, el CAIO debe supervisar cada etapa para garantizar, que la IA se utilice de manera efectiva y responsable.

Esto implica establecer procesos de validación y prueba rigurosos para garantizar, que los modelos sean precisos, imparciales y adaptables a los cambios en el entorno.

La optimización del rendimiento de los algoritmos constituye un elemento fundamental para evitar resultados sesgados o erróneos, lo que requiere un monitoreo constante, y, al mismo tiempo, la actualización periódica de los datos de entrenamiento.

Además, el CAIO debe asegurarse, que los modelos de IA sean escalables, y, también que los mismos puedan integrarse de manera fluida con las infraestructuras tecnológicas existentes en la empresa.

En el ámbito de la innovación, el Chief AI Officer es responsable de identificar nuevas oportunidades para aplicar la IA en la organización.

Esto implica evaluar tecnologías emergentes como la IA generativa, el procesamiento del lenguaje natural (NLP), la visión por computadora, y, los modelos de aprendizaje profundo, con la finalidad de poder determinar su viabilidad, y, los beneficios potenciales, que de todo ello puedan derivarse.

El CAIO también debe fomentar la colaboración con las universidades, con los centros de investigación, y, con las startups para mantenerse a la vanguardia de la innovación en IA.

La inversión en investigación y en desarrollo (I+D) es esencial para asegurar, que la empresa pueda aprovechar las últimas tendencias tecnológicas, y, con ello poder mantener una ventaja competitiva en el mercado.

Además, la adopción de prácticas de IA sostenible se está convirtiendo en un aspecto cada vez más importante dentro del liderazgo del CAIO, considerando, que el entrenamiento de modelos de IA a gran escala puede tener un impacto significativo en el consumo energético, y, en la huella de carbono de la empresa.

El talento en IA representa otro desafío al que el Chief AI Officer debe enfrentarse.

La creciente demanda de expertos en inteligencia artificial, en aprendizaje automático, y, en la ciencia de datos ha generado una competencia muy intensa por el talento altamente cualificado en este campo.

El CAIO debe liderar la contratación, la retención, y, el desarrollo de equipos especializados en IA, asegurando, que la empresa cuente con los mejores profesionales para impulsar su estrategia tecnológica.

Además de la contratación de expertos, también es esencial fomentar una cultura de aprendizaje continuo dentro de la organización, proporcionando oportunidades de formación, y, de capacitación en IA para empleados de distintas áreas.

La democratización del conocimiento en IA permite, que más equipos dentro de la empresa comprendan, y, aprovechen el potencial de la tecnología, impulsando su adopción de manera efectiva, y, congruente con los objetivos corporativos.

La implementación de inteligencia artificial en una empresa debe generar valor tangible, y el Chief AI Officer es la persona responsable de medir, y, demostrar el impacto que la IA tiene en el negocio.

Para ello, el CAIO debe definir algunos indicadores básicos de rendimiento (KPIs), que evalúen el éxito de los proyectos de IA, tales como: (i) la eficiencia operativa; (ii) la reducción de costos; (iii) la mejora de la experiencia del cliente; y, (iv) la generación de ingresos.

La medición del retorno de inversión (ROI) de la IA es fundamental para justificar futuras inversiones en esta tecnología, y poder asegurar con ello, que su implementación se realice con un enfoque estratégico.

Además, de la capacidad de la IA para mejorar la toma de decisiones, y, de optimizar los procesos internos, también la misma debe ser evaluada de manera continua, garantizando, que su uso se mantenga alineado con las prioridades de la empresa.

El impacto del Chief AI Officer trasciende la gestión interna de la empresa y se extiende a la relación con inversores, clientes, y, otras partes interesadas.

La confianza en el uso de la IA es un factor trascendente para la adopción de esta tecnología en la sociedad, y el CAIO tiene la responsabilidad de asegurar, que la empresa utilice la IA de manera transparente, ética y confiable.

En un entorno donde las preocupaciones sobre la privacidad, la discriminación algorítmica, y, la falta de transparencia y de inteligibilidad de los modelos de IA están en aumento, la existencia de una comunicación clara, y, la rendición de cuentas en el uso de esta tecnología se vuelven cada vez más aspectos esenciales en el uso de esta tecnología.

La implementación de principios de IA responsable, por tanto, no solo ayuda a mitigar riesgos reputacionales, sino que también fortalece la imagen corporativa y genera una confianza mayor entre los consumidores, y, los reguladores.

El futuro del Chief AI Officer se perfila como un rol aún más estratégico a medida, que la IA continúa evolucionando, y, se establecen regulaciones más estrictas.

En los próximos años, se espera, que las empresas, que adopten un liderazgo sólido en IA, y, que cuenten con una supervisión clara en su implementación de esta tecnología, sean las que logren capitalizar las oportunidades derivadas del uso de la misma, sin tener que confrontar con ello, con problemas de naturaleza legal o ética.

La transformación digital impulsada por la IA requiere un liderazgo especializado, que garantice, que su adopción sea sostenible, alineada con los valores de la empresa, y, que sea beneficiosa para la sociedad en su conjunto.

En este contexto, el Chief AI Officer se convierte en una figura indispensable para las organizaciones, que buscan navegar el complejo panorama de la inteligencia artificial con éxito y responsabilidad.

No obstante ello, debe tenerse presente, que el papel asignado al CAIO ha surgido en respuesta al crecimiento exponencial de la IA, y, sus implicaciones tanto tecnológicas como regulatorias.

Tradicionalmente, la gestión de IA recaía en equipos de tecnología bajo la supervisión del Chief Technology Officer (CTO) o el Chief Data Officer (CDO).

Sin embargo, la complejidad de la IA moderna ha hecho que su gestión requiera un liderazgo especializado, con un enfoque holístico o de carácter global, que combine el conocimiento técnico, con el de tipo normativo y/o estratégico.

A medida que la IA se ha convertido en un activo crítico para la competitividad empresarial, ha surgido la necesidad de establecer marcos de gobernanza más sólidos y consolidados, que aseguren su desarrollo, y, su aplicación de forma ética, segura, y, en consonancia con los objetivos corporativo de cualquier entidad.

Como factores que de manera principal han impulsado la creación del rol a desempeñar por el CAIO, pueden citarse, entre otros, los siguientes:

a) La existencia de una regulación creciente de la IA.

La introducción de regulaciones como la Ley de IA de la UE, y el RGPD y demás normativas sectoriales, exigen un control riguroso del uso de IA en las empresas.

b) La expansión de la IA en los procesos empresariales.

Desde los chatbots hasta sistemas de predicción y automatización avanzada, la IA se ha convertido en un componente esencial de la innovación y de la eficiencia operativa.

c) Las preocupaciones derivadas de la ética y de la transparencia.

La IA puede generar sesgos, afectar a la privacidad, y, tomar decisiones opacas.

La supervisión del CAIO ayuda a garantizar, que los modelos sean explicables, justos, y de carácter no discriminatorios.

d) La necesidad de alineación estratégica.

La implementación de IA debe estar alineada con los objetivos del negocio, y, no ser simplemente una iniciativa aislada de los equipos técnicos.

e) La gestión del riesgo.

La IA conlleva riesgos financieros, legales y reputacionales.

En este sentido, debe indicarse, que la figura del CAIO ayuda a mitigar estos riesgos, y, de manera simultánea, poder garantizar de manera adecuada una adopción segura de la tecnología.

En lo que concierne a las responsabilidades más importantes atribuidas al Chief AI Officer, debe tenerse presente, que el CAIO tiene una función multidisciplinaria, que abarca la estrategia, la gobernanza, el cumplimiento normativo, la innovación tecnológica, y, la gestión del talento en IA.

Sus principales responsabilidades incluyen fundamentalmente su posicionamiento en los siguientes temas o materias:

a) En el desarrollo y la ejecución de la estrategia de IA

A él le compete: (i) el diseñar una hoja de ruta para la integración de la IA en los procesos y productos de la empresa; (ii) el priorizar las inversiones en IA, asegurando un equilibrio entre innovación y riesgos; (iii) el coordinarse con el CEO, CTO, y CDO para garantizar una alineación entre la tecnología, y, los objetivos de negocio; (iv) el supervisar la implementación de IA en múltiples áreas, desde el marketing y las ventas, hasta los recursos humanos, y, las áreas de operaciones de cada entidad.

b) En el ámbito de la gobernanza y del cumplimiento normativo de la IA

En este ámbito le corresponde a este profesional: (i) el establecer las políticas y los procedimientos para el uso responsable de la IA; (ii) el asegurar el cumplimiento de regulaciones como el RGPD, la Ley de IA de la UE, y, aquellas otras normativas específicas del sector; (ii) el implementar las auditorías algorítmicas para verificar la equidad, la transparencia, y, la justificación de cada uno de los modelos basados en la IA; (iii) el colaborar con los equipos legales, y, de cumplimiento normativo de la organización, con la finalidad de garantizar el uso ético de la IA.

c) En la supervisión de la seguridad y protección de datos personales.

Para ello, debe tener atribuidas las correspondientes competencias encaminadas a: (i) el asegurar, que los sistemas de IA cumplan con los estándares de ciberseguridad; (ii) el coordinarse con el Chief Information Security Officer (CISO) para prevenir ataques a los modelos de IA; (iii) el implementar protocolos de anonimización, y, de encriptación de datos utilizados en modelos de IA; (iv) el monitorear el uso de datos personales en las aplicaciones de IA, con el propósito de evitar incumplimientos regulatorios.

d) En la gestión del ciclo de vida de la IA.

En este cometido, le corresponde el ejercicio de las siguientes funciones: (i) el supervisar el desarrollo, el entrenamiento, la validación, y, el mantenimiento de los modelos de IA; (ii) el definir los estándares de calidad, y, de monitoreo continuo del rendimiento de la IA; (iii) el garantizar de manera adecuada, que los modelos se actualicen con datos relevantes, y, sin la existencia de sesgos; (iv) el coordinar la integración de la IA con otras tecnologías, como pueden ser el Internet de las Cosas (IOT) y/o el Blockchain.

e) En la innovación y en la evaluación de nuevas tecnologías

En este orden de cosas, al CAIO le corresponde asumir el desarrollo de las siguientes funciones o tareas: (i) el explorar los avances en IA generativa; (ii) el procesamiento del lenguaje natural (NLP); (iii) la visión por computadora y otras disciplinas de carácter análogo; (iv) el evaluar las oportunidades para el uso de IA en nuevos productos y servicios; (v) el fomentar las colaboraciones con las startups, las universidades, y, otros centros de investigación en IA; (vi) el implementar metodologías de IA responsable y sostenible, reduciendo con ello, el impacto ambiental del entrenamiento de los modelos de IA.

f) En la gestión del talento y cultura de IA dentro de la empresa.

Así, al Chief IA Officer se le atribuye el ejercicio de las siguientes facultades y competencias: (i) asumir el liderazgo de la contratación, y, la formación de equipos especializados en IA; (ii) la capacitación de los empleados en todas las áreas sobre el uso, y, los riesgos derivados de la IA; (iii) la promoción de una cultura basada en la innovación, y, la experimentación con la IA dentro del ámbito de la empresa; y (iv) el fomento de la colaboración entre los equipos de datos, la tecnología, y, el negocio.

A medida que la IA continúa evolucionando, la figura del CAIO se volverá aún más relevante.

Se espera, que las regulaciones sobre IA se fortalezcan en los próximos años, lo que hará, que el papel atribuido al CAIO sea cada vez más importante y trascendente para poder garantizar eficazmente el cumplimiento normativo.

Además, la creciente preocupación por la ética de la IA hará que este ejecutivo sea un actor clave en la formulación de políticas de transparencia, y, de equidad en la toma de decisiones algorítmicas.

En el futuro, es más que probable, que el CAIO tenga un papel más activo y relevante en la formulación de políticas públicas, colaborando con los reguladores, y, con los gobiernos para establecer estándares globales, que tengan por cometido el uso responsable de la IA.

También se espera, que la IA juegue un papel más importante en áreas como la sostenibilidad, donde el CAIO deberá liderar iniciativas, que tengan como misión el hecho de poder reducir la huella de carbono de los modelos de IA.

*Capítulo 25*

# *Reflexiones sobre la vinculación entre el Compliance y la IA*

La relación entre la inteligencia artificial (IA) y el Compliance en el ámbito empresarial representa una de las transformaciones más significativas en la gobernanza corporativa del siglo XXI.

En un entorno caracterizado por la aceleración tecnológica, el endurecimiento regulatorio y la creciente demanda social de prácticas empresariales éticas y responsables, el cumplimiento normativo -o Compliance- ha dejado de ser una función meramente reactiva o burocrática para convertirse en un eje estratégico del desarrollo organizacional.

En este contexto, la incorporación de tecnologías basadas en IA no solo representa una oportunidad de eficiencia y automatización, sino también un desafío ético, jurídico, y operativo de enorme profundidad.

El Compliance tradicional, centrado en la verificación del cumplimiento de normas, la supervisión de procedimientos internos, y la prevención de riesgos legales o reputacionales, se ha enfrentado limitaciones evidentes en términos de capacidad de análisis, tiempo de respuesta, y cobertura operativa.

Las auditorías manuales, los reportes periódicos, y la vigilancia por muestreo resultan insuficientes en aquellos contextos, donde los flujos de información son inabarcables, y los riesgos se multiplican en tiempo real.

Frente a esta realidad, la IA emerge como una herramienta disruptiva capaz de transformar la función de Compliance, desde un enfoque basado en el control retrospectivo, hacia uno de carácter predictivo, continuo, y automatizado.

La inteligencia artificial aplicada al Compliance permite desarrollar sistemas capaces de detectar patrones de comportamiento, identificar irregularidades, anticipar riesgos, y monitorear de manera constante los procesos organizativos.

Esto se logra mediante técnicas como el aprendizaje automático (machine learning), el procesamiento del lenguaje natural (NLP), los algoritmos de clasificación, la minería de datos, la visión artificial, y la automatización robótica de procesos (RPA).

Por ejemplo, en el sector financiero, la IA puede analizar millones de transacciones en segundos, identificando operaciones sospechosas relacionadas con el lavado de dinero, o la financiación del terrorismo; en el ámbito legal, permite revisar automáticamente contratos y normativas, detectando cláusulas abusivas o incumplimientos regulatorios; y en el ámbito corporativo general, puede analizar correos electrónicos, y comunicaciones internas para identificar conflictos de interés, fraude interno, o conductas éticamente cuestionables.

Asimismo, el uso de IA en Compliance ha permitido la creación de canales éticos inteligentes, donde las denuncias internas (whistleblowing) pueden ser gestionadas de forma segura, anónima y eficiente, mediante asistentes virtuales, que garantizan la trazabilidad, la integridad, y la confidencialidad de las comunicaciones.

Además, la IA permite realizar investigaciones internas avanzadas gracias a su capacidad para procesar grandes volúmenes de datos no estructurados (como correos, registros de acceso, chats corporativos), y encontrar correlaciones que un equipo humano tardaría semanas o meses en descubrir.

Esto mejora la capacidad de respuesta ante incidentes y fortalece la credibilidad de los sistemas internos de integridad.

No obstante, esta transformación tecnológica también conlleva importantes riesgos y desafíos.

Uno de los más relevantes es el de los sesgos algorítmicos, donde los modelos de IA aprenden a partir de datos históricos, que pueden reflejar -y amplificar- patrones de discriminación, o de desigualdad existentes.

Así, un sistema de IA mal entrenado podría aplicar criterios injustos o desproporcionados en la evaluación de empleados, clientes, o proveedores.

Del mismo modo, la falta de transparencia en el funcionamiento de algunos modelos (especialmente los de tipo caja negra o black box) dificulta su auditabilidad, y pone en entredicho la responsabilidad jurídica ante decisiones automatizadas.

Por ello, es esencial, que el diseño y la implementación de IA en Compliance se rijan por principios de explicabilidad, proporcionalidad, supervisión humana, y respeto a los derechos fundamentales.

Desde la perspectiva regulatoria, la integración de la IA al Compliance también exige nuevas herramientas normativas.

La Unión Europea, por ejemplo, ha avanzado significativamente con el Reglamento General de Protección de Datos (RGPD) y la propuesta del Reglamento de Inteligencia Artificial (AI Act), estableciendo obligaciones específicas para el uso de algoritmos en contextos de riesgo elevado.

Estas normas establecen criterios como la evaluación de impacto algorítmico, el deber de transparencia, la trazabilidad de las decisiones y la obligación de supervisión humana.

En el mismo sentido, organismos internacionales como la OCDE, Naciones Unidas, y la ISO han emitido principios éticos para el uso responsable de la inteligencia artificial, que las empresas deben integrar en sus políticas de gobernanza y responsabilidad social.

Para responder a estas exigencias, muchas organizaciones han comenzado a incluir la IA como parte central de sus sistemas de gobierno corporativo.

La creación de comités éticos de IA, la implementación de marcos de gobernanza algorítmica, la capacitación de Compliance Officers en competencias digitales, y la inclusión de cláusulas específicas sobre ética algorítmica en los códigos de conducta corporativa, constituyen algunas de las prácticas emergentes en este campo.

Además, se hace cada vez más necesario formar a los empleados en principios de alfabetización algorítmica, y de cultura ética digital, promoviendo una comprensión crítica del papel de la tecnología en los procesos de toma de decisiones.

El futuro del Compliance con IA apunta hacia un modelo proactivo, inteligente, y sostenible.

La evolución tecnológica permitirá el desarrollo de sistemas de Compliance autónomo, capaces de realizar auditorías en tiempo real, simular escenarios de riesgo, y proponer medidas preventivas antes de que se produzca el incumplimiento.

El uso de IA generativa, combinada con simulación digital (digital twins) y blockchain, abrirá nuevas fronteras en la trazabilidad, la transparencia, y la verificación del cumplimiento normativo.

Sin embargo, para que esta transformación sea efectiva, será imprescindible mantener un equilibrio entre innovación y control, asegurando que la tecnología esté siempre al servicio de los valores fundamentales del Compliance, entre los que se encuentran la legalidad, la ética, la transparencia, y la responsabilidad.

En suma, la integración de la inteligencia artificial en el ámbito del Compliance no es simplemente una mejora técnica, o una herramienta de eficiencia operativa, sino una reconfiguración profunda del modo en que las organizaciones entienden, y gestionan su deber de actuar conforme al derecho y a los valores éticos.

Se trata de una oportunidad sin precedentes para fortalecer la integridad empresarial, pero también de una responsabilidad, que exige marcos normativos adecuados, una supervisión institucional, un compromiso directivo, y una cultura organizacional centrada en la ética digital.

En este nuevo horizonte, el Compliance dejará de ser una carga, o una obligación para convertirse en un motor de innovación responsable, de confianza social, y de sostenibilidad corporativa.

La emergencia de la inteligencia artificial como fuerza estructurante en la actividad empresarial, no puede desligarse del rediseño profundo que muchas organizaciones están experimentando en sus modelos de cumplimiento normativo.

El Compliance, entendido no solo como un sistema de prevención y respuesta a infracciones legales, sino como una arquitectura de gobernanza ética, se ve interpelado por una tecnología, que tiene la capacidad de modificar el modo en que se toman decisiones, se procesan datos, y se definen los estándares de lo correcto o lo legal dentro de las organizaciones.

En este sentido, la inteligencia artificial no es solo una herramienta técnica, que potencia las funciones del Compliance, es también un agente transformador de su naturaleza, un catalizador de nuevas preguntas sobre la responsabilidad, la transparencia, la autonomía, y la justicia en el contexto empresarial.

Uno de los efectos más notables de esta transformación, es el paso de una lógica de cumplimiento reactiva hacia una lógica proactiva y predictiva.

En lugar de limitarse a verificar el cumplimiento a posteriori, la IA permite modelar escenarios de riesgo, identificar variables que históricamente han conducido a conductas irregulares, y activar mecanismos de alerta temprana basados en inferencias algorítmicas.

Esta capacidad predictiva permite una anticipación estratégica del riesgo, lo que transforma la función del Compliance Officer, que pasa de ser un supervisor jurídico a convertirse en un gestor activo del futuro ético de la organización.

Esta anticipación, no solo es útil para prevenir fraudes o incumplimientos, sino que también sirve para detectar zonas grises, dilemas éticos incipientes, o impactos no previstos de determinadas decisiones corporativas.

Al mismo tiempo, la utilización de IA requiere que el sistema de Compliance desarrolle una nueva competencia clave, que no es otra que la auditabilidad algorítmica.

Las empresas ya no solo deben poder demostrar que han cumplido con una norma, sino también que sus sistemas inteligentes han tomado decisiones conforme a principios legales y éticos.

Esto implica que los modelos utilizados deben ser comprensibles, explicables y reproducibles.

En otras palabras, se exige que la IA en Compliance sea no solo eficaz, sino también transparente y trazable.

Este principio de explicabilidad adquiere especial relevancia en contextos de alto riesgo, como la contratación de personal, la evaluación del desempeño, el control de proveedores, o la detección automatizada de potenciales infracciones.

En todos estos casos, los sistemas de IA deben ser capaces de justificar sus recomendaciones, o las acciones ante los auditores, los reguladores, los empleados, o los afectados.

Pero el Compliance basado en IA no solo plantea desafíos técnicos.

También exige una reflexión profunda sobre el diseño institucional, y el carácter organizativo de la empresa.

Ante estos condicionamientos, cabe cuestionarse en otras cuestiones las que se citan seguidamente:

a) ¿Quién es responsable si un sistema de IA discrimina injustamente a un proveedor o a un empleado?

b) ¿Cómo se reparan los daños causados por una decisión algorítmica errónea?

c) ¿Qué derechos tienen los individuos ante una evaluación automatizada?

Para responder a estas preguntas, muchas organizaciones están incorporando, tal como se ha indicado anteriormente, mecanismos de gobernanza algorítmica, que incluyen comités éticos interdisciplinarios, procesos de revisión de decisiones automatizadas, protocolos de apelación humana, y auditorías externas de modelos.

Estos mecanismos buscan garantizar, que la IA no sustituya la responsabilidad humana, sino que actúe como complemento responsable bajo supervisión crítica.

En este punto, resulta esencial resaltar, que el Compliance no pueda limitarse a aplicar ciegamente los outputs de los sistemas inteligentes.

La automatización del cumplimiento debe ir acompañada de una cultura organizacional sólida, que promueva la deliberación, el juicio ético, y la vigilancia crítica de la tecnología.

Esto implica formar a los empleados, no solo en el uso de herramientas digitales, sino también en la comprensión de sus implicancias éticas y sociales.

Un sistema de Compliance verdaderamente robusto, no es aquel que automatiza más procesos, sino aquel que sabe cuándo delegar en la IA, y cuándo es imprescindible la intervención humana.

Esta capacidad de discernimiento representa, en última instancia, una cuestión de gobernanza y liderazgo.

Un ámbito especialmente interesante donde se manifiesta esta interacción entre IA y Compliance, es el de los canales éticos internos.

Tradicionalmente, estos canales se han enfrentado a desafíos, como puede ser la baja participación, el miedo a represalias, la sobrecarga de los equipos jurídicos, y la lentitud en la resolución de casos.

La incorporación de IA puede transformar este espacio mediante asistentes virtuales, que guíen a los empleados en sus denuncias, sistemas de priorización automatizada de casos, herramientas de análisis semántico, que identifican tendencias de conducta indebida, y hacia modelos predictivos, que anticipan focos de conflicto.

Así, el canal ético deja de ser un instrumento meramente reactivo para convertirse en una fuente dinámica de inteligencia ética organizacional.

Por otra parte, la evolución regulatoria obliga a las empresas a estar atentas a múltiples marcos legales, que afectan simultáneamente a sus sistemas de IA.

Desde la aprobación del Reglamento General de Protección de Datos (RGPD), que establece restricciones sobre el uso de datos personales y decisiones automatizadas, hasta el Reglamento de Inteligencia Artificial de la Unión Europea (AI Act), que establece exigencias específicas para los sistemas de "alto riesgo", las normativas comunitarias exigen, que el Compliance evolucione de forma multidimensional.

Además, en países fuera del ámbito europeo, están emergiendo marcos similares, que incorporan principios de transparencia, de responsabilidad, y de equidad algorítmica.

Esto implica que el Compliance global debe incorporar una visión holística del marco legal, que contemple no solo las leyes nacionales, sino también los estándares internacionales, los códigos de conducta sectoriales y las directrices éticas de organismos multilaterales.

En este marco, la IA también se convierte en una aliada del Compliance para abordar aspectos relacionados con la sostenibilidad y la gobernanza ambiental, social y corporativa (ESG).

Las empresas están utilizando modelos de IA para analizar grandes volúmenes de información sobre sus cadenas de suministro, identificar riesgos de violaciones de derechos humanos, evaluar el impacto ambiental de sus operaciones, y monitorear el cumplimiento de compromisos sociales.

Esta expansión del Compliance hacia dimensiones más integrales -éticas, sociales y ambientales- refuerza la idea de que la IA debe estar al servicio de una responsabilidad empresarial más amplia, que no se limite a evitar sanciones, sino que aspire a generar confianza, legitimidad, y también valor social.

La perspectiva de futuro del Compliance basado en IA apunta hacia la convergencia entre automatización, gobernanza inteligente, y ética digital.

Con el avance de tecnologías como es la IA generativa, los sistemas de simulación organizacional (digital twins) o el blockchain, será posible diseñar entornos de cumplimiento casi autónomos, que simulen escenarios éticos, evalúen impactos regulatorios futuros, y propongan políticas preventivas en tiempo real.

Sin embargo, esta sofisticación técnica no puede hacer olvidar que el centro del Compliance sigue siendo el compromiso humano con el bien común, la justicia, y la responsabilidad.

Por eso, los modelos de IA más útiles no serán necesariamente los más complejos, sino aquellos que ayuden a las personas a tomar mejores decisiones, a reflexionar críticamente sobre sus prácticas, y a construir organizaciones más íntegras y confiables.

De este modo, la integración de la inteligencia artificial en el Compliance no es una opción técnica, sino una decisión estratégica, y ética de primer orden.

Requiere de liderazgo visionario, de inversión sostenida, de diálogo interdisciplinario y, sobre todo, de una profunda comprensión del papel de la empresa en la sociedad.

Si se implementa con inteligencia, sensibilidad y sentido ético, la IA no solo permitirá que las organizaciones cumplan con la ley, sino que las ayudará a ser más justas, más transparentes, más humanas, y sobre todo más sostenibles.

En este horizonte, el Compliance se configura como una brújula moral que, con la ayuda de la tecnología, puede guiar a las empresas en medio de la complejidad del mundo contemporáneo.

*Capítulo 26*

# *El Compliance versus el CiberCompliance*

El CiberCompliance es una de las expresiones más avanzadas y necesarias del cumplimiento normativo en el contexto actual de la transformación digital.

Nace de la confluencia entre la necesidad de proteger la información en entornos digitales, la proliferación de amenazas cibernéticas y el creciente cuerpo legislativo, que regula la seguridad informática, la privacidad de los datos, y la integridad de los sistemas tecnológicos en el ámbito empresarial.

Su relevancia ha crecido de manera exponencial en los últimos años, impulsada por factores como la digitalización acelerada, la dependencia de infraestructuras tecnológicas complejas y distribuidas, la externalización de servicios a través de proveedores en la nube y, sobre todo, por el impacto devastador que pueden tener los ciberataques sobre la continuidad del negocio, la reputación corporativa y la confianza de los clientes, y socios estratégicos.

El Compliance y el CiberCompliance comparten un propósito común: garantizar que una organización actúe conforme a las leyes, normativas, estándares éticos y buenas prácticas que le son aplicables.

Sin embargo, presentan diferencias sustantivas en cuanto a su objeto, enfoque, herramientas, riesgos gestionados y perfiles profesionales implicados.

A diferencia del Compliance tradicional, centrado en el cumplimiento de normas jurídicas generales o sectoriales, el CiberCompliance supone una especialización normativa y técnica que obliga a las empresas a establecer mecanismos de control, prevención y respuesta ante un conjunto muy específico de riesgos: los relacionados con la tecnología, la información digital, y los sistemas de comunicación.

Por ello, aunque el Compliance y el CiberCompliance forman parte de una misma filosofía de cumplimiento y responsabilidad organizacional, sus diferencias son notables en cuanto a su ámbito de actuación, los riesgos que gestionan, los marcos normativos que aplican, los perfiles profesionales que requieren, y las herramientas que emplean.

El Compliance establece los principios generales de legalidad, ética y buena gobernanza, mientras que el CiberCompliance se encarga de garantizar que esos principios también se respetan y aplican en el ámbito digital.

Ambos son complementarios y, en muchos casos, interdependientes, especialmente en un mundo en el que la transformación digital obliga a repensar todas las dimensiones del cumplimiento normativo desde una óptica tecnológica, dinámica y transversal.

A continuación, se analizan las principales diferencias entre ambos conceptos, no como compartimentos estancos, sino como áreas interrelacionadas dentro de la gobernanza corporativa.

En primer lugar, la diferencia fundamental entre Compliance y CiberCompliance radica en el objeto de cumplimiento.

El Compliance -en su acepción general- abarca el cumplimiento normativo en su sentido más amplio, incluyendo ámbitos como el derecho penal corporativo, la prevención del blanqueo de capitales, la protección del consumidor, la responsabilidad medioambiental, la competencia, los derechos laborales o la fiscalidad.

Se trata, por tanto, de un conjunto transversal de exigencias legales y éticas, que afectan a múltiples dimensiones de la organización.

El CiberCompliance, tal como antes se indicó, en cambio, es una rama especializada que se enfoca de manera particular en el cumplimiento de normativas y estándares vinculados con la seguridad de la información, la protección de datos personales, la ciberseguridad, la gestión de sistemas tecnológicos, y los riesgos digitales.

Este enfoque especializado del CiberCompliance implica una segunda diferencia: el tipo de riesgo que cada uno gestiona.

Mientras que el Compliance tradicional se orienta a prevenir, detectar y sancionar conductas que puedan dar lugar a incumplimientos normativos o a comportamientos contrarios a la ética empresarial (como la corrupción, el fraude o el conflicto de intereses), el CiberCompliance está diseñado para mitigar riesgos tecnológicos y digitales, tales como ataques informáticos, accesos no autorizados, brechas de datos, uso indebido de sistemas, suplantación de identidad, o interrupciones en los servicios digitales.

Se trata, por tanto, de riesgos que tienen un fuerte componente técnico, y que requieren una comprensión profunda del ecosistema digital en el que opera la organización.

Una tercera diferencia importante tiene que ver con los marcos normativos y regulatorios aplicables.

En el ámbito del Compliance general, las fuentes jurídicas son múltiples y variadas, según el sector y la jurisdicción: leyes nacionales, reglamentos europeos, códigos de conducta, circulares de supervisores, etc.

El CiberCompliance, por su parte, se basa en un cuerpo normativo más específico y en constante evolución, que incluye normas como el Reglamento General de Protección de Datos (RGPD), la Directiva NIS 2 sobre seguridad de las redes y sistemas de información, la Ley de Ciberseguridad Nacional, así como estándares técnicos como ISO/IEC 27001, NIST Cybersecurity Framework, CIS Controls o ENS (Esquema Nacional de Seguridad, en el caso español).

Estos marcos normativos combinan elementos jurídicos y técnicos, y exigen a las empresas una doble competencia: jurídica y tecnológica.

Otra diferencia relevante se encuentra en los perfiles profesionales involucrados.

El Compliance tradicional suele estar dirigido por juristas con conocimientos en derecho corporativo, penal, laboral o regulatorio, apoyados por auditores y expertos en gobierno corporativo.

En cambio, el CiberCompliance requiere la colaboración activa entre juristas especializados en protección de datos o derecho tecnológico, profesionales de TI, expertos en ciberseguridad, ingenieros de sistemas, y auditores técnicos.

Esta interdisciplinariedad convierte al CiberCompliance en una función híbrida, que obliga a romper los silos organizativos y promover una cultura de colaboración entre departamentos, que tradicionalmente han operado de forma separada.

Desde el punto de vista metodológico, el Compliance tradicional utiliza herramientas como mapas de riesgos legales, matrices de cumplimiento, canales éticos, códigos de conducta, y programas de formación general.

El CiberCompliance, en cambio, se apoya en técnicas y herramientas propias del ámbito tecnológico: pruebas de penetración (pentesting), análisis forense, cifrado de información, gestión de identidades y accesos

(IAM), plataformas de detección de amenazas, simulacros de ciber incidentes, sistemas de control de logs, y protocolos de respuesta ante brechas de seguridad.

Estas herramientas requieren conocimientos técnicos avanzados y capacidades de intervención en tiempo real, algo poco habitual en las funciones de Compliance tradicional.

A nivel operativo, mientras que el Compliance puede operar con una lógica más estática y basada en la documentación y prevención ex ante, el CiberCompliance requiere una dinámica continua, adaptativa y proactiva, debido al carácter cambiante, global e impredecible de las amenazas digitales.

No es posible "cerrar" el cumplimiento en materia de ciberseguridad, porque las vulnerabilidades emergen constantemente y los atacantes desarrollan nuevas técnicas con gran rapidez.

Esta naturaleza cambiante del riesgo obliga a una vigilancia constante, a la revisión periódica de los controles implantados, y a una actualización continua de los sistemas y procedimientos de seguridad.

El CiberCompliance obliga a las organizaciones a desarrollar una arquitectura de seguridad integral, que contemple políticas internas de protección de datos, procedimientos de respuesta ante incidentes, controles de acceso, sistemas de monitorización y evaluación continua de amenazas, formación periódica a empleados sobre buenas prácticas digitales, y canales de denuncia interna para reportar vulneraciones o conductas negligentes en el uso de la tecnología.

Todo ello bajo un enfoque de gestión del riesgo, que permita identificar las amenazas más críticas, valorar su probabilidad de materialización y su impacto potencial, y establecer prioridades en la implementación de medidas técnicas y organizativas.

A este enfoque, se suma una vertiente jurídica que exige revisar permanentemente el marco regulatorio aplicable, especialmente, en aquellos sectores, que por sus propias características son especialmente sensibles, como pueden ser: el financiero, el sanitario, el energético o el de infraestructuras críticas, donde la exposición a ciberataques puede derivar en responsabilidades penales, civiles y administrativas.

Una dimensión especialmente delicada del CiberCompliance es la que afecta a la protección de datos personales.

Desde la entrada en vigor del RGPD en Europa, y de legislaciones similares en otras jurisdicciones, (v.gr. la LOPDGDD en España), las empresas están obligadas no solo a garantizar la seguridad de los datos que tratan, sino también a documentar cómo lo hacen, con qué fines, durante cuánto tiempo, con qué base legal, y con qué garantías de que los derechos de los titulares de los datos, serán respetados en todo momento.

El incumplimiento de estas obligaciones puede acarrear sanciones millonarias, como han demostrado casos conocidos en los últimos años, que han involucrado a grandes corporaciones tecnológicas.

Pero más allá del coste económico, el daño reputacional, y la pérdida de confianza del público pueden ser incluso más perjudiciales a largo plazo.

En este contexto, el papel de los responsables de cumplimiento se ha transformado.

Ya no basta con tener un departamento de asesoría jurídica o de auditoría, que revise contratos o detecte incumplimientos normativos; es imprescindible contar con perfiles especializados en CiberCompliance, capaces de interpretar los riesgos desde una perspectiva multidisciplinar, en la que confluyen el derecho, la seguridad informática, la ética empresarial, y la gestión estratégica.

Estos perfiles deben interactuar con los responsables de sistemas, de recursos humanos, de protección de datos, y de dirección general, en un enfoque transversal, que contemple toda la cultura corporativa de una organización

El cumplimiento en materia de ciberseguridad no puede concebirse como una función aislada, sino como un componente esencial de la gobernanza de las organizaciones, alineado con sus valores, objetivos, y compromisos con sus grupos de interés.

Otro aspecto clave del CiberCompliance es su vínculo con las investigaciones internas.

Cuando se produce una brecha de seguridad, un incidente de pérdida o robo de datos, una intrusión no autorizada, o cualquier otra anomalía tecnológica, se activa un proceso, que no solo tiene una dimensión técnica -resolver el problema, contener los daños, restaurar los sistemas-, sino también una vertiente jurídica y organizacional, que exige investigar el suceso, identificar las causas y, si procede, depurar responsabilidades.

Las investigaciones internas en el ámbito del CiberCompliance deben llevarse a cabo conforme a protocolos previamente definidos, garantizando el respeto a los derechos de los empleados, la confidencialidad de la información, la trazabilidad de las actuaciones, y la independencia del equipo investigador.

En muchos casos, estas investigaciones pueden desembocar en notificaciones obligatorias a las autoridades de control, como las agencias de protección de datos, o los centros nacionales de ciberseguridad, o incluso, en la obligación de informar a los afectados, si la vulneración entraña un alto riesgo para sus derechos y libertades.

El CiberCompliance también se proyecta hacia el futuro.

La aparición de nuevas tecnologías como la inteligencia artificial, el internet de las cosas, la computación cuántica o los entornos de trabajo híbridos plantea desafíos inéditos, que deben ser abordados desde una lógica preventiva.

Por ejemplo, la utilización de algoritmos de decisión automatizada implica nuevos riesgos de sesgo, discriminación, o falta de transparencia, que deben ser anticipados desde el diseño mismo de los sistemas (enfoque "privacy by design and by default").

Asimismo, el uso de dispositivos conectados a internet en entornos industriales o domésticos expande la superficie de ataque, y obliga a revisar constantemente las medidas de seguridad adoptadas.

El CiberCompliance como necesidad estructural, constituye una de las transformaciones más profundas en la concepción del cumplimiento normativo en la era digital.

Esta idea parte de un reconocimiento fundamental: en el contexto actual, caracterizado por la hiperconectividad, la automatización de procesos, y la circulación constante de datos, la seguridad de la información, y la gobernanza tecnológica ya no pueden considerarse aspectos accesorios, o meramente operativos dentro de la empresa.

Muy por el contrario, han de asumirse como componentes estructurales, es decir, como elementos, que deben integrarse de forma transversal, estable, y permanente en la arquitectura organizativa de cualquier entidad, pública o privada.

Esta necesidad estructural del CiberCompliance se entiende mejor, si se considera el modo en que las tecnologías digitales han penetrado en todas las dimensiones del negocio.

Desde los sistemas de gestión interna, hasta las plataformas de interacción con clientes, desde los canales de comunicación corporativa, hasta las herramientas de análisis estratégico, todo se apoya en infraestructuras tecnológicas, que requieren protección frente a amenazas, que son cada vez más sofisticadas, persistentes, y destructivas.

Así, no se trata solamente de prevenir un fallo técnico, o de evitar una multa por incumplimiento de la normativa sobre datos: se trata de proteger el propio corazón de la organización, su capacidad de operar, de competir, y de generar confianza en su entorno.

Desde esta perspectiva, el CiberCompliance no puede limitarse a un conjunto de políticas formales, ni a la labor de un departamento aislado.

Para que sea realmente eficaz, debe insertarse en el núcleo del gobierno corporativo, formar parte de la planificación estratégica, y estar presente en cada uno de los niveles de decisión.

En términos prácticos, esto implica diseñar estructuras internas, que garanticen la coordinación entre las áreas de tecnología, legal, recursos humanos, auditoría, riesgos y comunicación; establecer canales fluidos de información y reporte sobre incidentes y vulnerabilidades; y adoptar una cultura organizacional basada en la prevención, la transparencia y la mejora continua.

Todo ello, sin perder de vista el papel del liderazgo, que debe ser ejemplar, comprometido, y proactivo en la defensa de la seguridad digital.

La consideración del CiberCompliance como necesidad estructural, se refuerza aún más ante la evolución del marco regulador.

Cada vez más normativas exigen no solo resultados -por ejemplo, evitar una filtración de datos- sino procesos, es decir, la existencia de medidas organizativas y técnicas, que hayan sido diseñadas, implantadas, y revisadas de manera diligente.

Esta es la lógica del principio de accountability consagrado en el Reglamento General de Protección de Datos (RGPD), pero también está presente en directivas como la NIS 2, que obliga a entidades esenciales y relevantes, a desarrollar políticas de gestión de riesgos en ciberseguridad bajo supervisión administrativa.

La consecuencia en tal caso, es muy clara, ya que ya no basta con reaccionar; es preciso demostrar que se ha actuado con previsión, con responsabilidad, y con el suficiente rigor estructural.

Desde el punto de vista del riesgo reputacional, el CiberCompliance como necesidad estructural también adquiere un peso decisivo.

Hoy en día, las expectativas de los consumidores, de los inversores, y de los socios comerciales en materia de ciberseguridad son cada vez mayores.

Un incidente puede traducirse, en cuestión de horas, en una pérdida masiva de confianza, en una caída del valor bursátil, o en la ruptura de relaciones estratégicas.

Por eso, muchas empresas líderes ya no ven el CiberCompliance solo como una obligación legal, sino como una ventaja competitiva, una prueba tangible de su madurez institucional, y de su compromiso con la ética digital.

Incorporar la ciberseguridad en la estructura misma de la empresa, permite responder mejor a las crisis, adaptarse con agilidad a los cambios normativos y construir una relación más sólida con los stakeholders.

Del mismo modo, conviene destacar el hecho consistente en que concebir el CiberCompliance como necesidad estructural, implica también, el hecho de dotarlo de recursos adecuados y sostenibles.

No se trata de proyectos puntuales ni de inversiones reactivas, sino de integrar el cumplimiento tecnológico en los presupuestos generales, en los planes de formación, en las políticas de contratación, y en los sistemas de evaluación de desempeño.

La profesionalización de los equipos de cumplimiento, la actualización constante de los conocimientos técnicos, y la inclusión del CiberCompliance en los informes de sostenibilidad y buen gobierno son, en este sentido, indicios claros de que una organización ha internalizado esta necesidad estructural, y la ha hecho parte de su ADN.

Por ello, en un entorno marcado por la aceleración tecnológica, la expansión de los riesgos digitales, y la complejidad del marco normativo, el CiberCompliance ha dejado de ser una herramienta periférica, para convertirse en una exigencia estructural.

Integrarlo plenamente en la arquitectura organizacional, no solo es una medida prudente, sino un imperativo estratégico para garantizar la continuidad, la legitimidad, y la resiliencia de las empresas frente a los desafíos del siglo XXI.

En el momento presente, el CiberCompliance no es una moda ni una tendencia coyuntural, sino una necesidad estructural para las organizaciones del siglo XXI.

Su desarrollo y consolidación es una garantía, no solo de cumplimiento legal, sino también de solidez institucional, resiliencia organizativa, y legitimidad social.

En este orden de cosas, se debe indicar, que apostar por el CiberCompliance es invertir en la sostenibilidad del negocio, en la protección de las personas, y en la construcción de una economía digital más segura, ética, y confiable.

Es, en suma, una manifestación actual, moderna y esencial del compromiso empresarial con la legalidad, la ética, y la responsabilidad frente a los riesgos del entorno digital.

# V. Gestión de riesgos, control y eficacia probatoria

*Capítulo 27*

# *La gestión del riesgo reputacional y la imagen corporativa en el ámbito del Compliance*

La reputación corporativa es uno de los activos más valiosos e intangibles de una organización. para cualquier organización.

No se trata únicamente de la percepción externa de la marca, sino de un reflejo de la ética empresarial, la transparencia, la sostenibilidad y el cumplimiento normativo.

En un mundo globalizado e hiperconectado, donde la información circula en tiempo real y cualquier escándalo puede propagarse rápidamente a través de las redes sociales y medios digitales, la gestión del riesgo reputacional se ha convertido en un elemento clave dentro de los programas de cumplimiento normativo (Compliance).

La gestión del riesgo reputacional no solo busca proteger la imagen de la organización frente a posibles crisis o escándalos, sino que también actúa como una herramienta preventiva, que promueve buenas prácticas corporativas, fortalece la cultura ética, y, consolida la confianza de los grupos de interés (stakeholders).

En este contexto, el Compliance se posiciona como el principal mecanismo para mitigar riesgos legales, financieros y reputacionales, contribuyendo a la sostenibilidad y competitividad empresarial.

Más allá de los resultados financieros, la percepción, que los clientes, los empleados, los inversores, los reguladores, y, la sociedad en general tiene sobre una empresa influye directamente en su éxito o fracaso.

La confianza, la credibilidad y la integridad son pilares fundamentales que fortalecen las relaciones con los grupos de interés y consolidan la posición de la organización en el mercado.

El riesgo reputacional, entendido como la posibilidad de que un evento, decisión o acción dañe la percepción pública sobre una empresa, ha escalado en las prioridades estratégicas de las organizaciones.

En este contexto, los modelos de cumplimiento normativo (Compliance) juegan un papel central, ya que no solo buscan asegurar la conformidad con las leyes y regulaciones, sino también proteger la imagen y credibilidad de las empresas frente a posibles escándalos, malas prácticas o crisis institucionales.

El auge de las redes sociales, la inmediatez de la información, y, la creciente sensibilidad social hacia temas como la ética empresarial, la sostenibilidad medioambiental, la equidad de género, o, la transparencia financiera ha incrementado la exposición pública de las empresas.

Así, una acción mal gestionada o una violación normativa puede desencadenar una crisis reputacional con consecuencias devastadoras.

En este contexto, es imprescindible, que los modelos de Compliance integren estrategias específicas para la gestión del riesgo reputacional, entendiendo que el daño a la imagen corporativa trasciende a las consecuencias legales, y, afecta a la sostenibilidad, y, a la competitividad de la organización a largo plazo.

El riesgo reputacional se define como la probabilidad de que un evento, acción o decisión provoque un deterioro significativo en la percepción pública, y, en la confianza de los grupos de interés hacia una organización.

Este tipo de riesgo puede surgir tanto de factores internos como pueden ser: las malas prácticas, los fraudes, los incumplimientos normativos; como externos: las críticas públicas, las campañas mediáticas, o, los movimientos sociales.

En el ámbito del Compliance, el riesgo reputacional está directamente vinculado a la observancia de las normativas legales y éticas, que regulan la actividad empresarial.

Un incumplimiento de las leyes, o, la falta de transparencia puede generar escándalos, que afectan a la confianza pública, dañan a la imagen corporativa y comprometen la viabilidad del negocio.

El riesgo reputacional afecta múltiples dimensiones de la organización.

En este caso, cabe mencionar los siguientes factores, que se ven afectados como consecuencia del daño reputacional generado, y, que, entre otros, pueden ser los siguientes:

a) Factores de tipo económico, como pueden ser la pérdida de clientes, la disminución del valor bursátil, la rescisión de contratos, y, la disminución de los ingresos.

b) Factores de naturaleza legal, que afectan a las sanciones regulatorias, a los litigios, y, a las multas asociadas a la mala gestión, o, al incumplimiento normativo.

c) Los factores vinculados con la actividad operativa de la persona jurídica, y que afectan fundamentalmente a la interrupción de las operaciones comerciales debido a boicots, bloqueos o protestas.

d) Los factores de índole social, tales como: la pérdida de confianza de los grupos de interés, y, el deterioro de las relaciones comunitarias.

e) Factores, que por sus propias características tienen una dimensión principalmente de carácter interna, como pueden ser: la reducción de la moral, y, el compromiso de los empleados, lo que puede afectar, y, dañar seriamente la productividad de la persona jurídica, y, aumentar la rotación de su personal.

El riesgo reputacional puede surgir de diversas fuentes, y, su gestión eficaz requiere la identificación, y, el monitoreo continuo de los factores críticos que lo desencadenan.

Entre los factores de naturaleza interna a la persona jurídica se encuentra condicionada, se encuentran: el incumplimiento normativo, que habitualmente conlleva la violación de leyes y regulaciones, lo que genera desconfianza, y, puede derivar en sanciones legales y daños reputacionales.

Al lado del incumplimiento normativo, suele encontrarse el fraude y la corrupción.

Ello hace referencia a los casos de sobornos, de malversación de fondos, de prácticas contables fraudulentas, o, a la existencia de conflictos de interés, que pueden generar crisis de confianza irreparables.

Otro factor de naturaleza interna, que debe ser considerado, es el que hace referencia a la existencia de una cultura organizacional deficiente.

En este caso, se producen entornos laborales tóxicos, supuestos de discriminación, de acoso laboral, o, de desigualdades salariales, que dañan la imagen pública de la persona jurídica, y, que afectan de una manera considerable a la posibilidad de la atracción de talento.

Dentro de este conjunto de factores internos, se debe hacer alusión a la mala gestión medioambiental y social, que se produce de manera frecuente entre aquellas empresas, que descuidan su responsabilidad ambiental o social enfrentándose a boicots, a sanciones, y, a la pérdida de un importante apoyo comunitario.

La ciberseguridad y la protección de datos representan otros factores internos muy sensibles, que pueden provocar crisis reputaciones en el ámbito de las empresas.

Así, por ejemplo, las brechas de seguridad y el manejo inadecuado de datos personales generan desconfianza, y, pueden implicar y llevar consigo fuertes sanciones regulatorias.

Asimismo, debe tenerse presente la existencia de deficiencias en la cadena de suministro, las cuales se producen cuando los proveedores o socios comerciales, no cumplen estándares éticos o legales, y que también afectan la reputación de la empresa matriz.

Complementariamente a lo hasta ahora expuesto, debe hacerse referencia a los llamados "factores externos", que también pueden suponer un evidente riesgos reputacional para las personas jurídicas que hay que saber gestionar.

Dentro del conjunto de factores externos, cabe señalar los siguientes:

a) Los cambios regulatorios, materializados en nuevas leyes o normativas, que pueden exponer algunas prácticas empresariales previamente aceptadas a nuevas críticas o incluso a sanciones.

b) Los movimientos sociales y activismo, donde hay que reconocer la influencia ejercida por las organizaciones y los movimientos sociales, los cuales pueden impulsar campañas en contra de prácticas empresariales poco éticas o perjudiciales.

c) Las redes sociales y los medios de comunicación, y los riesgos inmanentes a ellas vinculados a la viralización de noticias negativas, y, el auge del "escándalo digital", lo que provoca que aumente el riesgo de exposición pública, y, al mismo tiempo, amplifican el impacto de las crisis.

d) La existencia de supuestos de competencia desleal, en los que empresas rivales pueden facilitar el hecho de que se difunda información negativa, o, iniciar campañas de desprestigio.

En lo que se refiere a la gestión del riesgo reputacional en el Compliance, debe tenerse presente que la gestión eficaz del riesgo reputacional exige, que las organizaciones integren este tipo de riesgo en sus estrategias de gobierno corporativo, y, en los modelos de Compliance.

No se trata únicamente de evitar las situaciones de crisis, sino de construir una reputación sólida basada en la ética, en la transparencia, y en la responsabilidad social.

Con relación a los principios básicos o esenciales en la gestión del riesgo reputacional, se debe hacer alusión al enfoque preventivo de los mismos, ya que es más eficiente prevenir una crisis, que reparar daños derivados de la producción de la misma.

En este orden de cosas, las políticas de Compliance deben priorizar la prevención de malas prácticas, y, promover la ética empresarial.

El principio constituye un elemento singular que debe ser tenido en consideración, y de este modo las organizaciones deben comunicar de forma clara sus valores, políticas y compromisos con la ética y la sostenibilidad.

En este enfoque preventivo, cobra una singular importancia la llamada "escucha activa", la cual es fundamental para mantener un diálogo constante con los grupos de interés, a los efectos de conocer sus expectativas, y, anticipar los posibles conflictos, que puedan producirse.

El riesgo reputacional debe gestionarse de manera integral, partiendo siempre que el mismo posee un carácter transversal, involucrando todas las áreas de la organización.

Complementariamente a todo ello, debe resaltarse la importancia de la cultura ética, orientada de manera primordial a fomentar una cultura empresarial basada en la ética, el respeto, y, la responsabilidad, lo cual fortalece la reputación, y, minimiza la existencia de dichos los riesgos.

Como herramientas y estrategias efectivas de gestión del riesgo reputacional, se suelen señalar entre otras, las que se indican seguidamente:

a) Los códigos éticos y políticas internas, que definen los principios rectores de la empresa, y, guían la conducta de empleados y directivos.

b) Los sistemas de control y auditoría, ya que permiten detectar irregularidades, y, corregir las desviaciones, antes de que generen una crisis reputacional.

c) Los canales de denuncia, y la aplicación en los mismos del principio de confidencialidad, ya que fomentan la transparencia, y, permiten al mismo tiempo, la detección temprana de malas prácticas.

d) El análisis de los riesgos reputacionales, ya que a través de los mismos se evalúa la probabilidad e impacto de posibles crisis, y, a través de los mismos se diseñan planes de contingencia.

e) Los planes de gestión de crisis, que incluyen habitualmente protocolos claros para actuar rápidamente ante incidentes reputacionales, y, con ello minimizar la producción de daños.

f) El monitoreo de medios y de redes sociales, lo que permite detectar tendencias y comentarios negativos, antes de que se expandan y se hagan virales.

Una crisis reputacional puede originarse por eventos internos o externos, y su manejo, y una gestión adecuada es determinante para mitigar el impacto negativo que la misma pueda producir, y, restaurar la confianza.

Como fases habituales en la gestión de una crisis de carácter reputacional, suelen señalarse principalmente las siguientes:

a) La fase de prevención, donde es necesario proceder a identificar áreas críticas y diseñar protocolos de respuesta.

b) La fase de detección temprana, orientada a monitorear indicadores internos y externos para detectar señales de alerta.

c) La fase de respuesta rápida, en la que se ha de contar con equipos de gestión de crisis preparados para actuar de inmediato.

d) La fase de comunicación efectiva, donde se trata de informar de forma clara y transparente a los grupos de interés, evitando que se produzcan contradicciones, y, de manera simultánea minimizando los rumores que puedan producirse.

e) La fase de evaluación y aprendizaje, en la que, tras la crisis, se ha de realizar un análisis exhaustivo y actualizar los protocolos y estrategias que deben seguirse.

Al hilo de todo ello, cabe preguntarse acerca del papel de la comunicación en la gestión reputacional.

La comunicación es una herramienta clave durante una crisis.

La transparencia, la empatía, y, la rapidez en la respuesta es esenciales para mitigar el daño reputacional.

Algunas buenas prácticas incluyen determinadas actuaciones, como pueden ser: (i) el hecho de nombrar un portavoz oficial; (ii) el tratar de evitar la especulación y proporcionar siempre información que se encuentre debidamente verificada; (iii) mostrar empatía y responsabilidad ante las partes afectadas; (iv) comunicar las acciones tomadas para corregir el problema y evitar su repetición, entre otras.

En la era digital, las redes sociales amplifican la visibilidad de las empresas y facilitan la interacción con los consumidores.

Sin embargo, también exponen a las organizaciones a críticas públicas masivas y crisis virales.

En cuanto a los riesgos asociados a las redes sociales, cabe señalar los que se indican seguidamente:

a) Las crisis virales, en la que nos encontramos con comentarios negativos, o, denuncias que pueden difundirse rápidamente y que dañan la imagen de la marca.

b) La desinformación, caracterizada por las llamadas "fake news", o, rumores pueden generar confusión y afectar la reputación.

c) Las opiniones de influencers, basadas, sobre todo, en críticas o apoyos de figuras públicas influyentes, las cuales tienen un gran impacto en la percepción pública.

En lo que se refiere a las estrategias que se pueden proponer con la finalidad de mitigar riesgos en redes sociales, estas se encuentran dirigidas a implementar sistemas de monitoreo activo o social listening, a responder con rapidez a críticas y comentarios negativos; a establecer protocolos claros para la gestión de crisis digitales; a capacitar a los empleados sobre el uso responsable de las redes sociales, y a fomentar, entre otras posibilidades, la generación de contenido positivo y auténtico.

Consecuentemente con ello, se puede afirmar, que la gestión del riesgo reputacional es un componente esencial del Compliance moderno.

En un entorno empresarial donde la ética, la transparencia, y, la sostenibilidad es altamente valoradas por los consumidores, por los inversores, y, por la sociedad en general, las organizaciones no pueden permitirse ignorar el impacto de sus decisiones sobre su imagen pública.

El riesgo reputacional va más allá del cumplimiento legal, ya que el mismo implica construir, y, mantener la confianza de los grupos de interés a través de acciones responsables, de una comunicación que necesariamente ha de ser clara, y, de una cultura organizacional basada en la ética y la integridad.

Las organizaciones que logren integrar la gestión del riesgo reputacional en sus estrategias de Compliance, estarán mejor preparadas para enfrentarse con cualquier clase de crisis reputacional, y con ello consolidar su posición en el mercado, y, garantizar su sostenibilidad a largo plazo.

Todo ello conduce a pensar, que la reputación no es solo un reflejo de las acciones pasadas, sino una inversión estratégica en el presente y en el futuro de cualquier organización.

*Capítulo 28*

# *Los KPI's en el ámbito del Compliance: la medición, el control, y la mejora en el cumplimiento normativo*

En la era actual, donde las organizaciones enfrentan entornos regulatorios cada vez más complejos, las exigencias sociales sobre ética empresarial aumentan y los riesgos reputacionales pueden escalar rápidamente debido a la globalización y la inmediatez de las redes sociales, el cumplimiento normativo (Compliance) ha dejado de ser un área meramente reactiva para convertirse en un elemento estratégico dentro de las organizaciones.

Sin embargo, para que el área de Compliance aporte verdadero valor a la organización, es fundamental que su desempeño pueda medirse y evaluarse de manera objetiva y sistemática.

Aquí es donde entran en liza los KPI's (Key Performance Indicators o Indicadores Clave de Desempeño) y donde juegan un papel determinante en el ámbito del Compliance.

Los KPI's permiten cuantificar la eficacia de los sistemas de cumplimiento, medir su impacto en la organización, y, orientar la toma de decisiones estratégicas basadas en datos.

Además, facilitan la detección temprana de riesgos, la identificación de áreas de mejora, y, la alineación del programa de Compliance con los objetivos generales de la organización.

En este análisis se explorarán todos los aspectos relevantes sobre los KPI's en el ámbito del Compliance: su definición, su importancia estratégica, las diferentes categorías de indicadores aplicables, las metodologías para su diseño e implementación, así como, las mejores prácticas, y, los desafíos más comunes a los que se enfrentan las organizaciones al utilizarlos.

Los KPI's en Compliance son básicamente métricas, que permiten evaluar de forma cuantitativa y cualitativa el grado de eficacia, la eficiencia, y, la alineación de los programas de cumplimiento normativo con los objetivos estratégicos de la organización.

Estos indicadores miden aspectos esenciales en Compliance, como pueden ser: el nivel de adhesión a las normativas legales y regulatorias, la efectividad de los controles internos, el grado de concienciación ética de los empleados, el desempeño en la gestión de riesgos, y, la capacidad de respuesta ante posibles incidentes de incumplimiento.

Los KPI's en Compliance no solo sirven para "medir el cumplimiento", sino también para entender cómo los procesos internos impactan en la sostenibilidad, la reputación, la cultura organizacional, y, la resiliencia empresarial frente a riesgos legales, financieros, y, reputacionales.

Cabe preguntarse por qué razón son necesarios los KPI's en el Compliance, y la respuesta a ello, es que, precisamente, aquella que señala que el Compliance no puede gestionarse adecuadamente, si no se mide la efectividad en su desempeño.

Las razones principales para implementar KPI's en un programa de cumplimiento normativo, son las siguientes:

a) A los efectos de poder medir y cuantificar la eficacia del sistema de Compliance.

Así, los KPI's permiten evaluar, si las políticas, los procedimientos, y, los controles están funcionando correctamente, tal como se esperaba.

b) Hacer efectiva la finalidad de poder identificar los riesgos potenciales, a través del análisis de los KPI's, lo que permite detectar las áreas críticas dentro de una organización, y, al hilo de ello, adoptar aquellas medidas preventivas antes de que surjan los problemas.

c) El poder facilitar la toma de decisiones, teniendo presente que los datos objetivos obtenidos a partir de los KPI's sirven como base para la toma de decisiones estratégicas y operativas.

d) El hecho de demostrar el valor del Compliance, ya que permiten a la alta dirección, y, a los grupos de interés comprender el impacto real del programa de cumplimiento, y, justificar la inversión en esta área.

e) El hecho de cumplir con las exigencias regulatorias, ya que, en muchos sectores, las autoridades regulatorias exigen reportes periódicos sobre el grado de cumplimiento normativo de las organizaciones.

Pero no todos los indicadores son adecuados para evaluar el cumplimiento normativo.

Para que un KPI aporte valor real, debe reunir ciertas características clave:

a) Los KPI's tienen que ser específicos.

Cada KPI debe centrarse en un aspecto concreto del programa de cumplimiento.

Por ejemplo, en lugar de un genérico "cumplimiento normativo", se puede medir el "porcentaje de contratos revisados según la normativa vigente".

b) Los KPI's tienen que ser medibles.

El indicador debe basarse en datos cuantificables que permitan evaluar el desempeño de forma objetiva.

c) Los KPI's tienen que corresponderse con objetivo que tienen que ser alcanzables.

Los KPI's deben ser realistas y reflejar metas que objetivamente puedan ser conseguidas, evitando en todo caso, expectativas imposibles de cumplir.

d) Los KPI's tienen que ser relevantes.

Deben estar alineados con los objetivos estratégicos del programa de Compliance, y de la organización en su conjunto.

e) Los KPI's tienen que ser temporales.

Es necesario establecer un marco temporal para la medición, permitiendo comparar resultados a lo largo del tiempo.

A los efectos de obtener KPI's eficaces, habitualmente se suele utilizar una tecnología denominada KPI's SMART para Compliance.

La metodología SMART es ampliamente utilizada para la definición de KPI's eficaces.

Según este enfoque, los KPI's deben ser:

- S (Specific / Específicos): Enfocados en un aspecto concreto.
- M (Measurable / Medibles): Cuantificables de manera objetiva.
- A (Achievable / Alcanzables): Realistas y logrables.
- R (Relevant / Relevantes): Pertinentes para la estrategia de Compliance.
- T (Time-bound / Limitados en el tiempo): Medibles en un período determinado.

Los KPI's en Compliance pueden clasificarse según la dimensión del programa que evalúan.

Seguidamente es procedente indicar las principales categorías en las que se clasifican los KPI's

a) Los KPI's de cumplimiento normativo y legal.

Evalúan el grado de adhesión de la organización a las leyes, reglamentos y normativas aplicables, entre los que se encuentran, a título de ejemplo, los siguientes: (i) el número de infracciones legales registradas en el último año; (ii) el porcentaje de cumplimiento en auditorías regulatorias; (iii) el volumen de multas y sanciones impuestas por las autoridades; (iv) la tasa de cumplimiento de normativas sectoriales específicas (ej.: protección de datos, seguridad laboral).

b) Los KPI's de gestión de riesgos.

Analizan la eficacia de las políticas y procedimientos implementados para identificar, evaluar y mitigar riesgos legales, financieros y reputacionales, entre los que se encuentran, a título de ejemplo, los siguientes: (i) el número de riesgos críticos detectados; (ii) el porcentaje de riesgos mitigados frente al total identificado; (iii) el tiempo promedio de resolución de incidentes de riesgo; (iv) el índice de riesgos emergentes no contemplados en auditorías previas.

c) Los KPI's relativos a la ética y cultura corporativa.

Evalúan el grado de concienciación y compromiso de la organización con la ética y los valores corporativos, entre los que se encuentran, a título de ejemplo, los siguientes: (i) el porcentaje de empleados capacitados en ética y cumplimiento; (ii) el número de denuncias registradas a través de canales internos; (iii) el nivel de satisfacción de los empleados con la cultura de integridad (encuestas internas); (iv) la frecuencia de violaciones al código de conducta.

d) Los KPI's de formación y concienciación.

Analizan la efectividad de los programas de formación sobre cumplimiento normativo y ética empresarial, entre los que se encuentran, a título de ejemplo, los siguientes: (i) el porcentaje de empleados que completaron formaciones obligatorias; (ii) el número de sesiones formativas impartidas por año; (iii) la tasa de retención de conocimientos tras la formación (evaluaciones post-curso); (iv) la frecuencia de formación en áreas de alto riesgo (ej.: prevención de blanqueo de capitales).

e) Los KPI's de control interno y auditoría

Miden la eficacia de los controles implementados para prevenir, detectar y corregir posibles incumplimientos, entre los que se encuentran, a título de ejemplo, los siguientes: (i) el número de auditorías internas realizadas por periodo; (ii) el porcentaje de auditorías con hallazgos críticos; (iii) el tiempo promedio de resolución de no conformidades detectadas; (iv) la tasa de éxito en auditorías externas.

f) Los KPI's de Gestión de Crisis y Reputación

Evalúan la capacidad de la organización para gestionar crisis y proteger su imagen pública, entre los que se encuentran, a título de ejemplo, los siguientes: (i) el tiempo medio de respuesta ante incidentes reputacionales; (ii) el número de crisis gestionadas exitosamente; (iii) el nivel de impacto mediático tras una crisis; (iv) el porcentaje de clientes recuperados tras eventos críticos.

g) Los KPI's de Responsabilidad Social Corporativa (RSC) y Sostenibilidad

En organizaciones con un enfoque en la sostenibilidad y la ética social, es importante medir la contribución del programa de Compliance a estos objetivos, entre los que se encuentran, a título de ejemplo, los siguientes: (i) el porcentaje de proveedores evaluados según criterios éticos y medioambientales; (ii) el número de proyectos alineados con los Objetivos de Desarrollo Sostenible (ODS); (iii) la reducción de la huella de carbono derivada de las actividades empresariales; (iv) el porcentaje de cumplimiento en políticas de diversidad e inclusión.

En lo que se refiere al diseño y a la implementación de KPI's en el Programa de Compliance, debe tenerse en cuenta que dicho proceso debe ser estructurado, y, considerar entre otros aspectos, las particularidades de la organización, el sector en el que opera, y, los marcos normativos que le son aplicables.

En cuanto a las etapas del implementación de dicho proceso, se distinguen las siguientes:

a) La definición de los objetivos estratégicos.

Se trata de identificar los fines específicos del sistema de Compliance (v.gr.: minimizar sanciones legales, fortalecer la cultura ética, reducir riesgos reputacionales).

b) El análisis del entorno normativo.

En esta etapa procede estudiar las leyes, regulaciones y estándares sectoriales para identificar las áreas críticas de cumplimiento.

b) La identificación de riesgos más importantes.

En este momento, es procedente evaluar los principales riesgos legales, financieros y reputacionales que enfrenta la organización.

c) La selección de KPI's pertinentes.

En esta fase es procedente llevar a cabo la elección de los indicadores que reflejen fielmente el desempeño en las áreas críticas identificadas.

d) El establecimiento de metas y umbrales.

Aquí hay que proceder a definir valores de referencia y niveles aceptables para interpretar los resultados.

e) La recogida y el análisis de datos obtenidos.

En esta etapa hay que implementar los sistemas y las herramientas para recopilar información de manera eficiente y precisa.

f) Y finalmente, la evaluación y la revisión periódica de los resultados obtenidos

Para ello, en este momento es necesario monitorear los resultados de los KPI's de forma continua y realizar ajustes cuando sea necesario.

En todo caso, una gestión eficiente de KPI's requiere sistemas tecnológicos adecuados, que faciliten la recopilación, el análisis y la visualización de datos.

Entre las principales herramientas utilizadas se encuentran:

a) El software GRC (Governance, Risk and Compliance), el cual permite integrar la gestión de riesgos, el cumplimiento normativo y el control interno en una única plataforma.

b) Los sistemas de Business Intelligence (BI), que facilitan la creación de cuadros de mando dinámicos para la visualización de KPI's en tiempo real.

c) Las plataformas de e-learning, las cuales son utilizadas para el seguimiento de la formación en ética y cumplimiento.

d) Los sistemas de gestión documental, cuya finalidad se encuentra dirigida a centralizar las políticas internas, los informes de auditoría, y, también los propios resultados obtenidos a través de la utilización de los KPI's.

No obstante, todo lo anterior, debe tenerse presente, que la constante evolución de las normativas puede dificultar la actualización de los KPI's y exigir ajustes continuos en los sistemas de medición.

Así, por ejemplo, la falta de datos precisos y actualizados puede distorsionar los resultados y limitar la utilidad de los KPI's, y en ocasiones, la implementación de KPI's puede generar resistencia por parte de los empleados si estos los perciben como instrumentos de control excesivo.

Del mismo modo, incluir demasiados KPI's puede diluir la atención sobre los aspectos más críticos. Es fundamental priorizar indicadores estratégicos.

En todo caso, dentro de la aplicación de los KPI's, se deben incluir las mejores prácticas en la implementación de los KPI's en Compliance, y ello incluye cuestiones que se deben tener en consideración, como las que se indican seguidamente:

a) Es necesario llevar a cabo un enfoque en riesgos críticos, lo que supone priorizar la medición de aquellos riesgos con mayor impacto potencial en la organización.

b) La aplicación de los KPI's tiene que estar siempre vinculada a la actualización y mejora continua del sistema de cumplimiento normativo, adoptado por una organización, lo que conllevar el hecho de revisar y ajustar los KPI's de manera periódica para adaptarlos a cambios normativos o estratégicos.

c) La aplicación de los KPI's debe ir unida, asimismo, a programas de formación y de sensibilización de las personas vinculadas con un modelo de cumplimiento, lo que supone capacitar en la práctica al personal sobre la importancia de los KPI's, y, su rol en la gestión del cumplimiento.

d) Es incompatible implementar KPI's en una persona jurídica, sin que ello lleve unido la aplicación de una principio de transparencia en la publicitación de los resultados obtenidos.

De este modo, es necesario compartir los resultados con las partes interesadas relevantes con la finalidad de fortalecer de manera efectiva la rendición de cuentas.

e) Y finalmente, la exigencia del uso de tecnología, lo que conlleva implementar herramientas digitales que automaticen la recopilación y análisis de datos.

Consecuentemente con ello, hay que reiterar que los KPI's en el ámbito del Compliance son instrumentos clave para medir el rendimiento del programa de cumplimiento normativo, identificar áreas de mejora, optimizar recursos, y, mitigar la existencia de los riesgos legales, financieros y de carácter reputacional.

Su correcta implementación permite a las organizaciones alinear sus políticas y procedimientos con los objetivos estratégicos, fomentar una cultura ética sólida, y, al mismo tiempo, poder garantizar la transparencia, y, la rendición de cuentas frente a los grupos de interés.

En un entorno empresarial cada vez más complejo y regulado, donde la ética, la sostenibilidad, y, la transparencia es altamente valoradas, las organizaciones que gestionen sus sistemas de Compliance de manera estratégica, y, basada en datos estarán mejor posicionadas para afrontar los desafíos presentes y futuros.

Los KPI's no solo sirven para medir el grado de cumplimiento normativo, sino que también reflejan el compromiso de la organización con la integridad, y, la responsabilidad social, los cuales constituyen los pilares esenciales para su sostenibilidad y su crecimiento a largo plazo.

*Capítulo 29*

# *El Compliance y la gestión de los conflictos de intereses*

La gestión de los conflictos de intereses es una dimensión central e ineludible de cualquier programa de cumplimiento normativo, que aspire a consolidar una cultura ética y de integridad dentro de una organización.

Los conflictos de intereses, por su propia naturaleza, constituyen un riesgo ético y operativo que, si no se aborda de manera preventiva y sistemática, puede erosionar la confianza en los procesos internos, comprometer la objetividad en la toma de decisiones, y deteriorar gravemente la reputación institucional.

Su presencia, además, no solo afecta a las relaciones internas de la organización, sino que tiene un impacto directo sobre su imagen pública, sobre la percepción que los reguladores y terceros tienen de ella, y sobre la calidad de los vínculos que mantiene con sus clientes, proveedores y otros stakeholders.

Un conflicto de intereses puede definirse, en términos generales, como cualquier situación en la que una persona -ya sea directivo, empleado, colaborador externo o representante- mantiene intereses personales, económicos o relacionales, que podrían interferir, directa o indirectamente, con los intereses legítimos y objetivos de la entidad a la que sirve o representa.

La presencia de conflictos de interés en el seno de una organización, cuando no son debidamente identificados, declarados y gestionados, puede tener efectos profundamente negativos y de largo alcance sobre su funcionamiento, su credibilidad y su sostenibilidad.

Se trata de una amenaza transversal, que afecta tanto a la dimensión interna de la entidad como a sus relaciones externas, comprometiendo su eficacia operativa, su reputación pública y, en algunos casos, su responsabilidad legal.

El conflicto de interés se materializa, por tanto, y de manera fundamental, cuando una persona dentro de la organización -ya sea un directivo, empleado o colaborador- actúa o toma decisiones en las que sus intereses personales o privados pueden influir, directa o indirectamente, sobre sus deberes profesionales o sobre los intereses generales de la entidad.

En tales casos, la objetividad, la imparcialidad, y la transparencia, que deben regir la gestión corporativa se ven comprometidas, generando una distorsión del proceso decisorio, y un riesgo estructural para la organización.

Una de las primeras y más graves consecuencias de la existencia de conflictos de interés es el deterioro de la integridad institucional.

La integridad, entendida como la coherencia entre los principios, los discursos y las acciones de una organización, constituye uno de los pilares esenciales sobre los que se construye su legitimidad frente a los distintos grupos de interés.

Cuando se toleran situaciones en las que los individuos priorizan sus beneficios privados sobre los intereses corporativos, se transmite una señal de permisividad, o de debilidad ética que contamina todo el entorno organizativo.

Esta situación socava la cultura de cumplimiento, debilita la adhesión a las normas internas, y genera la percepción de que los valores declarados son meras formalidades sin efecto vinculante.

En el ámbito jurídico, los conflictos de interés no gestionados pueden derivar en responsabilidades legales de muy diversa índole.

En contextos regulados -como el sector financiero, farmacéutico, público o sanitario-, existen disposiciones legales y normativas específicas, que prohíben o limitan determinadas conductas en las que los intereses personales puedan interferir con la función profesional.

Su incumplimiento puede dar lugar a sanciones administrativas, a la imposición de multas, a la revocación de licencias, e incluso, en supuestos más graves, a la interposición de procedimientos penales.

Además, desde el punto de vista del derecho societario, los administradores tienen el deber de evitar situaciones de conflicto de interés con la sociedad, y su vulneración puede acarrear acciones de responsabilidad civil por daños y perjuicios, así como la eventual nulidad de los actos adoptados bajo conflicto.

La responsabilidad puede extenderse incluso a la organización misma, si se demuestra, que por parte de la misma, no adoptaron aquellas medidas de prevención y control razonables, que exigen las buenas prácticas y el marco jurídico vigente.

Otra consecuencia especialmente nociva de ello, se encuentra el perjuicio reputacional, que puede derivarse de la exposición pública de un conflicto de interés.

En una era marcada por la transparencia, la fiscalización social y la comunicación inmediata, las organizaciones se encuentran sometidas a un control y una supervisión constante por parte de los clientes, de los inversores, de los medios de comunicación, de las autoridades, y de la ciudadanía.

La mera sospecha de que una decisión se ha tomado para beneficiar a un individuo o grupo en detrimento del interés colectivo, puede bastar para desencadenar una crisis reputacional.

El descrédito público, aunque derive de un hecho aislado, puede extenderse a toda la estructura organizativa, poniendo en cuestión la seriedad de los controles internos, y la autenticidad del compromiso ético de la entidad.

Desde una perspectiva operativa, los conflictos de interés alteran los procesos de toma de decisiones, y reducen la eficiencia institucional.

Cuando las decisiones no se adoptan en función de criterios objetivos, racionales y orientados al interés general, sino condicionadas por vínculos personales, económicos o de otra índole, se corre el riesgo de incurrir en errores estratégicos, asignaciones ineficaces de recursos, contrataciones opacas o concesiones poco competitivas.

Estas distorsiones pueden traducirse en sobrecostes, pérdida de oportunidades, deterioro de la calidad de los servicios o productos, y, en última instancia, en un debilitamiento de la posición competitiva de la organización en el mercado.

Asimismo, los conflictos de interés mal gestionados, tienen un impacto directo sobre el clima laboral y la moral interna.

En cualquier organización, la percepción de justicia y equidad en el trato y en la toma de decisiones es un factor clave para el compromiso de los empleados.

Si estos perciben que algunos individuos son favorecidos o eximidos de cumplir las reglas comunes en razón de sus relaciones personales, su influencia o sus intereses particulares, se genera un ambiente de desconfianza, frustración, y desafección.

Esto puede traducirse en una menor implicación con los objetivos corporativos, en una mayor rotación del talento, y en la erosión de la cohesión interna.

En los casos más graves, puede incluso fomentarse una cultura de silencio o complicidad, que perpetúe las malas prácticas, y bloquee los mecanismos de denuncia y control.

Desde el punto de vista estratégico, la persistencia de conflictos de interés también puede obstaculizar la innovación, el crecimiento, y la diversificación de la organización.

Cuando los procesos de selección de talento, adjudicación de contratos, o toma de decisiones estratégicas están condicionados por intereses particulares, se pierde la oportunidad de acceder a ideas nuevas, a soluciones más eficientes, o a relaciones comerciales más ventajosas.

Se crea así una especie de "endogamia corporativa", que frena la evolución natural de la entidad, reduce su adaptabilidad, y dificulta la incorporación de mejoras continuas.

En suma, la existencia y proliferación de conflictos de interés no controlados genera un riesgo sistémico para la organización, que puede afectar a sus fundamentos jurídicos, su solidez institucional, su competitividad, y su legitimidad ante la sociedad.

Por ello, las entidades responsables incorporan en sus programas de Compliance mecanismos robustos de prevención, detección, y gestión de este tipo de situaciones.

Tales mecanismos incluyen, entre otros, la aprobación de políticas internas específicas, de sistemas de declaración y registro de intereses, de canales de denuncia seguros, de formación periódica, de controles cruzados, de auditorías internas, y de sanciones proporcionales en caso de incumplimiento.

La eficacia de estas medidas, sin embargo, depende no solo de su diseño formal, sino del compromiso real de la alta dirección y de todos los miembros de la organización con una cultura de integridad, transparencia, y responsabilidad institucional.

No es necesario, que esta interferencia se materialice de forma efectiva; basta con que exista la posibilidad razonable de que dichos intereses puedan afectar el juicio, la imparcialidad, o, la independencia del sujeto en el ejercicio de sus funciones.

Por ello, el análisis del conflicto de intereses no debe limitarse a valorar únicamente su dimensión material, sino también su dimensión aparente, es decir, cómo puede percibirse desde fuera, en términos de integridad y buena fe, el comportamiento de los individuos implicados.

La gestión de los conflictos de intereses constituye uno de los pilares fundamentales de cualquier programa de cumplimiento normativo, en la medida en que garantiza la transparencia, la imparcialidad, y la confianza en los procesos de toma de decisiones dentro de una organización.

El conflicto de intereses puede surgir en cualquier nivel jerárquico tal como se ha señalado anteriormente, y puede ser su objetivo desde los empleados hasta la alta dirección, y suele presentarse cuando los intereses personales, familiares, financieros o profesionales de un individuo interfieren, o pueden interferir, con los intereses legítimos de la entidad para la que trabaja.

Esta posible interferencia compromete, no solo la objetividad con la que se adoptan decisiones empresariales, sino también la percepción de integridad por parte de terceros, incluyendo a los clientes, a los inversores, a las autoridades, y a la propia opinión pública.

Un programa de Compliance eficaz debe partir de una definición clara, comprensible, y operativa de lo que se considera conflicto de intereses, de forma que todos los miembros de la organización puedan identificar de manera anticipada situaciones, en las que su juicio o sus decisiones puedan verse afectados por intereses particulares.

Una vez establecido este marco conceptual, la organización debe dotarse de políticas internas formales, que articulen el modo en que deben declararse, evaluarse y gestionarse tales conflictos.

Estas políticas deben ser accesibles, ampliamente divulgadas, y vinculantes, y deben incluir ejemplos específicos que permitan ilustrar los tipos más comunes de conflicto, como la contratación de familiares directos, el uso indebido de información privilegiada, la aceptación de regalos o favores de proveedores, o la participación en decisiones empresariales, cuando existe un interés económico o personal paralelo.

Además, la organización debe contar con procedimientos ágiles para la evaluación individualizada de cada conflicto de intereses identificado.

La evaluación debe considerar factores como pueden ser: la naturaleza y duración del conflicto, el cargo o la responsabilidad del afectado, la proximidad del interés personal con el asunto objeto de decisión, y la posibilidad de evitar el conflicto mediante medidas correctivas.

En función de esta valoración, podrán adoptarse distintas soluciones, que oscilan entre la abstención del interesado en determinados actos o deliberaciones, hasta la reubicación de funciones, la autorización condicionada del conflicto, o incluso, en casos de mayor gravedad, la rescisión del vínculo contractual o societario.

Es esencial, que estas decisiones se encuentren suficientemente motivadas, documentadas, y que sean revisables, de modo, que se preserve la equidad, y se eviten con ello la producción de arbitrariedades.

En paralelo a la existencia de dichas políticas, debe implementarse un sistema robusto de declaraciones de intereses, que permita detectar con antelación cualquier situación potencialmente problemática.

Este sistema puede materializarse a través de formularios de autodeclaración periódicos, de mecanismos para informar de situaciones puntuales antes de la adopción de ciertas decisiones relevantes, y mediante la creación de registros centralizados en los que quede constancia de los conflictos comunicados, y las medidas adoptadas.

La transparencia es un principio esencial en este proceso, ya que permite a la organización adoptar las decisiones necesarias para aislar o mitigar el riesgo derivado de cada caso concreto.

A su vez, la evaluación objetiva de cada situación, debe corresponder al responsable de cumplimiento normativo, o al comité de ética, quienes valorarán si el conflicto es real, potencial, o meramente aparente, y, qué medidas deben adoptarse en consecuencia, tales como: la abstención del empleado en determinadas decisiones, la reasignación de responsabilidades, o en casos más graves, la desvinculación contractual.

Una vez establecida la política, el siguiente paso es promover la identificación y declaración de cualquier conflicto de interés, que en cada momento pueda surgir.

Esto se logra incentivando la cultura de transparencia y de responsabilidad, donde cada persona se sienta comprometida a informar sobre situaciones, que puedan afectar a su objetividad, o, a la percepción de imparcialidad.

El éxito de estos mecanismos depende, en gran medida, de la existencia de una cultura organizacional basada en la ética, en la rendición de cuentas, y en el compromiso con el cumplimiento normativo.

Por ello, la formación continua del personal sobre el significado, el alcance, y las consecuencias de los conflictos de intereses es esencial.

Las sesiones formativas deben adaptarse al nivel de responsabilidad de cada colectivo, y hacer hincapié en la importancia de actuar con honestidad, de comunicar cualquier posible conflicto de forma voluntaria, y, de cooperar con los órganos de control interno.

Además, el sistema debe complementarse con canales de denuncia confidenciales, que permitan a cualquier persona informar sobre situaciones ajenas de conflicto de intereses, que no hayan sido debidamente reveladas, sin temor a represalias.

Tales canales deben estar gestionados de manera independiente, y garantizar, tanto la confidencialidad, como la protección del denunciante.

Consecuentemente con ello, resulta necesario disponer de canales de denuncia o comunicación confidencial, accesibles a todos los miembros de la organización, para informar sobre posibles conflictos de intereses ajenos no declarados o mal gestionados.

Estos canales, que deben cumplir con los requisitos legales en materia de protección del informante, permiten detectar situaciones que, de otro modo, quedarían ocultas, y contribuyen a reforzar el control interno.

Las denuncias deben ser tratadas con seriedad, con discreción, y con la suficiente diligencia, sin que puedan suponer represalias para quien las formula de buena fe.

El responsable de cumplimiento debe actuar como garante del proceso, velando siempre y en todo momento por su independencia, y también por su eficacia.

Para facilitar este proceso, muchas organizaciones implementan herramientas tecnológicas, que permiten recopilar, monitorear y registrar las declaraciones de conflictos de manera ordenada y accesible, lo que también contribuye a mantener un historial actualizado para su seguimiento y control.

Tras la identificación, es necesario evaluar y analizar el riesgo asociado a cada conflicto declarado.

Esta evaluación considera la naturaleza del conflicto, la relación entre las partes involucradas, el impacto potencial en las decisiones empresariales, y la posibilidad de que afecte la confianza o reputación de la organización.

Según el nivel de riesgo, se deben determinar las medidas correctivas más adecuadas para mitigar o eliminar el conflicto, buscando siempre preservar la integridad de los procesos, y la equidad en las decisiones.

Las medidas para controlar los conflictos de interés pueden incluir la abstención o recusación de la persona involucrada en la toma de decisiones relacionadas con el conflicto, la reasignación de responsabilidades o, en casos más graves, la exclusión temporal, o, incluso, definitiva de ciertas funciones.

Es importante, que estas acciones se documenten y comuniquen claramente, con la finalidad primordial de evitar malentendidos o percepciones de favoritismo, fortaleciendo así la cultura ética dentro de la empresa.

De igual modo, la formación y la sensibilización juegan un papel capital en la prevención eficaz de los conflictos de intereses.

No basta con que existan políticas escritas; es imprescindible que todos los miembros de la organización comprendan el sentido, el alcance y las implicaciones prácticas de esta problemática.

La capacitación periódica, tanto presencial como virtual, debe incluir casos prácticos, dilemas éticos, y simulaciones adaptadas a las funciones reales de los distintos colectivos.

Esta formación debe ser especialmente rigurosa en el caso de los directivos y de los responsables de áreas sensibles-como contratación, recursos humanos, compras, auditoría, o relaciones institucionales-, pues en ellos recae una mayor responsabilidad, y se concentran los riesgos más críticos de colisión entre los intereses privados y públicos, o los de tipo corporativo.

Por tanto, la capacitación y sensibilización continua juegan un papel clave en la gestión efectiva de los conflictos de intereses.

A través de programas formativos periódicos, se asegura que todos los miembros de la organización comprendan la importancia de identificar y manejar adecuadamente estos conflictos, conozcan los mecanismos disponibles para hacerlo, y se mantengan comprometidos con los valores éticos de la empresa.

Esta formación debe formar parte integral de la inducción de nuevos empleados, y actualizarse regularmente para reflejar nuevas normativas o desafíos emergentes.

Por último, la organización debe establecer procedimientos de auditoría, de control, y de revisión periódica para evaluar la eficacia de sus políticas de gestión de conflictos de intereses.

Esto implica no solo comprobar que las declaraciones son completas y actualizadas, sino también analizar tendencias, revisar si las medidas adoptadas han sido eficaces, y ajustar las políticas en función de la evolución del entorno normativo, del negocio o de los riesgos identificados.

Solo mediante una gestión integral, proactiva y transparente de los conflictos de intereses se puede reforzar la confianza de todos los grupos de interés, y preservar la legitimidad y la reputación de la organización en el marco de un programa de Compliance, que pretenda ser moderno y eficaz.

Finalmente, el programa de Compliance debe incluir mecanismos de monitoreo y auditoría constante para detectar conflictos no declarados, y verificar, que los ya identificados, se gestionen conforme a las políticas establecidas.

Las revisiones periódicas del mapa de riesgos y de la supervisión, tanto interna como externa, contribuyen a mantener la efectividad del programa, y a adaptar las estrategias según las necesidades cambiantes del entorno empresarial.

la gestión de los conflictos de intereses no puede abordarse como una mera cuestión administrativa, o como un trámite formal.

Requiere un enfoque transversal, basado en la prevención, la responsabilidad personal, la transparencia, y el compromiso colectivo con la integridad institucional.

Es una manifestación directa de la cultura ética de una organización, y de su voluntad de actuar conforme a principios de buen gobierno, de responsabilidad social, y de cumplimiento legal.

Solo a través de una política coherente, conocida, aplicada y revisada de forma constante puede garantizarse, que las decisiones que se adopten en el seno de la entidad estén libres de influencias espurias, preserven el interés general o corporativo, y contribuyan a reforzar la confianza de todos aquellos que se relacionan con la organización.

Esta gestión adecuada, no solo protege a la organización de riesgos legales y reputacionales, sino que también fortalece la confianza de los empleados, de los clientes, y de los demás stakeholders, promoviendo con carácter general un ambiente ético y responsable.

*Capítulo 30*

# *La trazabilidad y la documentación exhaustiva del proceso de investigación de una denuncia anónima*

Dentro de estas consideraciones, otro aspecto a considerar es el que hace referencia a la necesidad de que se produzca siempre una adecuada trazabilidad y una documentación exhaustiva del proceso

Todo el proceso, desde la recepción de la denuncia hasta su cierre, debe quedar documentado con el máximo rigor.

Esta trazabilidad es esencial tanto para fines de control interno como para eventuales revisiones judiciales, auditorías o investigaciones regulatorias.

El expediente debe incluir la fecha y canal de recepción, la transcripción o registro del contenido original (manteniendo el anonimato), las comunicaciones bidireccionales si las hubo, los criterios de admisión, los documentos verificados, los análisis realizados, las entrevistas efectuadas, las medidas adoptadas, las decisiones finales y los informes de cierre.

También debe quedar constancia de la aplicación del principio de proporcionalidad, del respeto a las garantías procesales y de cualquier limitación o dificultad encontrada.

Esta documentación es la principal garantía de que la investigación se realizó con criterios objetivos, legales y éticamente responsables.

Para que las denuncias anónimas se consoliden como parte de un sistema de integridad sólido, es fundamental que la organización rinda cuentas sobre su funcionamiento.

Esto no implica divulgar casos individuales -lo que violaría la confidencialidad-, sino generar reportes agregados, accesibles y periódicos con indicadores clave: número total de denuncias recibidas, porcentaje de denuncias anónimas, temas más frecuentes, tiempos de resolución, medidas adoptadas, retroalimentación de los usuarios, evolución histórica, grado de confianza y calidad del canal.

Esta transparencia legitima el canal ante la plantilla, los grupos de interés y los reguladores, y demuestra que se trata de un sistema vivo, confiable y con impacto real.

Además, permite identificar tendencias estructurales, áreas de mejora y focos culturales que requieren intervención.

Publicar estos datos en informes de sostenibilidad, memorias de responsabilidad corporativa o sesiones con stakeholders refuerza el compromiso institucional con la integridad y la gobernanza responsable.

Una denuncia anónima puede ser, si se gestiona adecuadamente, mucho más que una queja, ya que puede convertirse en un catalizador de cambio cultural, estructural o normativo.

Muchas veces, detrás de una denuncia se esconde un conflicto laboral no resuelto, una debilidad organizativa, una ausencia de liderazgo positivo o un vacío normativo que debe abordarse de manera más amplia que el caso puntual.

Por eso, el sistema de investigación debe estar articulado con el sistema de mejora continua, aprendizaje institucional y planificación estratégica. Una denuncia anónima puede detonar, por ejemplo, una revisión del código de conducta, una auditoría de procesos, una modificación en el clima laboral, una nueva política de prevención o la formación de mandos intermedios.

En este sentido, el hecho de integrar las denuncias anónimas en los flujos de conocimiento institucional -sin violar confidencias- es una forma inteligente y ética de convertir el conflicto en una oportunidad de evolución organizacional.

Por ello, ha de partirse de la idea consistente en que la denuncia anónima no solo es un mecanismo operativo de control institucional; es, ante todo, una manifestación crítica de una cultura organizacional en evolución.

Su existencia y su uso efectivo indican que la organización ha alcanzado un umbral mínimo de madurez ética en el que sus miembros, aun sin revelar su identidad, perciben que vale la pena hablar, que es posible ser escuchado y que existe una estructura dispuesta a actuar frente a la irregularidad, el abuso o la injusticia.

Este acto, que es aparentemente individual tiene una resonancia colectiva y constituye un potente vector de transformación estructural.

Toda denuncia anónima es, antes que nada, un reflejo del estado de la cultura organizacional. Muestra, entre otras cosas:

a) Cómo perciben los empleados el ejercicio del poder.

b) Qué nivel de confianza existe en los sistemas de supervisión.

c) Si el liderazgo es creíble o temido.

d) Cuánto se respeta la ética declarada en los códigos.

e) Cuál es el grado de permisividad con las conductas informales o desviadas.

Por eso, la aparición de una denuncia anónima no debe interpretarse simplemente como un hecho a investigar, sino como un mensaje organizacional que merece escucha e interpretación sistémica.

Lo que se dice, cómo se dice, en qué términos, desde qué lugar y con qué expectativas revela tensiones subyacentes que podrían estar extendidas o cronificadas.

Una sola denuncia, bien gestionada, puede provocar cambios profundos, si la organización es capaz de conectar el hecho concreto con patrones más amplios.

Entre los procesos que pueden activarse se encuentran:

a) La revisión de los modelos de liderazgo.

La denuncia puede poner en evidencia prácticas de dirección basadas en el miedo, el autoritarismo o la manipulación.

Esto puede conducir a la reformulación del perfil de liderazgo requerido, a procesos de feedback estructurado, o incluso a intervenciones específicas de coaching ejecutivo.

b) La reformulación del sistema de incentivos: A veces, los comportamientos irregulares denunciados no son solo individuales, sino que están alentados -de forma explícita o implícita- por incentivos perversos (por ejemplo, priorizar resultados económicos por encima de la legalidad o la seguridad).

La denuncia puede motivar un rediseño del sistema de evaluación del desempeño.

c) El fortalecimiento del sistema de formación ética.

Muchas denuncias revelan desconocimiento de las normas, ambigüedades en su interpretación o falta de alineación entre los valores y las prácticas.

Esto justifica el fortalecimiento de los programas de capacitación ética, formación en valores y sensibilización cultural.

d) La revisión de procesos operativos.

Las denuncias sobre corrupción, favoritismos o manejo discrecional de decisiones pueden motivar la revisión de los procesos afectados (licitaciones, contrataciones, promociones internas, asignación de recursos) para introducir mayor objetividad, trazabilidad y transparencia.

e) las reformas normativas internas: Una denuncia puede evidenciar vacíos en los reglamentos, contradicciones entre políticas, falta de aplicación, o desconexión entre normas y contexto real. En estos casos, la organización puede iniciar un proceso participativo de redacción, actualización y armonización normativa.

Los canales de denuncia (especialmente los que permiten el anonimato) actúan como sensores finos de transformación institucional.

Mientras los sistemas formales (auditorías, controles jerárquicos, indicadores financieros) solo capturan lo medible, el canal de denuncias recoge lo vivencial, lo cualitativo, lo subjetivo. Esa información, aunque no siempre "verificable" en un sentido tradicional, tiene un alto valor estratégico.

Por ejemplo, un patrón de denuncias sobre un mismo departamento puede revelar un clima tóxico sostenido. Varias denuncias sobre discriminación pueden evidenciar sesgos estructurales.

O un aumento en las denuncias sobre una nueva política puede mostrar su impacto negativo real.

Cuando se analiza esta información con herramientas adecuadas (minería de texto, análisis temático, dashboards éticos), se obtiene un mapa moral de la organización, que permite tomar decisiones anticipadas, proactivas y fundadas en la experiencia interna.

Toda transformación institucional que parte de una denuncia anónima debe abordarse con una perspectiva de proceso. No se trata de reaccionar a un evento, sino de activar un ciclo de mejora continua que se puede estructurar en cinco etapas:

a) La escucha activa.

Supone en la práctica la recepción de la denuncia sin prejuicios, con comprensión empática, y sin minimizar ni sobredimensionar el hecho.

b) La realización de un análisis sistémico.

Ello implica la comprensión del contexto organizacional en que se inscribe el hecho denunciado, y en donde cabe cuestiones cuales son los factores estructurales lo facilitaron.

c) La respuesta proporcional.

Que supone que la investigación seria, las medidas correctivas, o la de carácter sancionador cuando corresponda, y la comunicación responsable del proceso.

d) La retroalimentación institucional.

La cual se produce a partir de los aprendizajes del caso, revisión de políticas, formación, procedimientos, liderazgos o estructuras.

e) La transparencia responsable.

Que lleva implícita la comunicación al conjunto de la organización, en términos generales y preservando confidencialidades, de las lecciones aprendidas y las acciones derivadas.

Este ciclo debe repetirse cada vez que una denuncia revela un fallo estructural, hasta consolidar una cultura institucional, donde el canal no es un recurso excepcional, sino una herramienta habitual de mejora organizacional.

Un aspecto frecuentemente ignorado es que la denuncia anónima es también un acto de participación.

En entornos donde el miedo, la jerarquía o el conformismo bloquean la crítica abierta, la posibilidad de alertar anónimamente es una forma de ejercer ciudadanía organizacional.

El denunciante anónimo no se sitúa fuera del sistema, ya que por parte del mismo se intenta mejorarlo, desde su anonimato.

Por eso, el canal debe ser gestionado no como un espacio de queja, sino como un canal de diálogo indirecto. Escuchar las denuncias es escuchar la voz crítica de la organización.

Y transformarlas en cambio efectivo es una forma de dignificar la participación, de validar el cuidado, y de construir confianza en la estructura institucional.

Cuando una denuncia anónima es tratada con seriedad, investigada con rigor y gestionada con equidad, se produce un efecto simbólico poderoso, en el que la organización demuestra, que escucha incluso a quienes no se pueden mostrar.

Este acto tiene consecuencias inmediatas y duraderas, y que hacen referencias al hecho de reforzar la percepción de justicia organizacional, el fortalecimiento de la confianza en el sistema de cumplimiento, la legitimación al área de Compliance como garante ético de la organización, la disminución efectiva de una cierta hipocresía organizacional, el incentivo que supone la existencia de una denuncia temprana y la prevención de riesgos, que ello lleva consigo, la contribución a la consolidación de una cultura de integridad.

Cuando las denuncias anónimas se reciben pero no se traducen en cambios, se produce un efecto de desgaste ético.

Las personas dejan de confiar, el canal pierde legitimidad, y el sistema de cumplimiento se vacía de contenido real.

Los riesgos de este vacío son múltiples, como por ejemplo: el silenciamiento progresivo, las denuncias por canales externos (v.gr. autoridades, medios, redes sociales, el aumento de la rotación del personal la percepción de impunidad, la erosión de la reputación institucional.

Por ello, el seguimiento de las denuncias, la ejecución de medidas correctivas y la comunicación de resultados son tan importantes como la recepción inicial.

La denuncia anónima no debe limitarse a su función punitiva o preventiva.

Su verdadero potencial es transformador.

Es una oportunidad de cambio desde dentro, una señal ética que activa conciencia institucional, una vía de acceso a los márgenes del poder organizacional, y una forma de construir justicia interna.

Convertir esa señal en transformación requiere liderazgo ético, estructura institucional, humildad organizativa y compromiso auténtico con el aprendizaje.

Una organización que logra esto no solo cumple con la ley, ya que provoca el efecto consistente en honrar su misión, proteger a su gente y se transforma desde la escucha.

*Capítulo 31*

# *La prueba de la eficacia de un modelo de Compliance en un proceso judicial*

El cumplimiento normativo ha adquirido una relevancia creciente en el ámbito empresarial y jurídico.

Su propósito principal es garantizar que las organizaciones operen dentro del marco legal, previniendo y detectando posibles infracciones normativas.

Sin embargo, en un contexto judicial, la mera existencia de un programa de cumplimiento no es suficiente para eximir o atenuar la responsabilidad de una empresa.

Es necesario probar su eficacia.

La prueba juega un papel determinante en la acreditación de la funcionalidad real del modelo de cumplimiento, lo que puede impactar significativamente en la resolución de un litigio o en la imputación de responsabilidades.

La prueba de la eficacia de un modelo de Compliance en un proceso judicial es un aspecto fundamental para que una empresa pueda demostrar que ha adoptado medidas adecuadas para prevenir, detectar y corregir incumplimientos normativos dentro de su estructura, teniendo presente, que las organizaciones se enfrentan a acusaciones de incumplimiento normativo, fraude, corrupción, lavado de dinero u otros delitos económicos.

En muchas legislaciones, la responsabilidad penal o administrativa de las empresas puede ser exonerada o atenuada si se logra probar que el modelo de Compliance no era simplemente un documento formal, sino un sistema funcional y efectivo.

Dado que los reguladores y los tribunales evalúan la eficacia real del programa de cumplimiento, las empresas deben recopilar y presentar pruebas contundentes que acrediten su adecuada implementación y aplicación.

De lo contrario, se pueden enfrentar a sanciones graves, incluyendo multas millonarias, pérdida de licencias, restricciones en la contratación pública, o incluso la disolución de la entidad.

La prueba de la eficacia de un modelo de Compliance en un proceso judicial es un aspecto clave para las organizaciones.

En muchas jurisdicciones, las empresas pueden ser incluso declaradas penalmente responsables por delitos cometidos dentro de su estructura, pero también pueden ser exoneradas o beneficiadas con reducciones de sanciones si logran demostrar que su modelo de Compliance era robusto, efectivo y bien implementado.

El principal reto en un proceso judicial es que la prueba de la eficacia del modelo de Compliance no se limita a demostrar su existencia documental, sino que debe probarse su funcionalidad y aplicación real.

Esto significa que la empresa debe aportar evidencias sólidas que acrediten que su programa de cumplimiento identificó riesgos, mitigó amenazas y evitó la comisión de delitos en la medida de lo posible.

En lo que se refiere a los elementos con una mayor trascendencia para demostrar la eficacia del modelo de Compliance en un juicio, debe tenerse en cuenta que para que un modelo de Compliance sea considerado eficaz en un proceso judicial, la empresa debe presentar pruebas concretas y verificables que acrediten su correcta implementación y aplicación real.

La prueba es el mecanismo a través del cual una parte en un proceso judicial demuestra la veracidad de sus afirmaciones.

En materia de cumplimiento normativo, la prueba es esencial para acreditar que una organización:

- Posee un programa de cumplimiento normativo sólido.
- Ha implementado dicho programa de manera efectiva.
- Ha realizado acciones concretas para prevenir infracciones legales.
- Ha reaccionado de manera adecuada ante incidentes de incumplimiento.

Sin pruebas que respalden estos aspectos, un programa de cumplimiento se convierte en un simple documento teórico sin valor probatorio en el ámbito judicial.

La carga de la prueba puede recaer sobre la empresa, especialmente en procesos donde se discute su responsabilidad penal, administrativa o civil.

Los principales componentes de la prueba incluyen:

La documentación y la existencia de un Programa de Compliance.

El primer paso es demostrar que la empresa cuenta con un programa de Compliance documentado y adaptado a sus características y sector de actividad.

Para demostrar ante un tribunal la eficacia del modelo de cumplimiento normativo, es importante aportar distintos tipos de pruebas que abarquen tanto la existencia del programa como su efectividad en la práctica.

Estas pruebas pueden dividirse en varias categorías:

a) La prueba documental.

La documentación es la base fundamental para probar que un modelo de cumplimiento existe y se ha implementado correctamente.

Esta prueba incluye:

- Las políticas y manuales de cumplimiento.

  Por ejemplo: los documentos que detallan las normas internas, có digo de conducta y directrices para el cumplimiento normativo.

- Los registros de formación y capacitación.

  Por ejemplo: las evidencias de cursos impartidos, asistencia de empleados, materiales utilizados y certificaciones obtenidas.

- Los mapas de riesgo.
- Por ejemplo: las evaluaciones de riesgos realizados en la empresa, identificación de amenazas y medidas preventivas implementadas.
- Los protocolos de supervisión y control.
- Por ejemplo: los procedimientos diseñados para monitorear el cumplimiento, auditorías internas y revisiones periódicas.

b) La prueba testifical.

Los testimonios pueden aportar un respaldo fundamental a la documentación, demostrando que el programa de cumplimiento no solo existe en teoría, sino que también se implementa en la práctica.

Las declaraciones pueden provenir de:

- Los responsables de cumplimiento (Compliance Officers), que pueden explicar el funcionamiento del programa y su impacto en la empresa.
- Los empleados, que pueden testificar sobre la formación recibida y la aplicación de las políticas de cumplimiento en su trabajo diario.

- Los auditores internos y externos, que pueden confirmar la existencia de controles efectivos dentro de la empresa.
- Los expertos en cumplimiento normativo, quienes pueden emitir opiniones técnicas sobre la adecuación del programa a las mejores prácticas y estándares internacionales.

c) La prueba pericial

Un informe pericial elaborado por especialistas en cumplimiento normativo puede ser determinante para demostrar que el modelo de Compliance cumple con los estándares exigidos legalmente y es efectivo en la prevención de infracciones.

Este informe puede analizar:

- La adecuación del modelo a la normativa vigente.
- La implementación de medidas efectivas de control.
- La existencia de mecanismos de detección temprana de irregularidades.

d) La prueba de Auditoría y Control

Las auditorías internas y externas sirven para demostrar que el programa de cumplimiento está siendo evaluado y mejorado de manera continua.

Los informes de auditoría pueden proporcionar pruebas sobre:

- La identificación y corrección de vulnerabilidades.
- La implementación de mejoras en el programa de cumplimiento.
- La efectividad de los mecanismos de prevención y detección.

e) La prueba de implementación y de ejecución del Programa

Además de demostrar la existencia del modelo, es necesario probar que se ha aplicado de manera efectiva.

Esto puede acreditarse mediante:

- Los registros de sanciones internas: Demostrando que la empresa toma medidas disciplinarias ante incumplimientos.
- Los canales de denuncia internos: Evidenciando que los empleados cuentan con mecanismos de reporte y que estos han sido utilizados.
- Las acciones correctivas y de mejora: Pruebas de cambios implementados a raíz de incidentes detectados.

Para ello, se deben aportar:

- El código de conducta y ética corporativa.
- Los manuales de Compliance específicos.
- Las políticas internas para la prevención de delitos (anticorrupción, antifraude, blanqueo de capitales, etc.).
- La evaluación de riesgos y medidas de control aplicadas.
- La asignación de recursos económicos y humanos al departamento de Compliance.

Sin una documentación adecuada, el tribunal puede considerar que el programa de Compliance es meramente simbólico y no efectivo, y que, desde luego, no se ajusta a las especiales características de la persona jurídica, y sus exigencias vinculadas al Compliance.

Del mismo modo, un programa de Compliance no es efectivo si los empleados no lo conocen o no han sido capacitados adecuadamente, y, los mismos no están dotados de la sensibilidad suficiente para poder ponderar las situaciones contenidas en dicho Programa de Cumplimiento.

Las pruebas en este ámbito incluyen:

- Los registros de formación de empleados y directivos.
- El contenido de las capacitaciones impartidas.
- Las evaluaciones de conocimientos en Compliance.
- Los informes de impacto sobre la sensibilización de la plantilla.

Si la empresa solo ha realizado una capacitación única y sin seguimiento, el tribunal puede interpretar que la falta de formación permitió la comisión del delito.

Asimismo, deben tenerse presente los controles Internos y las auditorías, que la organización haya establecido al efecto.

El tribunal debe analizar si la empresa implementó controles internos adecuados para prevenir riesgos los riesgos a los que puede enfrentarse, y, también detectar las posibles infracciones que puedan ser imputables a la organización.

Para ello, se pueden presentar:

- Las auditorías internas y externas sobre cumplimiento.
- Los mecanismos de control financiero y de operaciones.

- Aquellos sistemas de monitoreo de transacciones sospechosas.
- Las correcciones implementadas tras detección de irregularidades.

Un sistema de auditoría sólido demuestra que la empresa no solo implementó medidas de prevención, sino que también procedió a supervisar su efectividad.

En este orden de cosas, el canal de denuncias es un elemento muy importante en la evaluación del modelo de Compliance.

Para demostrar su efectividad, se pueden presentar:

- Los registros de denuncias recibidas y procesadas.
- Los protocolos de respuesta ante reportes internos.
- La evidencia de que las denuncias fueron investigadas y resoluciones adoptadas.
- Las garantías de la confidencialidad y de la protección a denunciantes.

Así, un canal de denuncias que nunca ha recibido reportes puede interpretarse como ineficaz o desconocido por los empleados.

En lo que atañe a la aplicación de Sanciones Internas, la empresa debe demostrar que el programa de Compliance no solo detecta incumplimientos, sino que también actúa ante ellos.

Para ello, se pueden aportar:

- Los expedientes de sanciones disciplinarias aplicadas.
- Los despidos o las suspensiones de empleo y/o de sueldo, por el incumplimiento del Código de Conducta.
- Las decisiones internas sobre medidas correctivas adoptadas.

Si la empresa no ha sancionado nunca a ningún empleado, el tribunal puede considerar que el programa de Compliance es ineficaz en la práctica.

Tanto con el compromiso de la alta dirección, como la existencia de un auténtico liderazgo de la empresa son factores determinantes en la evaluación del programa de Compliance.

Consecuentemente con ello, se deben presentar pruebas de que la dirección:

- Participó de manera efectiva en las formaciones de Compliance.
- Asignó presupuesto suficiente al área de cumplimiento.

– Incorporó medidas de cumplimiento en su toma de decisiones.

– Emitió directrices y comunicaciones internas sobre cumplimiento.

Si el tribunal percibe que la dirección de la empresa fue negligente o no mostró un compromiso fuera de toda duda en la implementación y en el respeto al Modelo de Cumplimiento, es más probable que la organización sea considerada responsable.

Dentro del conjunto de estrategias de defensa basadas en el Modelo de Compliance, se han de tener en consideración una serie de pautas a observar a los efectos de poder acreditar el correcto y adecuado funcionamiento del mismo.

Entre otras, cabe indicar las siguientes:

a) La presentación de un expediente probatorio sólido

Para demostrar la eficacia del Compliance, la empresa debe estructurar un expediente con documentación verificable, incluyendo:

– El historial de las auditorías y de las revisiones internas.

– Los registros de formaciones realizadas.

– Los reportes de controles internos y correcciones aplicadas.

– Los casos en los que el Compliance detectó y previno incumplimientos.

b) El impacto en el resultado del juicio

Si el tribunal acepta que el modelo de Compliance era efectivo, la empresa puede beneficiarse de:

– La exoneración de responsabilidad penal.

– La reducción de multas y sanciones.

– La protección de directivos contra sanciones personales.

– La mejora en la reputación corporativa y relaciones con reguladores.

Demostrar la eficacia del modelo de Compliance en un juicio no solo protege a la empresa de sanciones, sino que también refuerza su reputación y sostenibilidad.

Un programa de cumplimiento bien diseñado y probado ante los tribunales puede marcar la diferencia entre la absolución y una sanción multimillonaria.

En lo referente a la utilidad de la prueba para diferentes propósitos en un proceso judicial, debe considerarse, que la prueba del modelo de cumplimiento puede utilizarse con distintos fines dependiendo del contexto del litigio:

a) Para la defensa en procesos penales.

En casos de responsabilidad penal de la persona jurídica, la empresa puede presentar pruebas para demostrar que la organización, a tales efectos, disponía:

- Tenía un programa de cumplimiento robusto.
- Implementó de manera adecuada medidas razonables para evitar la comisión del delito o la infracción administrativa de carácter grave.
- La infracción ocurrió pese a la existencia de controles efectivos, lo que podría servir como eximente o atenuante de responsabilidad.

b) La defensa en procesos administrativos y regulatorios

En procedimientos sancionadores ante organismos reguladores, la prueba puede utilizarse para:

- Demostrar que se adoptaron medidas para prevenir infracciones.
- Justificar que la empresa actuó diligentemente en la gestión del riesgo normativo.
- Acreditar que la infracción fue un hecho aislado y no resultado de una cultura corporativa permisiva.

c) La mitigación de Responsabilidad Civil

En litigios donde se discuta la responsabilidad de la empresa por daños y perjuicios, las pruebas pueden demostrar que la organización adoptó todas las medidas posibles para prevenir daños a terceros, reduciendo así su grado de responsabilidad.

d) La protección de la Reputación Corporativa

Más allá del ámbito legal, la prueba de la eficacia del cumplimiento normativo puede ser esencial para proteger la reputación empresarial en casos de crisis, escándalos o litigios mediáticos.

A pesar de su importancia, la presentación de pruebas de cumplimiento normativo enfrenta ciertos desafíos o dificultades, que deben ser ponderados y tenidos en consideración, y que, entre otros, son los que se citan seguidamente:

a) La dificultad para demostrar la efectividad del programa.

No basta con probar la existencia del modelo, sino que se debe evidenciar su impacto real en la prevención de ilícitos.

b) En este sentido, dichas dificultades hacen referencia a los siguientes factores:

- Las limitaciones en la documentación interna, ya que, en algunas empresas, los registros y reportes pueden ser insuficientes o estar desactualizados.
- La confidencialidad y la protección de datos, debiendo tener presente que, en ocasiones, los documentos de carácter internos contienen información sensible cuya divulgación debe manejarse con precaución.
- Para superar estos desafíos, las empresas deben asegurarse de manera efectiva, de mantener registros detallados, y, desarrollar mecanismos de evaluación constante de su modelo de cumplimiento.

c) La prueba es un elemento básico para demostrar ante un tribunal la efectividad de un modelo de cumplimiento normativo.

d) Sin pruebas concretas, un Programa de Compliance pierde valor legal y no puede cumplir su función como eximente o atenuante de responsabilidad.

La documentación, los testimonios, los informes periciales, y, las auditorías juegan un papel fundamental en este proceso.

Para que un modelo de cumplimiento sea considerado efectivo, no solo debe existir, sino que debe ser probado mediante evidencias tangibles de su implementación, de su ejecución, y, de su mejora continua.

Por todo ello, puede afirmarse, que, en un contexto judicial, una estrategia probatoria bien estructurada puede marcar la diferencia entre la exoneración, o, la sanción de una empresa.

# *Algunas conclusiones*

El recorrido que ofrece este Libro no se agota en la exposición técnica de herramientas normativas o en la descripción de procedimientos administrativos. Tampoco se limita a identificar buenas prácticas ni a proponer mecanismos de gestión eficientes.

Por el contrario, a lo largo de sus más de treinta contribuciones, esta Obra se ha propuesto pensar el Compliance como una dimensión integral del poder institucional en el siglo XXI: un campo donde se articulan la legalidad, la ética, la tecnología, la psicología organizacional, la cultura del riesgo y la necesidad de generar confianza en entornos cada vez más exigentes, hiperregulados y expuestos.

En este sentido, el Derecho de Compliance que aquí se presenta no puede entenderse como una simple extensión de las técnicas preventivas del Derecho penal o como una rama auxiliar de la administración corporativa.

Lo que esta Obra demuestra, capítulo a capítulo, es que el Compliance se ha convertido en una nueva forma de estructurar la gobernanza moderna: un modo de organizar el poder con base en la legalidad, la responsabilidad y la transparencia.

Y, lo que es más importante aún, en una forma de garantizar que las decisiones no solo sean legalmente correctas, sino éticamente coherentes, emocionalmente sostenibles, culturalmente aceptables y socialmente legitimadas.

**a) Más allá de las normas: hacia una comprensión sistémica del Compliance**

Una de las contribuciones más relevantes de esta Obra es el abordaje sistémico del Compliance. Lejos de concebirlo como un conjunto aislado de normas internas o protocolos dispersos, se lo presenta como un sistema institucional integrado, que incluye: estructuras organizacionales, mapas de riesgos, órganos de control autónomos, mecanismos de reporte, procesos de formación, cultura corporativa y gobernanza ética.

El Compliance no es un departamento, ni una herramienta, ni una moda regulatoria: es una gramática de organización institucional que permite alinear los fines de la empresa con los valores del Estado de Derecho.

Esta visión integral obliga a repensar el rol de los juristas, los gestores, los reguladores y los líderes organizacionales.

Ya no basta con diseñar códigos de conducta o implementar canales de denuncia: se requiere desarrollar una infraestructura jurídica, emocional y tecnológica capaz de sostener la integridad institucional en escenarios complejos y dinámicos.

Esta es, sin duda, una de las principales tesis de esta Obra: el Compliance efectivo no es aquel que previene infracciones, sino aquel que transforma la forma de pensar, decidir y relacionarse al interior de las organizaciones.

**b) El canal de denuncias como termómetro ético y emocional**

A lo largo del Libro, y de forma especialmente significativa en la segunda parte, se ha mostrado que la forma en que una organización gestiona las denuncias internas -y en particular, las anónimas- es una prueba crítica de su madurez ética.

El canal de denuncias no es un simple mecanismo de control, sino un verdadero termómetro de la cultura institucional. Refleja qué tan dispuesta está una entidad a escuchar lo incómodo, a dar crédito a lo que no tiene rostro, a actuar sin necesidad de sanción externa, y a tratar a sus miembros con dignidad incluso cuando se cuestionan estructuras de poder.

El tratamiento del canal de denuncias como herramienta cultural, emocional y jurídica al mismo tiempo -como se desarrolla en diversos capítulos- demuestra que el Compliance no puede desvincularse de la psicología organizacional.

La gestión del miedo, la construcción de entornos seguros, la legitimación del disenso y la implementación de respuestas proporcionadas y respetuosas son claves para evitar que la integridad sea una promesa vacía. Por eso, este Libro insiste en que el Compliance se construye con políticas, pero también con emociones, y que una buena norma no será suficiente si no se instala una cultura que la sostenga.

**c) Liderazgo, coherencia y ejemplaridad: la ética institucional en acción**

Otro de los ejes transversales que recorre esta Obra es el papel insustituible del liderazgo organizacional en la efectividad de los sistemas de cumplimiento. Sin un liderazgo coherente, activo y comprometido, ningún programa de Compliance puede sostenerse.

De hecho, como aquí se demuestra, el verdadero impulso del cumplimiento normativo no proviene de los manuales o de las auditorías, sino de la ejemplaridad con la que la dirección actúa ante dilemas éticos, conflictos de interés o fallos internos.

Los capítulos dedicados al "Tone at the Top", a la gestión de la cultura institucional, y a la asignación de recursos muestran que el liderazgo no solo es estratégico, sino estructural. No hay Compliance sin coraje institucional.

Y ese coraje se expresa en la asignación presupuestaria, en el respaldo político a las áreas de cumplimiento, en la participación activa de la alta dirección en los procesos de formación, y en la disposición a sancionar incluso cuando ello implica tocar estructuras de poder consolidadas.

**d) La dimensión probatoria: el Compliance como defensa legal y como narrativa institucional**

Uno de los aportes más sofisticados de esta Obra -especialmente desarrollados en su quinta sección- es la articulación entre Compliance y litigación estratégica.

En particular, se muestra cómo el modelo de cumplimiento puede y debe convertirse en una narrativa probatoria eficaz frente a tribunales penales, administrativos o civiles.

La prueba de la eficacia del programa -más allá de su existencia formal- constituye hoy la diferencia entre la sanción y la exoneración, entre la pérdida de reputación y la consolidación de legitimidad.

Este enfoque implica una transformación epistemológica del Compliance: ya no basta con declarar principios; es necesario documentar evidencias.

Los registros de formación, los mapas de riesgo, las auditorías internas, las sanciones aplicadas, las medidas correctivas y las métricas de mejora continua deben formar parte de un expediente probatorio sistemático y estructurado.

Esta cultura de la prueba es, como aquí se sostiene, una dimensión clave del Derecho de Compliance en el siglo XXI.

**e) La tecnología, la inteligencia artificial, y las nuevas fronteras del cumplimiento**

El Libro también se adentra en los nuevos desafíos del cumplimiento en la era digital. La gobernanza de algoritmos, la función del Chief IA Officer, el surgimiento del CiberCompliance, y la necesidad de auditar las decisiones automatizadas muestran que el cumplimiento debe reconfigurarse para operar en contextos marcados por la velocidad de los datos, la opacidad algorítmica y la centralidad de la ciberseguridad.

En este escenario, el Compliance deja de ser una función de vigilancia para convertirse en una función de legitimación tecnológica.

Garantizar que los procesos digitales respeten derechos fundamentales, que los sistemas automatizados sean auditables, y que los modelos de gobernanza incluyan principios éticos en la programación, se convierten en nuevas fronteras del cumplimiento normativo.

Este Libro anticipa y articula estas tendencias, proponiendo un Compliance que no teme al futuro, sino que lo estructura con legalidad y con sentido.

**f) El Compliance como pedagogía institucional y apuesta por la dignidad**

La conclusión general de este Libro no puede sino ser una afirmación ética y jurídica: el Compliance bien entendido no es una carga, sino una promesa. Promesa de que la organización puede gobernarse con justicia, de que el poder puede ejercerse con responsabilidad, y de que el Derecho puede ser no solo límite, sino impulso. En este sentido, el Compliance es una pedagogía institucional: una forma de enseñar, dentro de la organización, que la integridad no es una virtud privada, sino un valor estructural.

Este Libro concluye con una invitación: a liderar con coherencia, a construir sistemas trazables, a escuchar lo incómodo, a diseñar estructuras justas, a probar lo que se proclama, y a transformar las organizaciones no solo desde las normas, sino desde las prácticas, los valores, la cultura y la memoria.

Porque en última instancia -como se afirma en estas páginas- el Compliance no es solo una función. Es una forma de honrar el poder confiado. Y de construir, desde dentro, instituciones más humanas, más justas y más sostenibles.